कविता के आर-पार

कविता के आर-पार

नंदकिशोर नवल

राजकमल प्रकाशन

ISBN : 978-81-267-2120-7

मूल्य : ₹ 450

राजकमल से पहली बार : 2012
दूसरा संस्करण : 2018

प्रकाशक : राजकमल प्रकाशन प्रा. लि.
1-बी, नेताजी सुभाष मार्ग, दरियागंज
नई दिल्ली-110 002

शाखाएँ : अशोक राजपथ, साइंस कॉलेज के सामने, पटना-800 006
पहली मंजिल, दरबारी बिल्डिंग, महात्मा गांधी मार्ग, इलाहाबाद-211 001
36 ए, शेक्सपियर सरणी, कोलकाता-700 017

वेबसाइट : www.rajkamalprakashan.com
ई-मेल : info@rajkamalprakashan.com

मुद्रक : बी.के. ऑफसेट
नवीन शाहदरा, दिल्ली-110 032

KAVITA KE AAR-PAAR
by Nandkishore Naval

परमादरणीय
श्री भीष्म साहनी के लिए

दो शब्द

'कविता के आर-पार' में मेरे वैसे लेख संकलित हुए हैं, जिनमें मैंने एक या एकाधिक कविताओं की पाठ-केंद्रित आलोचना प्रस्तुत की है। चूंकि हिंदी काव्यालोचन रचना के पाठ-विश्लेषण से काफी हट चुका है, इसलिए ये लेख मेरी दृष्टि में महत्वपूर्ण हैं। पाठ-केंद्रित आलोचना की सीमाएं स्पष्ट हैं, क्योंकि कोई भी सर्जनात्मक सृष्टि अपने पाठ से ही बंधी नहीं रहती, तथापि उसका महत्व है, क्योंकि नाना प्रकार की व्याख्याओं की उड़ान उसी जमीन से शुरू होती है। इधर विखंडनवाद के रूप में आलोचना को पाठ से बिलकुल स्वतंत्र कर देने का प्रयास चल रहा है। उचित ही वैसी 'रीडिंग' को कुछ पाश्चात्य विद्वानों ने 'मिसरीडिंग' कहा है।

हिंदी के कुछ कवियों का पाठ बहुत जटिल है, यथा निराला, शमशेर और मुक्तिबोध। स्वभावतः इस पुस्तक के लेखों में उनकी कविताओं के पाठ-विश्लेषण को प्रमुखता दी गई है, लेकिन कविता-मात्र चूंकि एक जटिल चीज है, इसलिए केदारनाथ अग्रवाल और नागार्जुन जैसे अपेक्षाकृत सरल कवियों की कुछ कविताओं के भी सौंदर्य-निरूपण की आवश्यकता समझी गई है। यहां अज्ञेय की लंबी कविता 'असाध्य वीणा' से भी साक्षात्कार है। 'आपकी हंसी' रघुवीर सहाय की एक छोटी, लेकिन चोखी कविता है। अंतिम लेख में उसी की पंखुड़ियां खोलने का प्रयास किया गया है।

इस पुस्तक के लेखों की प्रतियां सुलभ कराने में तरुण समीक्षक डा. तरुण कुमार ने मेरी यथेष्ट सहायता की है। इसके लिए मैं उन्हें धन्यवाद देता हूं।

नंदकिशोर नवल

लखनचंद कोठी, गुलबीघाट लेन,
महेंद्रू, पटना-800 006

अनुक्रम

1. सम्राट एडवर्ड अष्टम के प्रति

'प्रेयसी' के बाद निराला ने प्रेम को विषय बनाकर एक और कविता लिखी, 'सम्राट एडवर्ड अष्टम के प्रति', जिसमें उन्होंने दर्शन और अध्यात्म की गलियों से निकलकर उसे शुद्ध मानववादी स्तर पर प्रतिष्ठित किया। यह 'राम की शक्तिपूजा' के बाद की उनकी रचना है, इसलिए स्वभावत: इसमें अत्यधिक उदात्तता और निखार है। यह एक लाजवाब कविता है, ताजगी से भरी हुई, जिसमें उनका मानव-प्रेम तमाम चीजों के ऊपर अपनी पताका फहरा रहा है।

इस कविता का आधार आधुनिक यूरोपीय इतिहास की एक महत्वपूर्ण घटना है। 1936 की जनवरी में ब्रिटिश सम्राट जार्ज पंचम के निधन के बाद उनके लोकप्रिय और कुंवारे पुत्र, जो प्रिंस ऑफ वेल्स थे, राजसिंहासन पर बैठे। वही सम्राट एडवर्ड अष्टम हुए। साल समाप्त होते न होते ब्रिटेन के बाहर के अखबारों में मिसेज सिंपसन नामक एक महिला के साथ उनके प्रेम-संबंध की कहानियां प्रचारित होने लगीं। मिसेज सिंपसन अमरीकी थी, जिसका अपने पहले पति से तलाक हो चुका था और इंगलैंड स्थित दूसरे पति मि. सिंपसन से भी होने वाला था। पहले तलाक को इंगलैंड में कानूनी मान्यता प्राप्त होगी या नहीं, इसमें संदेह था और दूसरे तलाक की भी कानूनी कार्रवाई पूरी नहीं हुई थी। वैसे व्यवहारत: वह दो बार तलाकप्राप्त महिला थी। इसके अलावा वह अकुलीन घराने की भी थी। ऐसी स्थिति में उसके साथ सम्राट का विवाह, जिसकी इच्छा दृढ़ता के साथ उन्होंने प्रकट कर दी थी, संभव न था। उसमें ब्रिटेन की परंपरा और संविधान आड़े आ रहे थे। जब मामला काफी आगे बढ़ गया, तो ब्रिटेन के तत्कालीन प्रधानमंत्री स्टेनली बॉल्डविन ने आपत्ति की और उक्त महिला के साथ सम्राट के प्रस्तावित विवाह को उन्होंने एक संवैधानिक समस्या बना दिया। इसमें चर्च, राज्य और ब्रिटेन के उपनिवेश उनके साथ थे। अंतत: तय हुआ कि एडवर्ड अष्टम ब्रिटेन का सम्राट रहते हुए मिसेज सिंपसन के साथ विवाह नहीं कर सकते; उसके लिए उन्हें राजसिंहासन को छोड़ना पड़ेगा। एडवर्ड अष्टम ने ब्रिटेन के राजसिंहासन और मिसेज सिंपसन में से मिसेज सिंपसन को चुना और 11 दिसंबर 1936 को उन्होंने एक व्यक्तिगत रेडियो प्रसारण के द्वारा विश्व को अपने निर्णय की जानकारी दे दी। 12 दिसंबर को एक कविता लिखकर निराला ने किरीटहीन सम्राट का अभिनंदन किया। इस घटना से वे अत्यधिक संवेदित ही नहीं, अनुप्राणित हुए थे। उनके रोम-रोम से उल्लास फूट पड़ा था, जो उनके शब्दों से छलका पड़ता है। उन्होंने 12 जनवरी 1937 के अपने पत्र में जानकीवल्लभ शास्त्री

को लिखा भी था कि वह कविता उन्होंने 'सम्राट के गद्दी छोड़ने से प्रसन्न होकर' लिखी थी। 'सरस्वती' के जनवरी 1937 के अंक में वह प्रकाशित हुई।

अखबारी दुनिया के लिए यह घटना बहुत ही सनसनीखेज थी, लेकिन निराला ने इसे अतिशय गंभीर रूप में लिया और इसमें मनुष्य की नई संस्कृति को जन्म लेते हुए देखा, जिसका आधार होगा समता और प्रेम। विजयदेव नारायण साही का कहना था कि व्यावहारिक जीवन में शब्दों का प्रयोग औपचारिक रूप में होता है, जबकि कविता के शब्द अनौपचारिक होते हैं। यदि दोनों का फर्क जानना हो तो उसे शोक-प्रस्ताव और निराला की कविता 'सरोजस्मृति' के फर्क से जानना चाहिए। 'सम्राट एडवर्ड अष्टम के प्रति' यह कविता भी एक अखबारी समाचार को लेकर लिखी गई है, लेकिन यह पत्रकारिता से कविता का फर्क बतलाने की दृष्टि से अन्यतम है। पत्रकारों के लिए जहां एक महिला के प्रेम में सम्राट का राजसिंहासन को ठुकरा देना महज एक धमाकेदार समाचार था, वहां निराला के लिए उसमें नया मूल्य निहित था। स्वभावत: उन्होंने कविता में 'रिपोर्टिंग' नहीं की, नवीन और क्रांतिकारी मानवीय मूल्य की विजय की घोषणा की।

2

कविता के पहले बंद की पहली पंक्ति है—'वीक्षण अराल'। निराला ने प्रसंग की गंभीरता समझकर अभिव्यक्ति को औदात्य प्रदान करने के लिए जान-बूझकर इन दोनों अपेक्षाकृत कठिन शब्दों का प्रयोग किया है। वैसे कविता के प्रबुद्ध पाठकों के लिए ये शब्द नितांत अपरिचित नहीं। कालिदास ने कुमारसंभव में 'वीक्षण' और 'अराल' दोनों ही शब्दों का प्रयोग किया है। पंचम सर्ग में पार्वती की आंखों को 'अरालपक्ष्मण:' कहा है और अष्टम सर्ग में यह कि शिव कामुक चेष्टाओं से भरी हुई कुछ अटपटी बातें करते हुए उनके विषय में पार्वती का उत्तर चाहते थे, तो वे मुंह से कुछ भी न कहकर 'वीक्षितेन' उनकी ओर देखकर सिर हिलाते हुए उनके प्रश्नों का उत्तर दे देती थीं। इस तरह 'वीक्षण' देखना या दृष्टि है और 'अराल' वक्र या तिर्यक। हिंदी में भी 'अराल' का प्रयोग विरल नहीं है। मैथिलीशरण गुप्त ने 'साकेत' के दशम सर्ग में उर्मिला की विरह-व्यथा के प्रसंग में कहा है—'विकराल *अराल* काल है / कर में दंड लिए विशाल है।' छायावादी कवियों में यह शब्द प्रसाद में भी प्रयुक्त है और पंत में भी। प्रसाद जी ने 'कामायनी' के इड़ा सर्ग में इड़ा के स्वरूप-वर्णन में इसका बहुत सशक्त प्रयोग किया है—'आलोकवसन लिपटा *अराल*'। पंत जी का प्रयोग निराला के प्रयोग का पूर्ववर्ती है और बिलकुल एक ही प्रसंग में। फरवरी 1932 में रचित अपनी प्रसिद्ध कविता 'अप्सरा' में वे कहते हैं—'सिखलाती मृदु रोम हास तुम / चितवन-कला

अराल!' फिर भी यह मानना पड़ेगा कि निराला के प्रयोग में उनकी कविता के मिजाज के अनुरूप अधिक गंभीरता है, एक क्लासिकी स्पर्श। बाद में भी उनमें इस शब्द का प्रयोग मिलता है, यथा 'अर्चना' के इस गीत में —'निविड़ विपिन, पथ *अराल*; / भरे हिंस्र जंतु-व्याल।'

'वीक्षण अराल'—यह स्त्री का तिर्यक दृष्टिपात या तिरछी चितवन है, जो अपने आप में एक पूरी दुनिया है, भव्य और दिव्य। वह दुनिया संगीत और प्रकाश से भरी हुई है। वहां जीवनदायी छंद और ताल दोनों निरंतर निनादित रहते हैं, अश्राव्य और गंभीर रूप में। इसी तरह वह दुनिया सूर्य और चंद्रमा से प्रकाशित है। ये दोनों ही उसके दीपक हैं, उसमें उजाला भरने वाले। वह स्त्री-दृष्टि की दुनिया है, जहां देश-काल असमर्थ हैं, यानी जहां का अनुभव देश-कालातीत है। अंत में निराला सम्राट एडवर्ड अष्टम को संबोधित कर कहते हैं कि उसी दृष्टि के स्पर्श से प्रेम का प्रियंगु-वृक्ष पुष्पित हुआ है। प्रियंगु के संबंध में यह कवि-प्रसिद्धि है कि वह स्त्रियों के स्पर्श से विकसित हो उठता है। निराला ने उसी का यहां कविता में कदाचित पहली बार इस्तेमाल किया है, क्योंकि आचार्य हजारीप्रसाद द्विवेदी ने लिखा है, उन्हें 'स्त्रियों के स्पर्श से प्रियंगु-पुष्प के विकसित होने का उदाहरण *काव्य* में नहीं मिला।' जानकीवल्लभ जी को लिखे गए अपने पूर्वोक्त पत्र में निराला ने एडवर्ड अष्टम के प्रति लिखी गई अपनी कविता में प्रयुक्त 'प्रियंगु' के प्रसंग में कवि-प्रसिद्धियों से संबंधित प्रसिद्ध संस्कृत श्लोक का यह अंश भी उद्धृत किया है—'स्त्रीणां स्पर्शात् प्रियङ्गुर्विकसति'। 'प्रणय के प्रियंगु की डाल-डाल' के खिलने से 'खुलती मेरी शेफाली : / हंसती री डाली-डाली!' का चित्र एक बार फिर ताजा हो जाता है, भव्यतर रूप में। पूरा बंद स्त्री की तिर्यक दृष्टि को बहुत ज्यादा मान और गरिमा प्रदान करता है, क्योंकि वह प्रेम जैसी दुर्लभ वस्तु को जन्म देने वाली है,जो मनुष्य को नाना प्रकार के तुच्छ लौकिक बंधनों से मुक्त करता है। उन बंधनों में समाज से लेकर भोग और ऐश्वर्य तक के बंधन आते हैं।

अब कविता का बंद द्रष्टव्य है :

> वीक्षण अराल :
> बज रहे यहां
> जीवन का स्वर भर छंद, ताल
> मौन में मंद्र,
> ये दीपक जिसके सूर्य-चंद्र,
> बंध रहा जहां दिग्देश काल,
> सम्राट! उसी स्पर्श से खिली
> प्रणय के प्रियंगु की डाल-डाल!

जैसे 'वीक्षण अराल' में उदात्तता है, वैसे ही 'मौन में मंद्र' और 'सूर्य-चंद्र' में लालित्य।

अनुनासिक ध्वनियों की आवृत्ति से एक मधुर संगीत की सृष्टि होती है, जैसे मृदंग पर किसी ने दो बार थाप दी हो। यह संगीत फिर अंतिम चरण के 'प्रणय के प्रियंगु' में सुनाई पड़ता है और तब लगता है कि वह अपने सम पर पहुंच गया है। 'प्रणय के प्रियंगु' के संबंध में एक बात यह ज्ञातव्य है कि इसमें जो 'के' है, उसे दीर्घ की जगह ह्रस्व बनाकर पढ़ना होगा, वरना मात्रिक छंद का प्रवाह बाधित होगा। द्विवेदी जी ने एक लेख लिखकर हिंदी कवियों को सुझाव दिया था कि उन्हें भी उर्दू कवियों की तरह अपनी कविता में मात्रा-संबंधी छूट लेनी चाहिए,जिससे काव्य-भाषा में एक लचक पैदा हो। निराला ने यह छूट गीत में तो ली ही है, यथा 'गीतिका' के प्रसिद्ध गीत 'रूखी री यह डाल, वसन वासंती लेगी' की ऐसी पंक्तियों में—'शैल-सुता अपर्णअशना, / पल्लव-वसना बनेगी' जिसमें स्पष्टत: मात्राधिक्य के कारण 'बनेगी' के 'ने' को ह्रस्व बनाकर पढ़ना होगा, कविता में भी ली है। जो पाठक कवित्त और सवैया जैसे हिंदी छंदों में भाषा की लचक के सौंदर्य से परिचित हैं, वे इसे भी सराहेंगे। हिंदी के पुराने कवियों ने तो उक्त वर्णिक छंदों में ही नहीं, मात्रिक छंदों में भी हमेशा मात्रा-संबंधी छूट ली है और कोई कह नहीं सकता कि उससे उनकी कविता में सौंदर्य का ह्रास हुआ है, बल्कि उलटे उससे उसकी वृद्धि हुई है। पुराने कवियों के छंद खड़ीबोली के कवियों की तरह सपाट नहीं हैं, इसलिए उन्हें पढ़ते समय पाठकों को अपने उच्चारण-यंत्र को सजग और सक्रिय बनाकर रखना पड़ता है। निश्चय ही यह छंदसंबंधी शिथिलता अथवा उदासीनता के पक्ष में दी गई दलील नहीं है। 'के' को ह्रस्व बनाकर पढ़ने से पंक्ति वाकई लचकदार हो गई है, जैसे किसी वृक्ष की डाल। क्या इसे निराला ने ऐसा इसलिए बनाया है कि यहां डाल का ही वर्णन है?

स्त्री-दृष्टि अथवा स्त्री की, जिसके स्पर्श से प्रियंगु में पुष्पोद्भव हो उठता है, महिमा बखानने के बाद कविता के दूसरे बंद में निराला बीसवीं शताब्दी पर आते हैं और कहते हैं कि उसका संदेश है प्रेम और मानव-साम्य। वे इस बात पर आश्चर्य प्रकट करते हैं कि एडवर्ड अष्टम ने सम्राट रहते हुए भी उस संदेश को सुन लिया था। आश्चर्य उन्हें इसलिए होता है कि इतिहास के साक्ष्य से सम्राट और राजा बहरे होते रहे हैं, जो कोई अच्छी बात नहीं सुनते। अतिशय प्रसन्न होकर निराला एडवर्ड अष्टम से कहते हैं, तुम मनुष्य जाति के लिए अमर वरदान हो! यह बंद जितना ओजस्वी है, उतना ही मार्मिक, यथा :

विंशति शताब्दि,
धन के, मान के बांध को जर्जर कर महाब्धि
ज्ञान का, बहा जो भर गर्जन—
साहित्यिक स्वर—
''जो करे गंध-मधु का वर्जन

वह नहीं भ्रमर;
मानव मानव से नहीं भिन्न,
निश्चय, हो श्वेत, कृष्ण अथवा,
वह नहीं क्लिन्न;
भेदकर पंक
निकलता कमल जो मानव का
वह निष्लंक,
हो कोई सर''
था सुना, रहे सम्राट! अमर—
मानव के वर!

बीसवीं शताब्दी की सबसे बड़ी विशेषता यह है कि इसमें धन और मान की धज्जियां उड़ाते हुए मानव-ज्ञान ने जो महान प्रगति की, उसका फल इस मान्यता के रूप में सामने आया कि मनुष्य के लिए सर्वाधिक मूल्यवान वस्तु है प्रेम और मनुष्य-मनुष्य में कोई भेद नहीं, सब बराबर हैं। इसी बात को निराला एक भव्य रूपक के सहारे कहते हैं, जिससे अभिव्यक्ति बहुत प्रभावशाली हो जाती है। बीसवीं शताब्दी में ज्ञान का जो महासागर प्रवाहित हुआ, धन और मान के बांध को ध्वस्त करता हुआ, तो उससे एक गर्जना फूटी। वह गर्जना यह थी : गंध और मधु से विमुखता का उपदेश देने वाला भ्रमर नहीं, कीट-पतंग होगा। दूसरे, मनुष्य मनुष्य में कोई विभेद नहीं, वह काला हो या गोरा। दोनों ही रूपों में मनुष्य स्वच्छ और पवित्र है। असल चीज कमल है, पंक नहीं, जिसमें पैदा होकर वह उसे भेदता हुआ ऊपर उठता है। मानव-कमल सर्वदा निष्कलंक है, वह किसी सरोवर में क्यों न खिले। 'रश्मिरथी' में दिनकर ने भी सरल ढंग से यही कहा है—'किसी वृंत पर खिले विपिन में, पर नमस्य है फूल, / सुधी खोजते नहीं गुणों का आदि, शक्ति का मूल।'

निराला का स्वर अधिक गंभीर है, जटिल भी। उनकी उक्ति का सौंदर्य इस बात में है कि प्रेम को उन्होंने पुष्प की गंध और मधु कहा है और मनुष्य को भ्रमर। इस तरह प्रेम ही मानव-जीवन का सार है और उसका आस्वाद ही उसकी सार्थकता। दूसरे, मनुष्य को कमल से और उसके समाज को सरोवर से उपमित करने में भी सौंदर्य है। मानव-कमल की निष्कलंकता!—यह उक्ति अपने आप में आकर्षक है। 'निकलता कमल जो मानव का / वह निष्कलंक' इसमें तीन बार 'ल' वर्ण की आवृत्ति हुई है, जिससे यह उक्ति बोल उठी है। पंक का भेदन कर कमल के निकलने का दृश्य-वर्णन भी सुंदर होने के साथ-साथ अर्थव्यंजक है। मनुष्य पंक नहीं, उसे भेदकर ऊपर उठने वाला कमल है! पूर्वकथित 'गंध-मधु' और इस कमल में भी संबंध जोड़ा जाना चाहिए। भ्रमर भी इन्हीं से संबद्ध है। लेकिन इस बंद में जो बात सबसे गहरी और मार्मिक है,

वह यह कि बीसवीं शताब्दी के ज्ञान-महासागर से फूटने वाली गर्जना को निराला 'साहित्यिक स्वर' कहते हैं। मतलब स्पष्ट है, प्रेम और मानव-समता को सर्वोपरि स्थापित करना यह साहित्य का बुनियादी सरोकार है, न धर्म का, न दर्शन का और न राजनीति का। क्या ताज्जुब, एडवर्ड अष्टम ने यदि इससे अपना भी सरोकार जताया, तो इस युग के एक महान साहित्यकार ने उल्लसित होकर उनका स्तवन किया।

एडवर्ड अष्टम का त्याग साधारण न था, खासकर तब, जबकि वह एक साधारण महिला के लिए किया गया था। कविता के तीसरे बंद में, जो कि वर्णन और शब्द-योजना की दृष्टि से बेजोड़ है, निराला ने ब्रिटिश साम्राज्य के वैभव, प्रताप, शक्ति और ऐश्वर्य का वर्णन किया है। पहले वह कवि के अपने शब्दों में द्रष्टव्य है, फिर उसकी चीर-फाड़ :

वैभव विशाल,
साम्राज्य सप्त-सागर-तरंग-दल-दत्त-माल,
है सूर्य क्षत्र
मस्तक पर सदा विराजित
लेकर-आतपत्र,
विच्छुरित छटा—
जल, स्थल, नभ में
विजयिनी वाहिनी-विपुल घटा,
क्षण-क्षण भर पर
बदलती इंद्रधनु इस दिशि से
उस दिशि सत्वर,
वह महासद्म
लक्ष्मी का शत-मणि-लाल-जटित
ज्यों रक्त-पद्म,
बैठे उस पर
नरेंद्र-वंदित, ज्यों देवेश्वर।

ब्रिटिश साम्राज्य के वैभव की विशालता का यह हाल था कि जैसे सातों समुद्रों ने अपनी तरंगों पर उठाकर एक हार सम्राट को अर्पित किया था! समुद्रों की संख्या को सात बतलाना एक रूढ़ि है। निराला ने उससे काम लेते हुए ब्रिटिश साम्राज्य की व्यापक समृद्धि की सूचना दी है। जो चित्र है, वह अपनी विराटता में विलक्षण है। 'साम्राज्य सप्त-सागर-तरंग-दल-दत्त-माल' की शब्द-योजना के क्या कहने! पुष्प-माल के वर्णन के लिए कवि ने शब्द-माल पिरो दी है! मजे की बात यह कि लंबा समास होते हुए भी अर्थ समझने में कोई कठिनाई नहीं। अनुप्रास से उत्पन्न होने वाली झंकृतियां

ऊपर से। इस ब्रिटिश साम्राज्य का प्रताप ऐसा था कि सम्राट की रक्षा में स्वयं सूर्य नियुक्त था, हाथों में आतप से त्राण दिलाने वाला छाता लिए, जो उनके सिर पर सदा शोभायमान रहता था। यहां ब्रिटिश साम्राज्य के विस्तार के बारे में कही जाने वाली वह बात याद करनी चाहिए कि उसमें कभी सूर्यास्त न होता था। सूर्य के आतपत्र लिए खड़े रहने का उदात्त चित्र निराला ने कालिदास से लिया है, उनके 'कुमारसंभव' के तृतीय सर्ग से, जिसके एक श्लोक में उन्होंने कहा है—'उपाददे तस्य सहस्त्ररश्मिस्त्वष्ट्रा नवं निर्मितमातपत्रम्' अर्थात हजार किरणों वाले सूर्य ने विश्वकर्मा द्वारा निर्मित नवीन छत्र लेकर शिव के सिर पर लगा दिया! तत्पश्चात ब्रिटिश साम्राज्य की सैन्य-शक्ति का वर्णन है, जो दुनिया के सभी हिस्सों में फैली हुई थी। निराला ने ब्रिटेन की विजयिनी वाहिनी यानी सदा विजय ही प्राप्त करने वाली सेना के तीनों विभागों—जल, स्थल और वायु सेना—का वर्णन विस्तृत घटा के रूप में किया है, जिससे छटा छिटकती रहती थी। छटा छिटकने की बात से युद्धास्त्रों की कौंध सामने आ जाती है, जैसे वह विद्युच्छटा हो। छटा निराला के शब्दों से भी छिटकती है, यथा 'विच्छुरित छटा', 'विजयिनी वाहिनी' आदि। घटा इन्द्रधनुष खिलाती है। ब्रिटिश सेना का इतना ज्यादा फैलाव था कि वह इंद्रधनुष इस क्षण में इस दिशा में और उस क्षण में उस दिशा में आकाश में खिला हुआ दिखलाई पड़ता था। कवि ने यहां एक ऐंद्रजालिक वातावरण रच दिया है,जो ब्रिटिश साम्राज्य की महिमा सूचित करता है। निश्चय ही ऐसी कल्पनाशीलता अन्यत्र दुर्लभ है। बंद के अंत में उसने एडवर्ड अष्टम के ऐश्वर्य का वर्णन किया है। राजप्रासाद क्या था, जैसे सैकड़ों मणियों और लालों जैसी पंखुड़ियों वाला वह रक्तकमल, जिस पर लक्ष्मी स्थित होती हैं। सम्राट उस पर देवराज इंद्र की तरह आसीन थे और उनके अधीनस्थ विभिन्न उपनिवेशों के शासक उनकी स्तुति में रत थे! 'लक्ष्मी का शत-मणि-लाल-जटित / ज्यों रक्त-पद्म' यह चित्र तो भव्य है ही, 'नरेंद्र-वंदित, ज्यों देवेश्वर' में 'न', 'र' और 'द' जैसे अनुनासिक-अननुनासिक घोष वर्णों की आवृत्ति से मंद्र मृदंग-ध्वनि उत्पन्न की गई है।

निराला में प्रचंड कवि-प्रतिभा थी,जिसे उनकी वैचारिकता नियंत्रित करती थी। यदि उनकी प्रत्येक कविता की एक दृढ़ वैचारिक संरचना न होती, तो उनकी प्रतिभा का कदम-कदम पर विस्फोट होता और उसमें कविता उड़ जाती। इसका बहुत अच्छा प्रमाण उनकी यह 'सम्राट एडवर्ड अष्टम के प्रति' कविता है, जिसमें कवि की प्रतिभा और वैचारिकता में होड़ लगी हुई है। एक बंद में उनकी कल्पना प्रमुख भूमिका निभाती है और दूसरे बंद में उनकी वैचारिकता, यद्यपि न कल्पना वैचारिकता से शून्य होती है और न वैचारिकता कल्पना से। ब्रिटिश साम्राज्य के वैभव, प्रताप, शक्ति और ऐश्वर्य का कल्पनापूर्ण वर्णन करने के बाद वे सम्राट के त्याग का वर्णन करते हैं। अगला बंद थोड़ा लंबा है। इसके पूर्वार्द्ध में वे कहते हैं :

पर रह न सके,
हे मुक्त,
बंध का सुखद भार भी सह न सके।
उर की पुकार
जो नव संस्कृति की सुनी
विशद, मार्जित, उदार,
था मिला दिया उससे पहले ही
अपना उर,
इसलिए खिंचे फिर नहीं कभी,
पाया निज पुर
जन-जन के जीवन में सहास,
है नहीं जहां वैशिष्ट्य-धर्म का
भू-विलास—
भेदों का क्रम,
मानव हो जहां पड़ा—
चढ़ जहां बड़ा संभ्रम।

ब्रिटिश साम्राज्य की महिमा अपरिमेय थी, लेकिन उसका राजसिंहासन भी एडवर्ड अष्टम को बांध न सका। उन्होंने उससे भी बड़े त्याग का परिचय दिया। कारण यह कि वे प्रेम को स्वीकार कर,जो कि धन, मान, कुल आदि के बंधनों से परे है, मुक्त हो चुके थे। पद, प्रतिष्ठा और अधिकार का भार सुखद होता है, लेकिन वह भी उन्हें बर्दाश्त न हुआ। ऐसा लगता है कि सम्राट के संबंध में जो भी खबरें आ रही थीं, उन्हें निराला गौर से पढ़ और सुन रहे थे। सम्राट के लिए मिसेज सिंपसन सर्वोपरि थी। उनका मानना यह था कि महारानी बनना उसके लिए मजाक की बात होगी, उस रूप में वे उसे जो भी दे सकते थे, उसे देखते हुए। स्पष्टत: यह अपनी प्रेमिका और अपने प्रेम को साम्राज्य से भी ऊपर रखना था। निराला के उक्त कथन में सम्राट की मान्यता की प्रतिध्वनि सुनाई पड़ती है। एडवर्ड अष्टम ने सम्राट रहते हुए भी बीसवीं शताब्दी के प्रेम और मानव-साम्य के संदेश को सुना था, यह वे कविता के दूसरे बंद में बतला चुके हैं। इस बंद में आगे वे उनके प्रेम के वृहत्तर संदर्भ का उद्घाटन करते हैं।

बीसवीं शताब्दी ने एक नई मानव-संस्कृति को जन्म दिया था। एडवर्ड अष्टम ने पहले ही उससे आत्मिक संबंध कायम कर लिया था। इसी का यह परिणाम था कि वे उससे फिर विमुख न हुए। निराला ने 'नव संस्कृति की उर की पुकार' का जिक्र किया है, जिसकी विशेषता है स्वच्छता, परिष्कृति और उदारता। एडवर्ड अष्टम ने उस स्वर को हृदय से स्वीकार कर लिया था, इसलिए उससे फिर खिंचे यानी हटे नहीं। तात्पर्य यह कि उनकी प्रतिश्रुति महान थी। बड़ी बात निराला उसके बाद कहते हैं। एडवर्ड

अष्टम के प्रेम की विशेषता थी समानता की स्वीकृति। मिसेज सिंपसन एक साधारण घराने की साधारण महिला थी, फिर भी उन्होंने उसे अपने प्रेम के लिए अयोग्य नहीं माना और अंततः अपना स्थान साधारण जनों के जीवन में ही प्राप्त किया, बिना मुख मलिन किए, बल्कि सहर्ष। यही समानता पर आधारित प्रेम बीसवीं शताब्दी का सबसे बड़ा मूल्य है। जनसाधारण का जीवन समानता पर आधारित है, जहां वैशिष्ट्यगत रौब या धौंस नहीं, न किसी प्रकार का भेद-क्रम है, यानी 'हायरार्की'। 'हायरार्की' वाली दुनिया में मनुष्य नीचे पड़ा हुआ है और जो मनुष्य नहीं, यह ऊपर है। सीढ़ियों से वहां पहुंचकर सत्य का दर्शन नहीं होता, व्यक्ति जोरों से भ्रम का शिकार हो जाता है।

बंद के उत्तरार्द्ध में निराला का कथन है :

> सिंहासन तज उतरे भू पर,
> सम्राट! दिखाया
>   सत्य कौन सा वह सुंदर?
> जो प्रिया, प्रिया वह
>   रही सदा ही अनामिका,
> तुम नहीं मिले,—
> तुमसे हैं मिले हुए नव
>   योरप-अमेरिका।

इसमें 'भू पर' ध्यातव्य है, क्योंकि यह 'जन-जन के जीवन' के मेल में है। सम्राट ने किस सुंदर सत्य के दर्शन के बाद राजसिंहासन को ठुकराया था, यह बतलाने की जरूरत न होनी चाहिए। मिसेज सिंपसन का अपना नाम वॉलिस वारफील्ड था, लेकिन वह प्रचारित नहीं था। इतिहास और दूसरे ग्रंथों में भी यह 'मिसेज सिंपसन' के नाम से ही जानी जाती है। ऐसी स्थिति में यदि निराला कहते हैं कि सम्राट की प्रिया अनाम ही रही, तो स्वाभाविक है, लेकिन वे उसके इस अनाम रहने की बात को यहां एक दार्शनिक ऊंचाई दे देते हैं। इसकी सूचना 'प्रिया' शब्द पर उनके बल देने से, जिसका पता उसकी आवृत्ति से चलता है, मिलती है। वे मिसेज सिंपसन के अनाम रहने की व्याख्या इस रूप में करते हैं कि प्रेमिका तो एक भावना है, नाम-रूप से परे। वह देश-विशेष से भी बंधी नहीं, सार्वभौम है। जैसे उन्होंने एडवर्ड अष्टम के प्रेम को मानव-प्रेम में विसर्जित कर दिया है, वैसे ही यहां उनकी प्रेमिका को भी एक भावना में।

अंतिम पंक्तियां भी अत्यधिक अर्थपूर्ण हैं। निराला ने इनमें नए यूरोप और नए अमरीका की बात की है। स्वाधीनता संग्राम के दिनों में पश्चिमी दुनिया को लेकर भारत में तुमुल विवाद छिड़ा था। जो रूढ़िवादी, संकीर्णतावादी और अंधराष्ट्रवादी थे, वे संपूर्ण पश्चिम का विरोध करते थे, लेकिन जो सांस्कृतिक प्रश्नों पर विश्वदृष्टि रखते थे, उनका कहना था कि पश्चिम एक ही नहीं, दो हैं। एक पश्चिम वह है, जो

उपनिवेशवादी और साम्राज्यवादी है और दूसरा वह, जो वैज्ञानिक और जनतांत्रिक मूल्यों में आस्था रखने वाला है। इस कारण हमें जहां पहले पश्चिम का विरोध करना चाहिए, वहां दूसरे पश्चिम का समर्थन और अभिनंदन। यही मान्यता पं. जवाहरलाल नेहरू और रवींद्रनाथ की थी। पं. नेहरू ने कहा कि इंग्लिस्तान दो हैं, इसी तरह रवींद्रनाथ ने कि यूरोप दो हैं। स्थिति की विडंबना यह थी कि इस चिंतन के लोग जहां नई पश्चिमी दुनिया से आत्मीयता रखते थे, वहां भारतीय सामंतवादी और पुराणपंथी तत्व रंगभेदवादी और उपनिवेशवादी पुरानी पश्चिमी दुनिया से। पं. नेहरू ने इस दोनों के गठबंधन पर तीखे आक्रमण किए। एक प्रसिद्ध समाजशास्त्री ने लिखा है, 'उपनिवेशवादी इंग्लिस्तान और परतंत्र भारत के बीच संपूर्ण विरोध की पृष्ठभूमि में भी भारतीय संस्कृति और राजनीति के नेताओं ने अपनी दृष्टि को धुंधला नहीं पड़ने दिया और ब्रिटिश उपनिवेशवाद के विरोध को समस्त इंग्लिस्तान के विरोध या पश्चिमी संस्कृति के विरोध में नहीं बदलने दिया। उन्होंने पुनरुत्थानवादी (revivalist) और रूढ़िवादी दृष्टिकोण से भारत में हुए पश्चिम के विरोध का प्रतिवाद किया। भारतीय राजनीति और संस्कृति में जवाहरलाल नेहरू और रवि ठाकुर का यही महत योगदान है.....।' निराला पर रवींद्रनाथ का तो प्रभाव था ही, पं. नेहरू का भी था, जिसका प्रमाण 'सुधा' में उन पर लिखी गई उनकी संपादकीय टिप्पणियां हैं। उन्होंने एडवर्ड अष्टम से निवेदन किया कि जो नया यूरोप और नया अमरीका अस्तित्व में आया है, वे उनके प्रतिनिधि नहीं, नेता हैं, क्योंकि वे उनके निकट नहीं गए हैं, वही उनका अनुसरण करेंगे।

कविता के अंतिम छोटे से बंद में कविता फिर एक उड़ान लेकर ऊपर उठ जाती है :

सौरभ प्रमुक्त!
प्रेयसी के हृदय से हो तुम
प्रतिदेश युक्त,
प्रतिजन, प्रतिमन,
आलिंगित तुमसे हुई
सभ्यता यह नूतन!

सम्राट क्या हैं, जैसे हवा में बहती मुक्त गंध! निराला ने 'गंध' और 'मुक्त' दोनों को उदात्तता प्रदान करने के लिए उनकी जगह क्रमशः 'सौरभ' और 'प्रमुक्त' शब्दों का प्रयोग किया है। 'प्रमुक्त' का अर्थ 'प्रकृष्ट रूप से मुक्त' भी है। यहां आते-आते सम्राट भी एक भावना या अनुभूति रह गए हैं,जैसे ऊपर मिसेज सिंपसन। इससे आगे निराला कहते हैं कि अपनी प्रेयसी के हृदय से संयुक्त होकर वे प्रत्येक देश से जुड़ गए हैं। इस तरह प्रेम ने उन्हें सीमाहीन, सार्वभौम बनाया है। उन्होंने अपनी प्रेयसी का आलिंगन क्या किया है, प्रत्येक व्यक्ति, प्रत्येक मन, किंबहुना, इस नई सभ्यता का आलिंगन

किया है! इस तरह वे सार्वभौम ही नहीं, सार्वजनीन भी हो गए हैं। यह परिणति है निराला के प्रेम की, उनकी प्रेम-कविता की।

3

'सम्राट एडवर्ड अष्टम के प्रति' जैसी कविताएं इस बात का सबूत हैं कि छायावाद में नई मानवीय और सामाजिक नैतिकता का स्वर बहुत प्रबल था। वह नैतिकता मानव-प्रेम और मानव-समता पर आधारित थी,मध्ययुगीन धार्मिक भावना पर नहीं, इसलिए नई थी। निराला में वह स्वर निरंतर ऊपर उठता गया है, छायावाद के कोमल संगीत को भेदकर, इसलिए अलग से पहचाना जाता और ध्यान आकृष्ट करता है। इस कविता की श्रेष्ठता दो बातों में है। एक तो उन्होंने एडवर्ड अष्टम के मनोलोक में प्रवेश कर उनकी प्रेम-भावना की गहराई का वर्णन किया है, जिससे उनके द्वारा प्रेमिका के लिए साम्राज्य के राजसिंहासन को ठुकरा देने जैसा समग्र मानव-इतिहास में अद्वितीय निर्णय संभव हुआ। निश्चय ही यह प्रेम-भावना सिर्फ भावना न थी, उसके साथ नए युग के गहन मूल्य-बोध का परिवेश भी था। दूसरे, संबोध-गीति अथवा ओड के अनुरूप ही इसमें उन्होंने उदात्त भाषा और बिंबों का प्रयोग किया है। 'कुमारसंभव' पढ़ते समय यह एहसास होता है कि शिव और पार्वती के उदात्त पौराणिक आख्यान के अभाव में किसी ऐतिहासिक या यर्थाथवादी कथा के माध्यम से कालिदास का उदात्त कवित्व प्रकट न हो सकता था। इस कविता में भी जैसे निराला की उदात्त अनुभूति को उपयुक्त आलंबन मिला है। कविताएं तो उन्होंने अनेक लिखी हैं, उल्लास और आनंद की भी, लेकिन उस आनंद और उल्लास का यह स्तर उनकी किसी कविता में नहीं।

यह जानी हुई बात है कि निराला की कविता में छंद का विशेष महत्व है, वह मुक्तछंद हो, या विषममात्रिक, या मात्रिक। छंद का प्रवाह, वह मंथर हो या तीव्र, कविता को बहाता चलता है, उसे कल्लोलित करता हुआ, उसमें चकोह बनाता हुआ। 'राम की शक्तिपूजा', 'एडवर्ड अष्टम के प्रति' और 'वनबेला' इन तीनों कविताओं का छंद मूलतः एक है,चौबीस मात्राओं से निर्मित। प्रमाण के लिए क्रमशः तीनों कविताओं के एक-एक चरण को देखा जा सकता है—'है अमानिशा; उगलता गगन घन अंधकार', 'साम्राज्य-सप्त-सागर-तरंग-दल-दत्त-माल' और 'कर भस्मीभूत समस्त विश्व को एक शेष'। लेकिन तीनों ही कविताओं में निराला ने इस छंद का तीन तरह से इस्तेमाल किया है। पहली कविता में छंद बिलकुल नियमित है, यानी उसके सारे चरण सम हैं, जबकि दूसरी कविता में उन्होंने आठ मात्राओं से निर्मित चरण को आधार-चरण बनाया है और कभी एक चरण को लेकर तथा कभी दो और कभी तीन चरणों को जोड़कर कविता लिखी है, यथा 'विंशति शताब्दि / धन के, मान के बांध को जर्जर कर महाब्धि /

ज्ञान का, बहा जो भर गर्जन' में पहला चरण आठ मात्राओं का, दूसरा चौबीस मात्राओं का और तीसरा सोलह मात्राओं का है। चरण जितनी मात्राओं का हो, उसका आधार आठ मात्राओं से बने चरण की इकाई है। तीसरी कविता के साथ भी यही बात है, यथा 'अप्सरा सुघर / सिक्त-तन-केश, शत लहरों पर / कांपती विश्व के चकित दृश्य के दर्शन-भर' में तीनों चरण क्रमश: आठ, सोलह और चौबीस मात्राओं के हैं। लेकिन इस कविता में चौबीस मात्राओं से निर्मित चरणों का कई बार इतनी देर तक प्रयोग हुआ है कि वहां वह 'राम की शक्तिपूजा' की तरह सममात्रिक हो गई है। वहां ऐसी नहीं है कि आधारभूत इकाई आठ मात्राओं से निर्मित चरण है। तात्पर्य यह कि निराला में छंद-वैविध्य तो है ही,एक ही छंद का विभिन्न प्रकार से इस्तेमाल कर उससे अलग-अलग कविता के अनुरूप गति, विराम और संगीत उत्पन्न करने की उनमें अद्‌भुत क्षमता थी। 'एडवर्ड अष्टम के प्रति' कविता का छंद मूलत: एक होते हुए भी 'शक्तिपूजा' की तरह समगति से नहीं प्रवाहित होता, उस धारा की तरह चलता है, जो चट्टानों से टकराती, कल-रोर करती और आवर्तित होती हुई आगे बढ़ती है।

2. कुकुरमुत्ता

क्या संयोग है कि जिस तरह छायावाद के अंत में लिखी गई निराला की महान कविता 'राम की शक्तिपूजा' का हिंदी में विरोध किया गया, उसी तरह छायावादोत्तर काल के आरंभ में लिखी गई उनकी महत्वपूर्ण कविता 'कुकुरमुत्ता' का भी। 'शक्तिपूजा' का प्रकाशन हुआ, तो पुरानी पीढ़ी के प्रतिष्ठित कवि पं. रामनरेश त्रिपाठी ने कहा कि वह कविता नहीं, सांप झाड़ने का मंत्र है! पं. नंददुलारे वाजपेयी छायावाद के पक्षधर आलोचक थे, छायावादी कवियों में से निराला के विशेष प्रशंसक, लेकिन उनका यह विचार अंत-अंत तक बना रहा कि 'शक्तिपूजा' के आरंभ की पंक्तियों में, भाषा की एक ऐसी कवायद है जिसका समर्थन केवल यह कहकर किया जा सकता है कि हिंदी में भी ऐसी भाषा लिखी जा सकती है। उनकी इस मान्यता में किंचित भी परिवर्तन न हुआ कि 'राम की शक्तिपूजा' और 'तुलसीदास' निराला के दो प्रयोग हैं, जिन्हें हम उनकी सर्वश्रेष्ठ कविता के उदाहरण नहीं कह सकते। स्पष्टत: उनकी दृष्टि में 'शक्तिपूजा' की आरंभिक समस्त पदावली में रचित पंक्तियां उस कविता की सर्जनात्मक आवश्यकता की पूर्ति नहीं करतीं और प्रदर्शन के भाव से लिखी गई हैं। इसी तरह वह कविता तथा निराला की दूसरी महान कविता 'तुलसीदास' दोनों सफल महान कृतियां नहीं, बल्कि 'प्रयोग-मात्र' हैं।

'कुकुरमुत्ता' की कहानी यह है कि निराला इसे सर्वप्रथम हिंदी साहित्य सम्मेलन, प्रयाग से निकलवाना चाहते थे और उसके माध्यम से उन पर श्री पुरुषोत्तमदास टंडन का एक सौ रुपए चार आने का जो ऋण था, उसे उतारना चाहते थे। उन्होंने टंडन जी को उसके लिए पत्र लिखा, लेकिन उन्होंने उसका कोई उत्तर न दिया, जिसका यह मतलब था कि चूंकि वह कविता उन्हें पसंद न थी, इसलिए वे उसे सम्मेलन से प्रकाशित कराने के लिए तैयार न हुए। निराला ने अपने पत्र में उनसे यह अनुरोध भी किया था कि सम्मेलन उसे न प्रकाशित कर सके, तो उनके प्रयास से उनका कोई अन्य प्रकाशक मित्र ही उसे छाप दे, लेकिन टंडन जी ने उसके लिए भी कोई प्रयास नहीं किया। अंतत: 'कुकुरमुत्ता' जब छपकर निकला, तो हिंदी जगत ने उसे चकित भाव से देखा। इसका कारण उसमें कविता का बदला हुआ स्वरूप तो था ही, साथ-साथ आने वाली निराला की विक्षिप्तता की खबरें भी थीं। कुछ वर्षों बाद डा. रामविलास शर्मा की 'निराला' नामक पुस्तक प्रकाशित हुई, तो उसमें उन्होंने इस कविता की अंतर्वस्तु के बारे में सिर्फ यह कहा कि 'लोगों में इस बात पर मतभेद रहा कि निराला जी इस कविता में किस पर

व्यंग्य करना चाहते हैं।' उसके बाद इस कविता की आलोचना के नाम पर वे संक्षेप में इसकी कहानी कहकर आगे बढ़ गए। इसी के आसपास साहित्यकार संसद, इलाहाबाद से निराला की कविताओं का एक चयन 'अपरा' नाम से प्रकाशित हुआ, तो उनके बहुत चाहने के बावजूद महादेवी जी ने उसमें 'कुकुरमुत्ता' को न शामिल किया। पुस्तक में संसद की मंत्री की हैसियत से उन्होंने एक मार्मिक भूमिका दी और उसके अंत में कहा कि ' 'अपरा' के यशस्वी कवि का गौरव इसमें सुरक्षित है।' स्पष्ट है कि 'कुकुरमुत्ता' को उसमें शामिल करने से वह गौरव खंडित होता था।

रचनाकारों में निराला के दूसरे भारी प्रशंसक शमशेर रहे हैं, लेकिन उनका मत भी 'कुकुरमुत्ता' के अनुकूल नहीं। केदारनाथ अग्रवाल के कविता-संकलन 'फूल नहीं रंग बोलते हैं' की समीक्षा करते हुए प्रसंगवश उन्होंने लिखा है : 'जिसका निर्माण सचेत रूप से उद्देश्यपरक हुआ हो—ऐसे साहित्य के बारे में मतभेद अवश्यंभावी है। मुझे तो उद्देश्यपरक साहित्य प्राय: पसंद है; मैं जान-बूझकर उसकी कलात्मक खामियों को नजरअंदाज कर जाता हूं—अगर उसमें मानववादी आस्था और विश्वास के स्वर सचमुच विशेष दृढ़ और सच्चे हैं, और शैली में व्यक्तित्व का ओज है। फिर अगर कभी-कभी 'रहेटरिक' प्रत्यक्ष है, शिल्प प्रभावकारी है, मुहावरा टकसाली नहीं है, तो भी मैं विरस बहुत नहीं होता। यद्यपि कुछ तो मजा किरकिरा जरूर होता है। निराला जी का 'कुकुरमुत्ता' मुझे इसलिए पसंद नहीं।' गौर करने पर यह स्पष्ट हो जाता है कि 'कुकुरमुत्ता' शमशेर को इसलिए पसंद नहीं कि उद्देश्यपरक साहित्य होते हुए उसमें न मानववादी आस्था और विश्वास के दृढ़ और सच्चे स्वर हैं और न उसकी शैली में व्यक्तित्व का ओज है। इसके अलावा उसमें प्रत्यक्ष वक्तृता है, शिल्प की प्रधानता है और उसका मुहावरा टकसाली नहीं है। इतने अभावों और दुर्गुणों से युक्त रचना को पसंद करना वाकई एक बहुत ही मुश्किल काम है। आगे अपनी समीक्षा में शमशेर ने जो बात कही है, उस पर ध्यान देने पर 'कुकुरमुत्ता' पर उनकी राय विचित्र लगती है। कहते हैं, 'हिंदी खड़ीबोली साहित्यभाषा पूरी तरह अभी तक स्थिर नहीं हुई है। कारण यह भी है कि उसने संप्रति उर्दू से कुछ भी लाभ उठाने की कसम खा ली है। अत: अब उसके अपने मुहावरे ढल रहे हैं—लिखित साहित्य में जो छपकर सामने आता है, उसमें जनता की बोलचाल उससे अलग है।' यह बात 'कुकुरमुत्ता' पर टिप्पणी करने के तुरत बाद कही गई है, इसलिए आश्चर्य होता है कि उर्दू से लाभ उठाने की दृष्टि से भी उन्होंने इस रचना को महत्वपूर्ण नहीं माना। वस्तु-स्थिति कुछ और है।

आश्चर्य यह देखकर भी होता है, निश्चय ही प्रसन्नतामिश्रित, कि छायावादोत्तर कवि होते हुए भी शमशेर ने जहां 'कुकुरमुत्ता' को नापसंद किया, वहां छायावादी आलोचक होते हुए भी वाजपेयी जी ने इसे निराला-काव्य का एक सकारात्मक विकास माना, जबकि 'राम की शक्तिपूजा' के प्रति वे अनुदार थे। वे कहते है, ' 'कुकुरमुत्ता'

उनकी व्यंग्य रचनाओं के शीर्ष पर विद्यमान है। उनकी प्रयोगात्मक रचनाओं में कदाचित वह सबसे अधिक प्रचलित और सफल भी है। वह हिंदी और उर्दू की बोलचाल की भाषा में व्यंग्यात्मक तौर से लिखी गई है। इसका आशय समझने में लोगों को अनेक प्रकार की भ्रांतियां हुई हैं।' डा. शर्मा अपनी पुस्तक में इस रचना की अंतर्वस्तु के संबंध में केवल मतभेद की बात कहकर आगे बढ़ गए थे, लेकिन वाजपेयी जी ऐसा नहीं करते और साहसपूर्वक भ्रांति का उल्लेख करते हुए अपनी बात भी कहते हैं, भले उसमें सुधार की गुंजाइश हो। उनके शब्द हैं : 'सामान्यतः गुलाब सामंती सभ्यता का और कुकुरमुत्ता सर्वहारा वर्ग का प्रतीक है। प्रगतिशील आदर्श इसमें यह है कि सामंतवादी प्रतीक गुलाब के उपहास के साथ कुकुरमुत्ता की प्रशंसा की गई है, इस आधार पर कुछ समीक्षक इसे प्रगतिवादी कविता मानते हैं। किंतु यह भी देखना चाहिए कि इसमें गुलाब का ही परिहास नहीं, स्वयं कुकुरमुत्ता का भी उपहास है। वह अपने मुंह से अपनी जिन विशेषताओं का उल्लेख करता है और जिस पद्धति से स्वयं को संसार की श्रेष्ठतम वस्तुओं का जनक कहता है, वे व्यंजना के द्वारा स्वयं उसे उपहास के केंद्र में उपस्थित कर देती हैं।' पुनः, 'यह बात कतिपय प्रगतिवादियों को या तो दिखाई नहीं देती है या लक्ष्य होने पर उन्हें उलझन में डाल देती है। प्रगति का सीधा मार्ग त्यागकर, उसकी संभावना निर्मित करके, सहसा इस उलझन में डाल देने के लिए वे निराला की ओर क्षोभ और आरोप से भरी दृष्टि से देखने लगता है।' प्रश्न उठता है, क्या यही उलझन थी, जिसकी वजह से डा. शर्मा ने इस कविता की अंतर्वस्तु पर कोई टिप्पणी नहीं की और सिर्फ इसकी कहानी सुनाकर आलोचक के कर्तव्य की इतिश्री समझ ली?

वाजपेयी जी ने प्रगतिशील आलोचकों के साथ-साथ दूसरे आलोचकों को भी याद किया है और कहा है कि 'गुलाब के साथ कुकुरमुत्ता को भी उपहास की स्थिति में रख देने के कारण कतिपय अन्य समीक्षक कहते हैं कि इस कविता में निराला का व्यंग्य प्रत्येक वस्तु पर है, सर्वतोगामी है। व्यंग्य की तलवार में धार ही धार है, मूठ नहीं।' वाजपेयी जी इसे नहीं मानते और ऐसे विचार को कविता के केवल रूप को महत्व देने का परिणाम बतलाते हैं। कहते हैं, 'यह सम्मति नकारात्मक और उद्देश्यरहित है तथा रूप की भूमिका पर है। किंतु वस्तुतः इस कविता का स्वरूप इतना ही नहीं। गुलाब और कुकुरमुत्ता का परिहास करते हुए निराला जी यह व्यंजित करते हैं कि न तो प्राचीन समाज-व्यवस्था का प्रतीक गुलाब हमारा आदर्श है और न कुकुरमुत्ता ही आधुनिक संस्कृति का प्रतीक बन सकता है। इसका आशय कोई नकारात्मक निष्कर्ष नहीं है। आशय है कि गुलाब का स्थान गुलाब ही ले सकता है, कुकुरमुत्ता नहीं। पुरानी संस्कृति का स्थान नई संस्कृति ही ग्रहण कर सकती है, वह नहीं जो 'कुकुरमुत्ता' की तरह 'उगाए नहीं उगता', अर्थात जिसका कोई पूर्वापर नहीं है।' ध्यान देने पर पता चलता है

कि सत्य के काफी कुछ निकट स्थित होने पर भी वाजपेयी जी की अपनी मान्यताएं भी किसी हद तक उलझन की शिकार हैं। वे 'कुकुरमुत्ता' के व्यंग्य को सर्वतोगामी न मानें, लेकिन यह तो मानते ही हैं कि वह गुलाब के साथ-साथ कुकुरमुत्ता पर भी है। भले उसमें मूठ हो, लेकिन इस तलवार के दोनों तरफ धार है। दूसरे, वे भी इस बात से सहमत हैं कि गुलाब सामंती सभ्यता का प्रतीक है और कुकुरमुत्ता सर्वहारा वर्ग का। उनकी तीसरी मान्यता यह है कि गुलाब अर्थात पुरानी संस्कृति का स्थान गुलाब ही यानी नई संस्कृति ही ले सकती है, कुकुरमुत्ता नहीं, जिसकी कोई सांस्कृतिक परंपरा नहीं। सावधानी के साथ 'कुकुरमुत्ता' के पाठ से गुजरने पर यह मालूम होता है कि कुकुरमुत्ता का व्यंग्य भले गुलाब पर हो, लेकिन वह निराला का व्यंग्य नहीं है। सच्चाई यह है कि गुलाब पर किया गया कुकुरमुत्ता का व्यंग्य उलटकर उसके अपने ऊपर ही व्यंग्य बन जाता है। दूसरी बात भी ऐसी ही है। गुलाब को कुकुरमुत्ता सामंती या पूंजीपति वर्ग का प्रतिनिधि समझता हो, लेकिन निराला वैसा नहीं समझते। जहां तक कुकुरमुत्ता के सर्वहारा का प्रतिनिधि या प्रतीक होने की बात है, वह अवश्य है, चाहे अब मार्क्सवादी आलोचक यह कहते हों कि वह 'लुंपेन सर्वहारा' का प्रतिनिधि या प्रतीक है। जिन दिनों निराला ने यह कविता लिखी थी, उन दिनों सर्वहारा वर्ग के प्रतिनिधि कुकुरमुत्ता की तरह ही व्यवहार कर रहे थे! गुलाब का स्थान लेने वाली अंतिम बात भी इसी से निकली हुई है, वरना गुलाब गुलाब है, उसका स्थान न कोई दूसरी चीज ले सकती है, न उसकी अपेक्षा है। वस्तुतः इस कविता के मूल में जो कुछ भी सुंदर, सुरुचिपूर्ण और सुसंस्कृत है, उसके प्रति सर्वहारा-दृष्टिकोण का इजहार और फिर उस सर्वहारा का क्या हश्र होता है, इसका वर्णन है। यह हम आगे इस कविता के पाठ से सटकर चलते हुए देखेंगे।

वाजपेयी जी का प्रसंग समाप्त करने के पहले 'कुकुरमुत्ता' की भाषा पर की गई उनकी टिप्पणी को देख लेना जरूरी है। उनके शब्द हैं : 'जो भाषा निराला जी ने 'कुकुरमुत्ता' में प्रयोग की है वह हिंदी और उर्दू के मेलजोल से बनी हैं। बोलचाल की सजीवता के साथ नए मुहावरे उसमें बड़ी संख्या में व्यवहृत हुए हैं। छायावादी काव्य में प्रायः लोक-प्रचलित भाषा और मुहावरों का प्रयोग नहीं हुआ, जिससे एक गांभीर्य तो उसमें आया है पर सहज तरलता नहीं है। यह विशेषता 'कुकुरमुत्ता' में मिलती है।' इस कथन को शमशेर के उपर्युक्त कथन से मिलाकर देखना चाहिए, जिसमें उन्होंने इस कविता की भाषा के संबंध में प्रत्यक्ष-परोक्ष रूप में अपना असंतोष प्रकट किया है। सच्चाई वाजपेयी जी के कथन में है, शमशेर के नहीं, यह भी हम आगे देखेंगे।

वाजपेयी जी ने 'कुकुरमुत्ता' की जो व्याख्या की, उसकी प्रतिध्वनि करीब ढाई दशकों के बाद निराला पर तीन खंडों में लिखी गई डा. शर्मा की दूसरी पुस्तक 'निराला की साहित्य-साधना' में सुनाई पड़ती है। उसके साथ उनकी अपनी व्याख्या भी सामने

आती है। कहते हैं, 'कुकुरमुत्ता ने गुलाब को कैपिटलिस्ट कहा, उसे अमीरों का प्यारा बताया, उस पर साधारणों से अलग रहने का दोष लगाया। इससे कुछ प्रगति-प्रेमी आलोचकों ने उसे सर्वहारा वर्ग का प्रतीक मानकर उसका काफी वंदन-अभिनंदन किया है।' तत्पश्चात वे प्रगति-प्रेमी आलोचकों के बचाव में अपनी व्याख्या यह कहकर प्रस्तुत करते हैं कि 'कुकुरमुत्ता की तर्क-योजना जिस वर्ग-दृष्टि का परिचय देती है, वह प्रोलीटेरियट की नहीं; लुंपेन प्रोलीटेरियट की वर्ग-दृष्टि है, शहर के आवारा टुटपुंजियों का दृष्टिकोण जो क्रांतिकारी संगठन और संघर्ष का रास्ता छोड़कर अराजकतावादी नीति अपनाता है।' 'प्रगति-प्रेमी आलोचकों के बचाव में' इसलिए कि कुकुरमुत्ता की तर्क-योजना अलग-थलग पड़े शहर के कुछ आवारा टुटपुंजियों की तर्क-योजना न होकर वस्तुतः पूरे प्रगतिशील आंदोलन की तर्क-योजना थी और वह जिस वर्ग-दृष्टि का इजहार करता है, वह भी सिर्फ लुंपेन प्रोलीटेरियट की वर्ग-दृष्टि न होकर पूरे प्रगतिशील आंदोलन पर छाई हुई वर्ग-दृष्टि थी। वही तर्क-योजना और वर्ग-दृष्टि डा. शर्मा में अभी तक सक्रिय है, जो पंत, जैनेंद्र और अज्ञेय क्या, अपनी ही जमात के राहुल सांकृत्यायन, यशपाल और मुक्तिबोध जैसे अत्यंत श्रेष्ठ कवियों और लेखकों के उनके मूल्यांकन में दिखलाई पड़ती है। उसी के परिणामस्वरूप वे भारतेंदु हरिश्चंद्र, महावीरप्रसाद द्विवेदी, रामचंद्र शुक्ल, प्रेमचंद और स्वयं निराला का प्रगतिशील आंदोलन के हक में मूल्यांकन करते हैं, तो वस्तुपरकता को आवश्यक महत्व न देकर विकृतीकरण तक से काम लेते हैं। 'कुकुरमुत्ता' एक महत्वपूर्ण ऐतिहासिक घड़ी में उसी तर्क-योजना और वर्ग-दृष्टि से निराला का विद्रोह है, जिसका स्वरूप आज साफ-साफ दिखलाई पड़ना चाहिए।

दिलचस्प है कि आगे के पृष्ठों में डा. शर्मा ने 'कुकुरमुत्ता' के विद्रोह को स्वयं निराला का विद्रोह कहा है—बचकाना विद्रोह। मुझ पर भी उनके कथन को विकृत करने का आरोप न लगे, इसलिए यहां उनका पूरा कथन उद्धृत है : ' 'कुकुरमुत्ता' में वक्तृत्वकला है, पुरानी आस्थाओं पर व्यंग्य है, व्यंग्य की कमजोरी यह है कि जिन मान्यताओं को निराला ने हास्यास्पद बनाया है, उनका मूल्यांकन सही नहीं किया। सफल व्यंग्य सामाजिक जीवन और संस्कृति के अंतर्विरोधों की सही पहचान से उत्पन्न होता है। 'कुकुरमुत्ता' में क्रांतिकारी चेतना नहीं, *बचकाना विद्रोह-प्रदर्शन* अधिक है। इससे तुलनीय है 'वनबेला' में राजनीतिक नेताओं और कवियों पर निराला का सफल, सशक्त व्यंग्य। निराला ने जहां हास्य और व्यंग्य के स्तर पर पूरी कविता रचने का प्रयास नहीं किया, जहां भिन्न स्थितियों, भिन्न भावों के वैषम्य में व्यंग्य देखा है, वहां वह अधिक सफल हुए हैं।' इस कथन से यह भ्रम नहीं होना चाहिए कि यह आलोचना कुकुरमुत्ता की है, यानी कवि की नहीं, उसके द्वारा सृजित चरित्र की। पहले वाक्य में साफ-साफ निराला का नामोल्लेख किया गया है और कहा गया है कि उन्होंने

जिन मान्यताओं को हास्यास्पद बनाया है, उनका सही मूल्यांकन नहीं किया। दूसरे वाक्य में सफल व्यंग्य कैसे संभव होता है, इसकी शिक्षा उन्हीं को दी गई है। तीसरे वाक्य में क्रांतिकारी चेतना के अभाव और बचकाने विद्रोह-प्रदर्शन की बात भी उन्हीं से संबद्ध है, यह चौथे वाक्य से निर्भ्रांत रूप से सामने आ जाता है, क्योंकि उसमें 'कुकुरमुत्ता' की तुलना 'वनबेला' से करके 'वनबेला' में उन्हीं के व्यंग्य को सफल और सशक्त बतलाया गया है। अंतिम वाक्य में भी ऐसा ही है, क्योंकि इसमें भी उन्हीं को दोष दिया गया है कि 'कुकुरमुत्ता' में पूरी कविता हास्य और व्यंग्य के स्तर पर रचने का प्रयास करके उन्होंने ही गड़बड़ी की है। इससे स्पष्ट है कि निराला ने जहां कुकुरमुत्ता को कम्युनिस्टों का प्रतिनिधि बनाया था, वहां डा. शर्मा ने उलटकर उसे निराला का ही प्रतिनिधि बना दिया है! तात्पर्य यह कि लुंपेन प्रोलीटेरियट या शहर के आवारा टुटपुंजिया कम्युनिस्ट नहीं, स्वयं निराला हैं। डा. शर्मा की तर्क-योजना और दृष्टिकोण से तो यही सिद्ध है।

2

'कुकुरमुत्ता' लगभग 'राम की शक्तिपूजा' के आकार की कविता है, उसी की तरह कथात्मक, लेकिन दोनों की कथाओं में जमीन-आसमान का फर्क है। 'शक्तिपूजा' में जहां उदात्त स्तर पर चलने वाला एक पौराणिक आख्यान है, वहां इस कविता में उदात्त को भंग करके चलने वाला एक व्यंग्यपूर्ण कल्पित आख्यान, जिसमें किसी प्रकार की जटिलता नहीं, भले उसकी अंतर्वस्तु सरल न हो। यह कविता दो खंडों में विभाजित भी है। पहले खंड में जैसे कथा की पृष्ठभूमि तैयार की गई है, जिसमें नवाब के बाग का परिचय देने के बाद गुलाब पर ध्यान केंद्रित करते हुए उसे संबोधित कर प्रस्तुत किया गया कुकुरमुत्ता का लंबा संवाद है। यह दुःखद है कि निराला के आलोचकों ने इस संवाद को ही सबसे ज्यादा महत्व दिया है और कविता के दूसरे खंड को बिलकुल छोड़ दिया है, जो पहले खंड जैसा दिलचस्प ही नहीं, महत्वपूर्ण भी है। कथा इसी खंड में आकर रूप लेती है और कविता की विडंबना इसी खंड में आकर पूरी तरह उजागर होती है। वाजपेयी जी छायावादी आलोचक थे, इसलिए उन्हें यह खंड वर्णनात्मक और इतिवृत्तात्मक होने के कारण पहले खंड की तुलना में कम काव्यात्मक और प्रभावशाली प्रतीत हुआ। कथात्मक प्रसंगों के बारे में उनका कहना है, 'यद्यपि परिवेश-निर्माण की क्षमता इनमें है तथापि पूर्वार्द्ध के समान व्यंग्य और विनोद की भावना उभरकर नहीं आई।' निश्चय ही यह सही नहीं है। डा. शर्मा ने भी पहली बार 'कुकुरमुत्ता' की संक्षेप में जो कहानी सुनाई थी, उसमें दूसरे खंड का जितना जिक्र हुआ, उसके बाद उन्होंने भी उसे कोई महत्व नहीं दिया। पहले खंड में बाग का जो वर्णन है, वह कम

शब्दों में चित्र खड़ा करने वाला है। फूलों के नाम गिनाने के बाद निराला रंगों के नाम गिनाते है, जिसमें उनकी जुबान की चुस्ती देखने लायक है :

> और कितने फूल, फव्वारे कई,
> रंग अनेकों—सुर्ख, धानी, चंपई,
> आसमानी, सब्ज़, फ़ीरोज़ी, सफ़ेद,
> ज़र्द, बादामी, बसंती, सभी भेद।

लेकिन बाग का चित्रात्मक वर्णन आगे है, जिसे उद्धृत करना ज्यादा जरूरी है :

> चटकती कलियां, निकलती मृदुल गंध,
> गले लगकर हवा चलती मंद-मंद,
> चहकते बुलबुल, मचलतीं टहनियां,
> बाग चिड़ियों का बना था आशियां।

इस उद्धरण की एक-एक पंक्ति में चित्र है। कलियों के चटकने से पंखुड़ियों के भीतर से गंध का निकलना, मंद-मंद हवा का गले से लिपटकर चलना, बुलबुलों की हरकत से टहनियों का मचलना और पूरे बाग का चिड़ियों के आशियाने में तब्दील हो जाना—ये सभी चित्रात्मक हैं और चित्र भी एक तरह के नहीं हैं, घ्राण, त्वचा, श्रवण और नेत्र इन सभी इंद्रियों से ग्राह्य हैं। ज्ञातव्य यह है कि यह सरल और सजीव चित्र-विधान आकस्मिक नहीं है, बल्कि उस कवि द्वारा संभव हुआ है, जिसकी कला 'परिमल', 'गीतिका' और 'अनामिका' की कविताओं तथा गीतों की रचना कर चुकी है। इसे निराला के काव्य-विकास के अगले चरण के रूप में देखना हर तरह से उचित है।

बाग में गुलाब तो है ही, उसमें बनी नकली पहाड़ी के ऊपर डेढ़ बित्ते का एक कुकुरमुत्ता भी उग आया है, जिसे निराला ने प्रचलित कम्युनिस्टों या सर्वहारा का प्रतिनिधि बनाया है। वह एक खिले हुए गुलाब को देखता है और सिर उठाए ऐंठकर उसे भला-बुरा कहना शुरू कर देता है। उसमें कैसा ताव है और फिर निराला की वक्तृता में कैसा जोर, यह देखने के लिए उसके संवाद का एक टुकड़ा प्रस्तुत है :

> अबे, सुन बे, गुलाब,
> भूल मत जो पाई खुशबू, रंगोआब,
> खून चूसा खाद का तूने अशिष्ट,
> डाल पर इतराता है केपीटलिस्ट!
> कितनों को तूने बनाया है गुलाम,
> माली कर रक्खा, सहाया जाड़ा-घाम,
> हाथ जिसके तू लगा,
> पैर सर रखकर व' पीछे को भगा

औरत की जानिब मैदान यह छोड़कर,
तबेले को टट्टू जैसे तोड़कर,
शाहों, राजों, अमीरों का रहा प्यारा
तभी साधारणों से तू रहा न्यारा।
वरना क्या तेरी हस्ती है, पोच तू
कांटों ही से भरा है यह सोच तू
कली जो चटकी अभी
सूखकर कांटा हुई होती कभी।
रोज़ पड़ता रहा पानी,
तू हरामी ख़ानदानी।

ताज्जुब की बात यह है कि इस उद्धरण में कुकुरमुत्ता गुलाब को जो-जो बातें कहता है, पहले विद्वानों ने उन्हें सही माना, फिर कुछ दिनों बाद उनका ध्यान इस तरफ गया कि उनसे कुकुरमुत्ता की भी स्थिति उपहासास्पद होती है। कविता 'एक थे नव्वाब' से शुरू होती है और कुकुरमुत्ता गुलाब को शाहों, राजाओं और अमीरों का प्यारा बतलाता है, इसलिए उन्होंने बेधड़क यह स्वीकार कर लिया कि इसमें गुलाब सामंत-वर्ग का प्रतिनिधि है। उन्होंने यह भी नहीं देखा कि कुकुरमुत्ता गुलाब को 'केपीटलिस्ट' भी कहता है। निश्चय ही ऐसा इसलिए नहीं है कि सामंत और पूंजीपति दोनों शोषक होते हैं और उनके मूल चरित्र में कोई फर्क नहीं होता। वस्तु स्थिति कुछ और है। वह यह है कि कुकुरमुत्ता तो इस कविता में आम कम्युनिस्टों या सर्वहारा का प्रतिनिधि है, लेकिन गुलाब सामंत वर्ग या पूंजीपति वर्ग का प्रतिनिधि नहीं। कुकुरमुत्ता गुलाब के सौंदर्य, उसके रंग और उसकी खुशबू को देखता है और उसे गाली देना शुरू कर देता है। आम कम्युनिस्टों की भाषा में जो भी कठोर शब्द हुआ करते थे, वह सब उस पर उंडेल देता है—खून चूसने वाला, केपीटलिस्ट, गुलाम बनाने वाला, गुलामों पर जुल्म ढाने वाला, औरतों का प्रेमी अथवा ऐय्याशीपसंद, बादशाहों, राजाओं और अमीरों का दुलारा, साधारण जनता से कटा हुआ, परजीवी, कमीना, सुविधाभोगी, पाजी आदि। इसे पुनः दुहराने की आवश्यकता नहीं होनी चाहिए कि परंपरा से चला आ रहा जो कुछ सुंदर, सुरुचिपूर्ण और सुसंस्कृत था, आम कम्युनिस्ट उसके विरोधी थे, वह कालिदास का काव्य हो, या ताजमहल। इसमें उसके सामंती या पूंजीवादी होने की कोई बात नहीं थी, लेकिन उन्होंने उसे उसी रूप में देखा, वरना सोवियत संघ में दोस्तोव्स्की का साहित्य और लाल चीन में शेक्सपियर का साहित्य प्रतिबंधित न होता। 'कुकुरमुत्ता' में कुकुरमुत्ता के कहने पर गुलाब को सामंत वर्ग का प्रतिनिधि मान लेना वैसा ही है, जैसा कालिदास या शेक्सपियर को राजतंत्र का प्रतिनिधि मान लेना। यह स्पष्टतः कुकुरमुत्ता की बातें स्वीकार कर उसका पक्ष-समर्थन करना है। वह आगे गुलाब से कहता है कि उसे तो सिर्फ सुगंध से मतलब

है, जो आदमी को बहकाकर वहां पहुंचा देती है, जहां वह बिलकुल बेसहारा हो जाता है। ख्वाब तो वह सितारों के देखता है, उसकी जुबान पर खूबसूरत शब्द होते हैं, लेकिन उसके पेट में चूहे डंड पेलते रहते हैं। तात्पर्य यह कि सत्य भूख है, सुगंध नहीं : गेहूं है, गुलाब नहीं! जिन लोगों ने कम्युनिस्ट विचारधारा के प्रसार का वह दौर देखा है, उनके लिए यह तर्क-पद्धति सुपरिचित होगी। इस तर्क-पद्धति में गेहूं प्राथमिक होता और गुलाब द्वितीय स्थान पर, तब भी एक बात होती, क्योंकि गेहूं और गुलाब के पारस्परिक संबंध को समझने की अपेक्षा उसमें नहीं की जा सकती थी। यह कल्पना उसमें असंभव थी कि इन दोनों में गहन संबंध ही नहीं है, इन दोनों को एक साथ प्राप्त करना ही मनुष्यता का लक्ष्य है। उसमें तो गेहूं को ही सब कुछ समझा गया और गुलाब को सामंती, अभिजात, बुर्जुआ, ऐय्याश आदि तक कहा गया। निराला ने 'कुकुरमुत्ता' की रचना द्वारा उसी तर्क-पद्धति पर, जो कि राजनीति और समाज से लेकर संस्कृति तक के क्षेत्र में सक्रिय हो रही थी, वज्र-प्रहार किया था।

गुलाब को ध्वस्त करने के बाद कुकुरमुत्ता अपने को गौरवान्वित करता है, निश्चय ही अपनी कल्पना में, फिर बड़े विस्तार से अपनी व्यापकता तथा प्रताप का बखान करता है। वह गुलाब से कहता है कि तुम जहां दूसरों के श्रम पर पलते हो, वहां मैं अपने-आप उगा हूं और स्वयं-पोषित हूं। तुम्हें काटा-छांटा गया है, जबकि मैं अपने असल रूप में हूं। तुम पानी के बुलबुले की तरह मिट जाओगे, लेकिन मैं पानी की तरह बना रहूंगा। तुमने इस संसार को नष्ट किया है और मैंने इसे तरक्की की राह दिखलाई है। अंत में वह यह कहता है कि तुमने शोषण के द्वारा श्रमिकों की श्रम-शक्ति नष्ट कर उनकी रोटियां छीन ली हैं, जबकि मैंने उनकी शक्ति का ज्ञान कराकर उन्हें एक के बदले तीन रोटियां दी हैं, यानी समृद्धि प्रदान की है। मार्क्सवाद में श्रम का जो महत्व बतलाया गया है और श्रमिकों की जो प्रतिष्ठा की गई है, उससे प्रबुद्ध पाठक परिचित होंगे। कुकुरमुत्ता गलत जगह उसी का आख्यान करता है।

अब आप उसकी व्यापकता के बारे में उससे सुनें। उसका आकार गोल होता है, इसलिए दुनिया में जितनी गोल चीजें हैं वह उनमें अपनी उपस्थिति बतलाता है। अपनी शक्ति के आगे वह शेर को भी गधा करार देने के बाद कहता है कि चीन का छाता, भारत का छत्र, आज का पैराशूट, विष्णु का सुदर्शन-चक्र, यशोदा की मथानी, तीर से खींचा हुआ राम का धनुष, कंधे पर धारण किया हुआ बलराम का हल, सुबह का सूरज, शाम का पूर्णिमा का चांद, ढाल, नाव, तना हुआ पाल, तराजू का पलड़ा, सिक्का, फटने वाला गोला आदि सब मैं ही हूं। कुकुरमुत्ता का बड़बोलापन अपने आकार तक ही नहीं रुकता है, अपने प्रकार तक जाता है। वह अपने गुणों की भी वैसी ही व्याप्ति बतलाता है। कहता है, मैं मेट्रोपोलिटन और कॉस्मोपोलिटन हूं, विश्व के प्रसिद्ध मनोवैज्ञानिकों और दार्शनिकों की तरह। लेखकों में सब पर अपना रोबदाब रखने वाला,

लंठ! आकार और प्रकार का क्रम अदल-बदलकर चलता रहता है। कुकुरमुत्ता को पुन: अपने आकार का ध्यान आता है, तो वह कहता है कि वही दोहरा होकर डमरू है और इकहरा होकर वीणा। वीणा से कभी गंभीर ध्वनि निकलती है, कभी क्षीण। इस तरह वह पुरुष की तरह सबल है, तो स्त्री की तरह अबल। वही मृदंग है, वही तबला, वही तानपूरा है, वही सुरबहार और वही लायर, जिससे संस्कृत, फारसी, अरबी, ग्रीक और लैटिन के मंत्र, गजलें और गीत पैदा हुए हैं। घंटा, घंटी, डोल, डफ, घड़ियाल, शंख, तुरही, मजीरा, करताल, कारनेट, क्लेरीअनेट, ड्रम, फ्लूट और गिटार ये पूरे के पूरे गोल होते हैं, या इनमें किसी न किसी अंश में अवश्य गोलाई होती है, इसलिए ये सारे के सारे वाद्ययंत्र उसी का रूप लेकर बने हैं! इतना ही नहीं, जितने भी नृत्य हैं—कत्थक, कथकली, बॉलडांस, मणिपुरी या गरबा, सबों में गोल चक्कर लगाना नृत्य का अंग है। इस तरह 'नाच में यह मेरा ही जीवन खुला / पैरों से मैं ही तुला', अथवा 'नाच अफ्रीकन हो या यूरोपीयन, / सबमें मेरी ही गढ़न'। उसकी व्याप्ति का यह हाल है कि जहां उससे शासक टकराते हैं, वहां भी वह पैंतरा बदलता है, पर जहां प्रोलेटेरियन यानी निम्न श्रेणी के मियां-बीवी के झगड़े होते हैं, वहां वह खास तौर से उपस्थित होता है। कारण यह कि वह स्वयं प्रोलेटरियन है, बल्कि उनका प्रतिनिधि। जहां सूदखोर का सूद मारा जाता है, वहां तो उसके नाच में उसका नाच चरमबिंदु पर पहुंच जाता है। लोग प्रेम ही नहीं, गुस्से में भी नाचते हैं। इस नाचने को ही ध्यान में रखकर,जिसमें वृत्ताकार घूमना प्राय: अनिवार्य है, कुकुरमुत्ता अपने को अत्यधिक व्यापक बतलाता है।

तत्पश्चात वह पुन: अपने गुण पर उतर आता है। वह चूंकि बहुत मुलायम होता है और तरी वाला भी, इसलिए कहता है कि मुझमें रस ही रस है। वे वाल्मीकि हों या व्यास, भास हों या कालिदास और हाफिज हों या रवींद्रनाथ, सबों ने मुझसे ही रस चुराया है। और तो और, टी.एस. इलियट ने जो कविता में भानुमती का कुनबा जोड़ा है, वह भी मेरी ही बदौलत। दूरदृष्टि भी मुझी से प्राप्त होती है और अपने प्रगतिशील लेखक का जोश का पारा जो कलम हाथ में लेते ही नहीं रुकता, वह भी मेरी ही वजह से। कुकुरमुत्ता को फिर अपना आकार याद आ जाता है और कहता है, पिरामिड तथा रामेश्वर, मीनाक्षी, भुवनेश्वर और जगन्नाथपुरी के मंदिर मुझसे ही बने हैं। साथ-साथ दिल्ली की कुतुबमीनार, आगरे का ताजमहल, चुनार का फोर्ट, कलकत्ते का विक्टोरिया मेमोरियल, बगदाद की जुम्मा मसजिद, सेंट पीटर्स का गिरजाघर या घंटाघर इन सबों के 'गुंबदों में, गढ़न में मेरी मुहर'। अंत में :

सर सभी का फांसने वाला हूं ट्रेप
टर्की टोपी, दुपलिया या किश्ती-केप।
और जितने, लगा जिनमें स्ट्रा या मेट,
देख मेरी नक़्ल है अंगरेज़ी हेट।

घूमता हूं सर चढ़ा,
तू नहीं, मैं ही बड़ा।

कुकुरमुत्ता का यह विस्तृत संवाद उसका अनर्गत प्रलाप नहीं है। उसमें एक क्रम है और उसके पीछे एक सोची-समझी विचारधारा है, जिसमें सर्वहारा ही सबसे बड़ी शक्ति है, वही संपूर्ण सभ्यता और संस्कृति का जनक है और वह अनश्वर है, ब्रह्म की तरह सर्वव्यापी। सर्वहारा की शक्ति और इतिहास में उसकी भूमिका से निराला को भी इनकार नहीं था, लेकिन भारतीय समाज में जिस निषेधवादी, अतिवादी और अतिसरलीकृत रूप में उसे प्रचारित किया जा रहा था, उससे उन्हें इनकार था। स्वभावत: उन्होंने व्यंग्य का अस्त्र उठाया और कुकुरमुत्ता को सर्वहारा का प्रतिनिधि या प्रतीक बनाकर उसे उपहासास्पद स्थिति में पहुंचा दिया। उसके 'रेटॉरिक' में बहुत ज्यादा जोर है। वह दुनिया भर की चीजों का हवाला देता है। बिना उसके उसकी असलियत उजागर न की जा सकती थी। निराला को दाद देनी चाहिए कि उन्होंने जो कुछ सुंदर, सुरुचिपूर्ण और सुसंस्कृत है, उसके लिए गुलाब को चुना और सर्वहारा का प्रतिनिधित्व करने के लिए कुकुरमुत्ता को। कुकुरमुत्ता के मुंह से उसकी शक्ति और व्यापकता प्रदर्शित करने के लिए उन्होंने अपनी जिस कल्पना-शक्ति से काम लिया है,वह असाधारण है। उसके द्वारा उन्होंने जैसे एक फैंटास्टिक दुनिया रच दी है, जिसमें विचरण करना बहुत दिलचस्प है। यह 'राम की शक्तिपूजा' के कवि का भिन्न प्रकार का शक्ति-प्रदर्शन है, जिसे समझने की जरूरत है। अब माहौल बदल गया है। उसके साथ कविता का विषय भी बदला है, उसकी भाषा भी, उसका शिल्प भी। अब उदात्त का युग नहीं रहा, जीवन और साहित्य में साधारण यथार्थ का युग शुरू हुआ है, जिसके चित्रण का उपयुक्त साधन है हास्य, व्यंग्य, विसंगति और विडंबना। इन तमाम बातों की सूचना जैसे वह 'कुकुरमुत्ता' की रचना के माध्यम से देता है।

3

जैसा कि संकेत किया जा चुका है, वर्णनात्मक और इतिवृत्तात्मक होने के कारण पं. नंददुलारे वाजपेयी ने इस कविता के दूसरे खंड को कम पसंद किया है और इसे कम प्रभावशाली बतलाया है। निराला कविता में कथा कहने में कमजोर हैं, यह बात सही है, लेकिन उसका एक कारण छंदों का बंधन भी है। जहां छंद शिथिल हैं,वहां उन्हें उसमें कठिनाई नहीं होती, इसके कई प्रमाण हैं। ऐसी स्थिति में यदि उन्होंने कथा को रिपोर्ताज के रूप में प्रस्तुत किया, तो फिर उनका मुकाबला नहीं है। जहां तक वर्णन की बात है, उसमें वे बेजोड़ हैं, यह लोग पहले से मानते हैं। 'कुकुरमुत्ता' एक कथा-कृति है, फिर यह कैसे संभव है कि उसमें कथात्मकता न हो? कथा उतनी बुरी चीज तो नहीं

है कि उसे देखकर ही कोई भड़क जाए। 'सरोजस्मृति' में कथा नहीं है, लेकिन इससे वह 'राम की शक्तिपूजा' जैसी कथात्मक कविता से श्रेष्ठतर नहीं सिद्ध होती। 'तुलसीदास' भी कथात्मक रचना ही है, लेकिन उसकी कथात्मकता कहीं भी उसकी श्रेष्ठता के मार्ग में बाधक नहीं बनती। 'कुकुरमुत्ता' के पहले खंड के विस्तृत संवाद से यह भ्रम नहीं होना चाहिए कि यह कविता शुरू से कथात्मक नहीं थी और दूसरे खंड में आकर इसने कथा का सरल मार्ग पकड़ लिया है। यह शुरू ही होती है कथा कहने की शैली में, यथा 'एक थे नव्वाब, / फ़ारस के मंगाए थे गुलाब।' स्पष्टतः यह 'एक राजा था' वाली ऐतिहासिक शैली है। ध्यातव्य है कि इसके पहले खंड में कुकुरमुत्ता का जो लंबा संवाद है, वह कथा का ही अंग है और वह उस खंड के साथ हर तरह से समाप्त नहीं हो जाता। दूसरे खंड में, गुलाब की तरफ से उसका जवाबी संवाद नहीं है, सिर्फ घटनाओं का जिक्र है, लेकिन वे घटनाएं ऐसी हैं कि उन्हीं के माध्यम से जैसे उसका जवाब दिया गया है। दूसरे खंड के बिना इस कथा-कृति का व्यंग्य और उसकी विडंबना पूर्णतः प्रकट नहीं होती। इसलिए पहले खंड तक ही रुक जाना ठीक नहीं और कविता की अंतर्वस्तु और उसके रूप को पूरा ग्रहण करने के लिए उससे आगे बढ़ना जरूरी है। निराला रिपोर्ताज लिखने में पटु हैं, यह बतलाया जा चुका है। यदि विषय व्यंग्य और विडंबना हो, तब तो कुछ कहना ही नहीं है। 'कुकुरमुत्ता' का कथात्मक परिवेश और कथा दोनों ही महिषादल से लिए गए हैं। कथा में निराला ने सिर्फ इतना परिवर्तन किया है कि राजा को नवाब बना दिया है और राजकुमारी को नवाबजादी। वैसे इसमें वर्णित घटना कल्पित है, इसमें संदेह न होना चाहिए। मैं सिर्फ कथा के ढांचे की बात कह रहा हूं, जिसमें फूलों का बाग है, महल है, नवाब हैं, नवाबजादी है, नौकर-चाकर हैं, बांदी है और नवाबजादी की हमजोली मालिन की बेटी है, जिसकी मां बंगालिन है। डा. रामविलास शर्मा ने महिषादल राज्य के परिवेश का जिस रूप में वर्णन किया है, उसे देखकर उपर्युक्त धारणा सही प्रतीत होती है। उनका वर्णन है : 'सुर्जकुमार की खेलने की जगह महल की हद से बाहर एक ताल के किनारे थी जहां उनके बाप कच्चे घर में रहते थे। दूर पर राजमहल दिखाई देता था, बहुत बड़ा, खूब शानदार, उसके सामने कच्चे घर बहुत ही तुच्छ मालूम होते थे।.... बाप के साथ कभी-कभी वह महल की तरफ जाते। हर तरफ हरी-हरी दूब के मैदान, सुंदर फलों वाले पेड़ और फूल ही फूल दिखाई देते। कमल, गुलाब, बेला, जुही की अरघाने सुर्जकुमार का दिमाग तर कर देतीं।' अब आप 'कुकुरमुत्ता' के दूसरे खंड का यह वर्णन देखें :

बाग़ के बाहर पड़े थे झोंपड़े
दूर से जो दिख रहे थे अधगड़े।
जगह गंदी, रुका, सड़ता हुआ पानी
मोरियों में ; ज़िंदगी की लंतरानी—

बिलबिलाते कीड़े, बिखरी हड्डियां
सेलरों की, परों की थीं गड्डियां
कहीं मुर्गी कहीं अंडे,
धूप खाते हुए कंडे।
हवा बदबू से मिली।
हर तरह की बसीली पड़ गईं।

यह वर्णन चित्रात्मक तो है ही, व्यंग्यात्मक भी है। चित्र की सारी रेखाएं अत्यंत स्पष्ट हैं—'बाग के बाहर पड़े थे झोंपड़े' से लेकर 'धूप खाते हुए कंडे' तक। 'दूर से जो दिख रहे थे अधगड़े' में सूक्ष्म निरीक्षण भी है। व्यंग्य बिलबिलाते कीड़ों, बिखरी हड्डियों आदि को 'ज़िंदगी की लंतरानी' कहने में है। इस तरह यह यथार्थवादी वर्णन है, जो निराला-काव्य के नए विकास की सूचना देता है, लेकिन डा. शर्मा इसे निराला द्वारा देखे गए तहजीब के सपनों की प्रतिक्रिया बतलाते हुए यथार्थ की विकृति की संज्ञा देते हैं। उनका कथन कई दृष्टियों से विचारणीय है : 'प्रणयश्वास के मलय-स्पर्श के बाद यह 'हवा बदबू से मिली।' जीवन में गंदगी और सफाई, सुगंध और दुर्गंध दोनों हैं, साहित्य में दोनों का चित्रण होना चाहिए—जिनके साहित्य-शास्त्र में वीभत्स भी एक रस है, उन्हें इस स्थापना पर आपत्ति विशेष रूप से न होनी चाहिए। शास्त्र में वीभत्स और भयानक को रस मानने पर भी काव्य-रचना में जिन्होंने आदिरस को प्रधानता दी, उनके भाव-बोध की सीमाएं तोड़कर निराला ने सड़ते हुए पानी और सेल्हरों की गड्डियों का चित्रण किया, बहुत अच्छा किया। किंतु इससे यह सिद्ध नहीं होता कि सुगंध से दुर्गंध अच्छी है और श्रृंगार से वीभत्स श्रेष्ठ है। गुलाब को वैभव और रूप-गंध का प्रतीक मानकर कुकुरमुत्ता जब उसे गाली देना शुरू करता है, तब वह वास्तव में कुतर्क करता है कि सफाई से गंदगी श्रेष्ठ है।' अंतिम पंक्तियों में निकाला गया डा. शर्मा का निष्कर्ष विचित्र है। निराला जब दुर्गंध और वीभत्स वस्तुओं का चित्रण करते हैं, तो यह कहां सिद्ध करते हैं कि सुगंध से दुर्गंध और श्रृंगार से वीभत्स श्रेष्ठ है? यह तो आलोचक का अपना निष्कर्ष है, जो वह कवि पर थोप रहा है। ऐसा इसलिए हुआ है कि छायावादी स्वप्नों के भंग होने के बाद निराला लगातार उन्हें मिटाने में लगे हुए हैं और इस क्रम में वे गंदगी को भी सफाई के ऊपर प्रतिष्ठित कर देते हैं, यह उसने शुरू में ही मान लिया है और फिर उसका काम उदाहरण ढूंढ़-ढूंढ़कर उनसे लक्षणों को पुष्ट करना रह गया है। यदि निराला स्वप्न-भंग या मोह-भंग के ऐसे शिकार होते कि यथार्थ को विकृत तक करके पेश करते, तो 'कुकुरमुत्ता' नामक संग्रह की कविताओं के समानांतर 'अणिमा' के 'भाव जो छलके पदों पर', 'मैं बैठा था पथ पर', 'नूपुर के सुर मंद रहे' और 'द्रुम-दल शोभी फुल्ल नयन ये' जैसे स्वप्न या मोह वाले गीत न रचते। तात्पर्य यह कि जरूरत उनके यथार्थवादी विकास को ठीक से समझने की है, जो उनमें जटिल

ढंग से संभव हो रहा था। डा. शर्मा के कथन का अंतिम वाक्य बहुत सही है, उससे मेरे इस निष्कर्ष की एक हद तक पुष्टि होती है कि गुलाब सामंत-वर्ग का नहीं, बल्कि सौंदर्य, सुरुचि और संस्कृति का प्रतीक है और फिर इस बात की भी कि कुकुरमुत्ता का तर्क कुतर्क है, लेकिन यह बात सही नहीं है कि कुकुरमुत्ता का पक्ष निराला का पक्ष है।

ऊपर हमने परिवेश का चित्रण देखा है, अब 'कुकुरमुत्ता' के दूसरे खंड में यह मनुष्य का चित्रण देखें, जिसमें यथार्थवाद की रेखाएं और ज्यादा स्पष्ट हैं :

एक दिन हंसकर बहार यह बोली—
'चलो बाग़ घूम आएं हम, गोली।'
दोनों चलीं, जैसे धूप, और छांह
गोली के गले पड़ी बहार की बांह।
साथ टेरियर और एक नौकरानी
सामने कुछ औरतें भरती थीं पानी।
सिटपिटाई जैसे अड़गड़े में देखा मर्द को
बाबू ने देखा हो उठती गर्द को।
निकल जाने पर बहार के, बोली
पहली दूसरी से, 'देखो, वह गोली
मोना बंगाली की लड़की।
भैंस भड़की,
ऐसी उसकी मां की सूरत
मगर है नव्वाब की आंखों की मूरत।
रोज़ जाती है महल को, जगे भाग
आंख का जब उतरा पानी, लगे आग,
रोज़ ढोया आ रहा है माल-असबाब
बन रहे हैं गहने-ज़ेवर
पकता है क़लिया-कबाब।'
झटके से सिर-कांख पर फिर लिए घड़े
चली ठनकाती कड़े।

नवाबजादी बहार और मालिन की बेटी गोली का एक साथ होने पर धूप-छांह की तरह लगना सुंदर वर्णन है, वैसे ही बेमौके मर्द को देखकर औरतों के और गर्द को देखकर कपड़े गंदे होने के भय से बाबू लोगों के सिटपिटाने का वर्णन भी। औरतों की बातचीत बहुत ही सजीव है, उनकी प्रकृति को प्रकट करने वाली, यह मानने में कोई दिक्कत नहीं होनी चाहिए। भड़की भैंस जैसी सूरत वाली बात भी बहुत नई और सटीक है। अंतिम दो पंक्तियों में जो चित्र है, वह तो प्रत्यक्ष की तरह है। कड़ों की ठनक निराला की कविताओं की नई यथार्थवादी भाषा की ठनक है।

अंतिम वर्णन इस खंड में प्रकृति का है, जिसे मैं उद्धृत करना चाहता हूं। यह वर्णन बिलकुल निराभरण है, इसलिए इसमें जो सौंदर्य है, वह उन वस्तुओं का,जिनका चित्रण किया गया है, अपना सौंदर्य है। अंतिम पंक्तियों में जो कल्पना है, वह अभिव्यक्ति का स्वाभाविक अंग बनकर आई है। वर्णन है :

देखा फिर कुछ उड़ रही थीं तितलियां
डालों पर, कितनी चहकती थीं चिड़ियां।
भौंरे गूंजते, हुए मतवाले-से
उड़ गया इक मकड़ी के फंसकर बड़े-से जाले से।
फिर निगाह उठाई आसमान की ओर
देखती रही कि कितनी दूर तक छोर।
देखा—उठ रही थी धूप—
पड़ती फुनगियों पर, चमचमाया रूप।
पेड़ जैसे शाह इक-से-इक बड़े
ताज पहने, हैं खड़े।

भौंरे के मकड़ी के बड़े-से जाले में फंसकर फिर निकल जाने वाले दृश्य पर छायावादी कवि की दृष्टि न जाती और यदि जाती भी, तो वह तितलियों, चिड़ियों और भौंरों के साथ मकड़ी के जाले को चित्रण योग्य न समझता, लेकिन यह यथार्थवादी कवि की दृष्टि है, जो दृश्यों में सुंदर-असुंदर का कोई भेद-भाव नहीं करती और जो यथार्थ है, उसके मूर्तन को अपना लक्ष्य बनाकर चलती है। उससे यह भ्रम नहीं होना चाहिए कि वह 'सिनिक' है, जो सुंदर दृश्यों को देखता ही नहीं। निराला 'सिनिक' नहीं, इसका प्रमाण आसमान के अछोर फैलाव और उठकर वृक्षों की फुनगियों पर चमक रही धूप का वर्णन है। 'फिर निगाह उठाई आसमान की ओर / देखती रही कि कितनी दूर तक छोर'—इसमें जो सूक्ष्म चित्रांकन है, वह उन्हीं के बूते की बात थी। अंतिम पंक्तियों में पेड़ों की उपमा ताज पहने खड़े बड़े-बड़े बादशाहों से दी गई है। ये नवाब के बाग के भव्य वृक्ष हैं!

घटना इस खंड में यह घटती है कि नवाबजादी बहार और मालिन की बेटी गोली जिनमें बहुत मित्रता थी, बाग घूमने के लिए जाती हैं, तो एक जगह गोली की नजर कुकुरमुत्ता पर पड़ती है। वह 'कुकुरमुत्ता' चिल्लाती हुई उसकी तरफ दौड़ती है और ताबड़तोड़ उसे तोड़कर अपने आंचल में भरने लगती है। यह देखकर बहार को लगता है कि वह कोई गुलाब से भी बढ़कर चीज है। गोली ने घूमकर मुस्कुराते हुए बहार को देखा और उससे कहा : 'देखो जी भरकर गुलाब / हम खाएंगे कुकुरमुत्ते का कबाब'। उससे कुकुरमुत्ता की कहानी सुनकर बहार के मुंह में पानी आ गया। 'पूछा, 'क्या इसका कबाब / होगा ऐसा भी लज़ीज़? / जितनी भाजियां दुनिया में / इसके सामने नाचीज़?' '

तत्पश्चात :

गोली बोली—'जैसी खुशबू
इसका वैसा ही सवाद,
खाते-खाते हर एक को
आ जाती है बिहिश्त की याद
सच समझ लो, इसका क़लिया
तेल का भूना कबाब,
भाजियों में वैसा
जैसा आद्‌मियों में नव्वाब।'

इससे परिस्थिति के व्यंग्य और विडंबना का अंदाजा लगाया जा सकता है। पहले खंड में जो कुकुरमुत्ता सर्वहारा का प्रतीक बना हुआ अपने को दुनिया में सबसे ऊपर बतला रहा था, दूसरे खंड में आकर वह लज्जतदार कलिया और कबाब की सामग्री बनता हुआ दिखलाई पड़ता है। कहा जा सकता है कि यहां भी उसका आकर्षण ऐसा है कि गोली ही नहीं, बहार के लिए भी उसके आगे गुलाब हेय ठहरता है। बहार तय करती है कि वह गोली के यहां जाएगी और वहां कुकुरमुत्ता का कबाब जरूर खाएगी। वह गोली से फिर जानना चाहती है—'कुकुरमुत्ते का कबाब / वैसी खुशबू देता है / जैसी कि देता है गुलाब!' पाठक लक्ष्य करेंगे कि 'कबाब' और 'गुलाब' की तुकबंदी अपने आप व्यंग्य को उभार रही है। आगे :

गोली ने बनाया मुंह
बाएं घूमकर फिर एक छोटी-सी निकाली 'उंह!'
कहा, *'बकरा हो या दुंबा*
मुर्ग़ या कोई परिंदा
इसके सामने सब छू :
सबसे बढ़कर इसकी खुशबू।
भरता है गुलाब पानी
इसके आगे मरती है इन सबकी नानी।'

यहां निराला की दृष्टि पूरे जमाने पर जाती है और वे अपने व्यंग्य में ढेर सारी चीजों को लपेट लेते हैं :

चली गोली आगे जैसे डिक्टेटर
बहार उसके पीछे जैसे भुक्खड़ फ़ालोवर।
उसके पीछे दुम हिलाता टेरियर—
आधुनिक पोएट (Poet)
पीछे बांदी बचत की सोचती
केपीटलिस्ट क्वेट।

इन पंक्तियों में डिक्टेटर भी है, फौलोवर भी, मुक्तिबोध के 'जगमगाते कविगण' भी और बचत-मूल्य भी, जो कि पूंजीवाद का मूल है, लेकिन निराला की दृष्टि के केंद्र में कुकुरमुत्ता है, सर्वहारा का प्रतीक, जिसे अभी अपनी तार्किक परिणति प्राप्त करनी है। गोली बहार के साथ अपने घर पहुंचती है, फिर उसके अनुरोध पर उसकी मां कुकुरमुत्ता का कलिया और कबाब तथा नफीस चपातियां बनाती है। निराला के शब्दों में, 'खाते ही बहार ने यह फरमाया, / 'ऐसा खाना आज तक नहीं खाया।' / शौक से लेकर सवाद / खाती रहीं दोनों / कुकुरमुत्ते का क़लिया-कबाब।' कविता चरमोत्कर्ष पर वहां पहुंचती है, जहां बहार से कुकुरमुत्ता की कहानी सुनकर नवाब के मुंह में भी पानी भर आता है और वह माली को बुलाकर उसे ताजा-ताजा कुकुरमुत्ता लाने का हुक्म देता है। माली के यह कहने पर कि हुजूर, अब कुकुरमुत्ता नहीं बचा, सिर्फ गुलाब बच रहे हैं, वह गुस्से से कांपने लगता है और कहता है, 'चल, गुलाब जहां थे, उगा, / सबके साथ हम भी चाहते हैं अब कुकुरमुत्ता।' क्यों? इसलिए कि उसका कलिया-कबाब मन भर खाया जा सके। लेकिन अफसोस कि माली जवाब देता है कि खता माफ करें, कुकुरमुत्ता उगाया नहीं जा सकता, वह खुद उग गया, तो उग गया। यह कुकुरमुत्ता के गौरव की प्रतिष्ठा नहीं है, उसकी तुच्छता की ओर ही इशारा है। इस तरह जिस रूप में सर्वहारा-दर्शन प्रचलित था और एक हलके में अभी भी प्रचलित है, व्यंग्य-विनोद का सहारा लेकर निराला ने उसकी चिंदियां उड़ा दी हैं। यह काम उन्होंने उस दौर में किया था, जब व्यक्ति से लेकर समाज तक के जीवन में जो कुछ भी सुंदर, शालीन और सुघड़ था, एक छिछले दर्शन के द्वारा उसे नकारा जा रहा था और एक सही चीज को बिलकुल गलत ढंग से प्रतिष्ठित करने की कोशिश की जा रही थी। निराला का विरोध उस 'सही चीज' से नहीं, उसे प्रतिष्ठित करने के इस गलत तरीके से था।

4

इस लेख में विचार करने के लिए 'कुकुरमुत्ता' के संशोधित संस्करण को आधार बनाया गया है, जो 1948 में प्रकाशित हुआ था। उसका प्रथम संस्करण 1943 का है, जिसमें 'ज़ियाफ़त' शीर्षक से एक छोटी लेकिन बहुत ही चोखी भूमिका है, जो कई दृष्टियों से महत्वपूर्ण है। 'ज़ियाफ़त' का अर्थ है दावत या भोज। भूमिका संपूर्णतः यह है : 'इसमें वही शरीक होंगे, जिन्हें न्योता नहीं भेजा गया, साथ ही जो कंगाल नहीं, न ऐसे बड़े आदमी कि अपनी जगह गड़े रह गए। मतलब साफ़ है। हम दोनों मतलब के। न हम पैरों पड़ें, न वह। मिहनत की कमाई हम भी खाएं और वह भी।' यह इस दृष्टि से बहुत मार्मिक है कि इसमें निराला 'कुकुरमुत्ता' के पाठक वर्ग की तरफ संकेत करते हैं। उन्होंने इस कविता में कुकुरमुत्ता का जो कलिया-कबाब बनाया है, उसका स्वाद लेने

के अधिकारी वे साधारण जन हैं, जिन्हें निमंत्रित होने का गौरव नहीं प्रदान किया गया। लेकिन वे ऐसे कंगाल नहीं, जो निमंत्रित किए ही नहीं जाते, न ही वे इतने बड़े आदमी हैं कि बिना निमंत्रण के भोज में शामिल ही नहीं हों। आगे निराला कहते हैं कि उनका संबंध ऐसे ही साधारण जनों से है। उन्हें उनसे काम पड़ता है, तो उन्हें भी उनसे। बराबरी का रिश्ता है, फिर कोई किसी के पांव क्यों पड़े? दोनों अपनी-अपनी मिहनत की कमाई खाएं। निराला साहित्य में श्रम करते हैं, तो वे खेत-खलिहानों, कारखानों और दफ्तरों में।

'कुकुरमुत्ता' के प्रथम संस्करण में इस शीर्षक की कविता के अलावा सात और कविताएं संगृहीत थीं, जो बाद में उससे निकालकर 'नए पत्ते' में शामिल कर ली गईं और 'कुकुरमुत्ता' का संशोधित संस्करण स्वतंत्र रूप में निकाला। इस लिहाज से उसके प्रथम संस्करण की भूमिका बाकी सात कविताओं से भी संबद्ध मानी जा सकती है। प्रसंगवश यहां यह बतला देना दिलचस्प होगा कि डा. शर्मा ने 'कुकुरमुत्ता' की इस संक्षिप्त भूमिका को कूट-गद्य का नमूना कहा है और उसका यह अर्थ किया है : 'इसमें वही शरीक होंगे, जिन्हें न्योता नहीं भेजा गया (कुकुरमुत्ता संग्रह को पढ़ना कुकुरमुत्ता का कलिया खाने की तरह है : न्योते की जरूरत नहीं;) साथ ही जो कंगाल नहीं, न ऐसे बड़े आदमी कि अपनी जगह गड़े रह गए (साहित्य के रसग्रहण में कंगाल न होना चाहिए; दावत अमीर के लिए भी है अगर वह अपनी जगह छोड़कर निराला के पास आए)। मतलब साफ है। हम दोनों मतलब के। न हम पैरों पड़े, न वह। मिहनत की कमाई हम भी खाएं और वह भी (पुस्तक कुंवर सुरेश सिंह को समर्पित है। वह ऐसे बड़े आदमी नहीं हैं कि अपनी जगह गड़े रहें; बराबरी का संबंध है। मेहनत की कमाई दोनों खाते हैं, दोनों मतलब के हैं, अपना-अपना स्वार्थ लिए हुए मित्र हैं)।' यह उद्धरण 'निराला की साहित्य-साधना' के दूसरे खंड से लिया गया है। इस पर सिर्फ इतनी टिप्पणी की जा सकती है कि डा. शर्मा मोटी पुस्तकें लिखने में भी जल्दबाजी से ही काम लेते हैं, जिससे किसी भी विषय पर, वह बड़ा हो या छोटा, ठहरकर सोचने के लिए उनके पास वक्त नहीं होता और वे अपने आग्रह-दुराग्रह का सूत्र पकड़कर झटके में सब कुछ का वारा-न्यारा करते हुए आगे बढ़ते चले जाते हैं।

'कुकुरमुत्ता' के संशोधित संस्करण की भूमिका में, जो प्रथम संस्करण की भूमिका से बड़ी है, निराला ने और बातें भी कही हैं, लेकिन प्रथम संस्करण की बात को साफ भी किया है। कहते हैं, ' 'कुकुरमुत्ता' का संशोधित संस्करण, आशा है, पाठकों को पसंद आएगा। इसके व्यंग्य और इसकी भाषा आधुनिक है।...इस पद्य में अप्रचलित शब्द नहीं। बाजार आज भी गवाही देता है कि किताब चाव से खरीदी गई, आवृत्ति हज़ार कान सुनी गई और तारीफ़ लाख-मुंह होती रही।' पाठकों से निराला का सीधा मतलब साधारण पाठकों से है। 'कुकुरमुत्ता' का व्यंग्य आधुनिक है, यह भी स्पष्ट है,

क्योंकि रूसी क्रांति के पहले सर्वहारा-दर्शन कोई विषय न था। इसी तरह इसकी भाषा भी छायावादी कविता के बाद की भाषा है। निराला प्रकारांतर से यहां छायावादी काव्य-भाषा को पुरानी कह रहे हैं। आधुनिक भाषा का एक लक्षण उसका व्यावहारिक और स्वाभाविक होना भी है, जिसमें अप्रचलित शब्दों के प्रयोग का अवसर नहीं होता। अंत में उन्होंने इस बात पर हर्ष प्रकट किया है कि 'कुकुरमुत्ता' बड़े पैमाने पर पाठकों और श्रोताओं द्वारा अपनाया गया।

इन बातों से यह स्पष्ट है कि 'कुकुरमुत्ता' कविता लिखते समय निराला के सामने कौन सा रचनात्मक लक्ष्य और कौन सी रचनात्मक चुनौती थी? शुरू से ही वे खड़ीबोली में काव्य-प्रणयन को ध्यान में रखकर चल रहे थे। उनके सामने लगातार यह साफ होता जा रहा था कि खड़ीबोली की कविता का मतलब है उसमें इसी भाषा के वाक्य, शब्द और मुहावरे का प्रयोग। तात्पर्य यह कि वह संस्कृत पर अनावश्यक निर्भरता से मुक्त हो और गद्य-भाषा को आदर्श मानकर चले। बड़ी बात यह कि निराला धीरे-धीरे समझते गए कि खड़ीबोली का असली स्रोत संस्कृत नहीं, बल्कि हिंदी क्षेत्र की बोलियां और अरबी-फारसी के लदाव से मुक्त उर्दू है। लेकिन उनकी बहुत बड़ी खूबी यह है कि भाषा के मामले में उन्होंने छायावादोत्तर काल में कभी संकीर्णता से काम न लिया। संस्कृत के प्रभाव से मुक्त होने की बात सोचते हुए भी उन्होंने खड़ी बोली के लिए उसके महान दाय का मतलब समझा और इस कारण उससे आत्यंतिक संबंध-विच्छेद को उन्होंने न कभी सिद्धांत में महत्व दिया, न व्यवहार में। दूसरे, एक तरफ बोलियों को उन्होंने खड़ीबोली का जीवंत स्रोत माना और दूसरी तरफ अपनी कविता को ब्रजभाषा के अनावश्यक प्रभाव से भी अलग रखने की कोशिश की। उर्दू के संबंध में भी यही बात है। उचित ही डा. शर्मा उनकी ऐसी भाषा को 'गुलाबी उर्दू' कहते हैं। 'कुकुरमुत्ता' निराला की महत्वपूर्ण उपलब्धि इस कारण है कि इस कविता में जैसे उन्होंने अपने सर्जनात्मक लक्ष्य को पा लिया है और उनके सामने जो सर्जनात्मक चुनौती थी, उसका सफलतापूर्वक मुकाबला किया है। सर्जनात्मक लक्ष्य था कविता में *खड़ीबोली का प्रयोग* और सर्जनात्मक चुनौती थी उस खड़ीबोली में कविता को संभव बनाना। ये दोनों कार्य उन्होंने कैसे संपन्न किए, इसका पता 'कुकुरमुत्ता' से जो उद्धरण ऊपर दिए गए हैं, उनसे बहुत अच्छी तरह से चल जाता है। इसमें उनकी सहायता उर्दू की बहर ने की है, जिसमें वाक्य पूरे होते हैं और जिसकी लय में भरपूर लचक होती है, इतनी कि वर्णों और मात्राओं की संख्या को भुलाकर उच्चारण को महत्व देते हुए आगे बढ़ते हैं। इस उच्चारण पर निराला का जोर शुरू से था, क्योंकि यह उनकी दृष्टि में खड़ीबोली के सौंदर्य को प्रकट करने वाला है। आवश्यकतानुसार वे उसमें बलाघात से काम लेते हैं। शमशेर जैसे रचनाकार ने इस कविता की क्रांतिकारिता और श्रेष्ठता को नहीं समझा था, लेकिन प्रसन्नता की बात है कि उन्हीं के एक समानधर्मा ने उसे बखूबी

समझा। वे हैं प्रभाकर माचवे, जो 'कुकुरमुत्ता' को निराला-काव्य में महत्वपूर्ण प्रस्थान बिंदु मानते हुए कहते हैं : ' 'कुकुरमुत्ता' से निराला की कविता-धारा मुड़ी। कुछ ठिठकी, अटकी, खिलखिलाई, फिर दौड़ पड़ी, किलकारी भर, वन्य उत्स सी, छलांग भरती हुई!' यह बात इस कविता की अंतर्वस्तु और भाषा दोनों के लिए ही सही है। ताज्जुब नहीं कि 'कुकरमुत्ता' निराला की अपनी दृष्टि में उनकी वैसी ही महत्वपूर्ण कविता थी,जैसी 'राम की शक्तिपूजा', या फिर 'तुलसीदास'। यह उनकी कविता का ही नहीं, बल्कि संपूर्ण आधुनिक हिंदी कविता का नया प्रस्थान-बिंदु है।

3. निराला के परवर्ती गीत

'बेला' के बाद निराला के दो गीत-संग्रह प्रकाश में आए : 'अर्चना' और 'आराधना'। ये पचास के दशक के आरंभिक वर्ष थे। दशक के प्राय: मध्य में उनका एक और छोटा सा गीत-संग्रह निकला, 'गीत-गुंज', जिसका परिवर्धित संस्करण इस दशक के अंत में छपा। उनके मरणोपरांत उनके अंतिम गीत-संग्रह 'सांध्य काकली' का प्रकाशन हुआ, प्राय: साठ के दशक के अंत में। इस संग्रह में 'गीत-गुंज' के भी ढेर सारे गीतों को शामिल कर लिया गया था। यह निराला की गीत-रचना का तीसरा काल है। 'अर्चना' और 'आराधना' में धार्मिक स्वर सर्वोपरि है,जबकि बाद के दोनों संग्रहों में प्रकृति को प्रमुखता प्राप्त है। वैसे उनके गीतों का कोई स्वर उनके किसी भी संग्रह में अनुपस्थित नहीं है।

यह निराला की गीत-साधना का परिणति-काल है। इसे उनकी संपूर्ण काव्य-साधना का परिणति-काल कहा जा सकता है, क्योंकि पचास के दशक के आरंभिक दिनों से लेकर मृत्युपर्यंत उन्होंने गीत को ही अपनी अभिव्यक्ति का मुख्य माध्यम बनाया और अपवादस्वरूप ही एक-दो कविताएं लिखीं, जिनमें से एक उनकी अंतिम आत्मपरक रचना 'पत्रोत्कंठित जीवन का विषय बुझा हुआ है' है। गीतों में निराला ने अपनी संवेदना और चिंतन के प्रत्येक उद्दीप्त क्षण को स्वरबद्ध किया। यह भी संकेत किया जा चुका है कि इन गीतों का भी पूर्वाभास दूसरे काल के अंतिम गीतों, यथा 'रस की बूंदें बरसो, नव घन!' और 'सखी री, खंजन वन आए' में मिलने लगता है। तीसरे काल में यह स्वर उभरकर सामने आया। जो बात ध्यातव्य है, वह यह कि इस काल में निराला ने सबसे ज्यादा गीत लिखे, करीब पौने तीन सौ, जिससे यह कहना मुश्किल हो गया कि वे मुख्यत: कवि थे, या गीतकार। इतना तो निश्चित है कि जितने महान वे कवि थे, उतने ही महान गीतकार भी। उनके ये गीत जैसे संख्या की दृष्टि से महत्वपूर्ण हैं, वैसे ही गुण की दृष्टि से भी। इन गीतों में अनेक रूपों और शैलियों का प्रयोग हुआ है, जिनमें पुरानापन भी है और नयापन भी। जैसे अपनी संपूर्ण शब्द-साधना को इस काल में उन्होंने परिणति प्रदान की है, जो हिंदी में आगे की गीत-रचना का भी द्वार खोलती है। यह वाकई परिणति हैं, समाहार नहीं, यह बात हमें ध्यान में रखनी चाहिए।

निराला गीत के रूप के प्रति कितने सजग थे, इसका पता 'अर्चना' की भूमिका से चलता है, जिसमें उन्होंने कहा है : 'गीत के साथ गले का संबंध पहला है। प्रस्तुत गीतों की तद्वत सफलता के न होने के कारण खड़ीबोली का पाठ; इसलिए गले से

सफलतापूर्वक न उतर जाना है। साधारण जन देहातों में यह भाषा नहीं बोलते। उनके गले और आधुनिक शरीर की नेमि अभी तक मजकर मसृण नहीं हुई। खड़ीबोली की गाड़ी के और चलते रहने की आवश्यकता है; ये गीत जैसे उसी की पूर्ति करते हैं। यथाशक्ति सुरचित शब्दों की शृंखला रखी गई है जो सहज ही उच्चरित हो जाए, जिससे आधुनिक गीतों की मेड़ें (मीड़ें) और स्वर-कंपन प्राचीन शब्दोच्चारण की दीवारों को पार करके अपनी सत्यता पर समासीन हों।' इस किंचित लंबे उद्धरण से स्पष्ट है कि निराला संगीत या गेयता के साथ गीत के संबंध को अंत-अंत तक नहीं भुलाते और 'अर्चना' के गीत यदि परंपरागत गीतों की तरह सफलता नहीं प्राप्त करते, तो उनकी दृष्टि में उसका कारण खड़ीबोली का जनसाधारण में उतना प्रचार नहीं होना है। इसके फलस्वरूप उसके उच्चारण में वह सफाई नहीं दिखलाई पड़ती, जो कि अपेक्षित है। यह अपेक्षा तभी पूरी होगी,जबकि उसका प्रचार बढ़ेगा। उन्हें इसका पक्का विश्वास है कि 'अर्चना' के गीत खड़ीबोली के प्रचार-प्रसार में योग देंगे और जिस रूप में उनकी रचना की गई है, वे ब्रजभाषा के उच्चारण की सीमाओं को पार करके अपने वास्तविक स्वरूप का परिचय देंगे। यहां उन्होंने खड़ीबोली के 'मुखोच्चारण' वाले जिन दो गीतों की टेक की पंक्तियां उद्धृत की हैं, वे हैं : 'तुम्हारी छांह है, छल है; / तुम्हारे बाल हैं, बल है' और 'बांधो न नाव इस ठांव,बंधु! पूछेगा सारा गांव, बंधु!'

आगे निराला ने ब्रजभाषा के उच्चारण की सीमाएं बतलाई हैं, साथ ही खड़ीबोली के उच्चारण का वैशिष्ट्य। उन्होंने कहा है कि ब्रजभाषा के हिसाब से 'भव-अर्णव की तरणी तरुणा' के 'ण' को 'न' करके पढ़ा जाएगा; तो खड़ीबोली का 'सिंगार' बिगड़ जाएगा। यह 'ण' न उर्दू में है, न अंग्रेजी में। अंग्रेजी का जिक्र आने पर उन्होंने यह कहा है कि 'हमारे अंग्रेजी के प्रशंसक कलकत्ता, मद्रास, बंबई, लखनऊ आदि के विद्वान मित्र अंतर्जातीय अंग्रेजी के संबंध में पूर्ववत हिमायती समझने की कृपा करें,साथ ही इतना जोड़े रहें कि हमारी हिंदी के साथ, संस्कृत आदि उसकी बहनों, माओं और मातामहियों से भी परिचय और श्रद्धाभाव है।' यह खड़ीबोली के संस्कृत और दूसरी देशी भाषाओं के साथ संबंध की ओर संकेत है। ऐसी स्थिति में उनके खड़ीबोली के गीतों के बारे में यह सोचना कि वे तद्भवप्रधान खड़ीबोली में ही रचित होंगे, सही नहीं है। उनका ध्यान खड़ीबोली के उस रूप पर था, जो वे उसे प्रदान करना चाहते थे। वह प्रथमत: और अंतत: खड़ीबोली थी, लेकिन उसमें न संस्कृत का निषेध था, न किसी देशी भाषा का। 'गीतिका' की भूमिका में अंग्रेजी या पाश्चात्य संगीत की उन्होंने जो बात कही थी, वह पाठकों को स्मरण होगी। उसके साथ उन्होंने अंग्रेजी प्रभाव के प्रति सकारात्मक रुख अपनाते हुए यह भी कहा था कि यह समय संसार की सभी जातियों में साहित्य के माध्यम से आदान-प्रदान का है और जो साहित्य इसमें जितना पिछड़ा हुआ है, वह उतना ही अधूरा है। यहां अंग्रेजी की हिमायत वाली बात उन्होंने उसी संदर्भ में कही है।

संगीत की जानकारी रखने वाले कुछ लोगों के अनुसार निराला के अधिकांश परवर्ती गीत भजन-संगीत की कोटि में आते हैं। भजन-संगीत हिंदुओं का धार्मिक गायन है, जिसमें भक्ति-रस की प्रधानता होती है। भजन बिना किसी सजावट के शुद्ध और सरल रूप में गाए जाते हैं, केदार, कामोद, भैरव, आसावरी आदि रागों में। ये दादरा, कहरवा, रूण्क आदि में तालबद्ध रहते हैं। निराला के प्रार्थनागीत भजन-संगीत के अत्यधिक निकट हैं। उनकी रचना करते समय वे इस बात के लिए प्रयत्नशील रहे हैं कि उन्हें जनसाधारण गा सके, यह उनके उपर्युक्त प्रथम उद्धरण से स्पष्ट है। इसी के संदर्भ में उन्होंने खड़ीबोली के उच्चारण के वैशिष्ट्य को रेखांकित करते हुए उसके प्रचार-प्रसार पर बल दिया है। यहां यह कहने की आवश्यकता नहीं कि वे भारतीय संगीत में आवश्यकतानुसार छूट लेते हैं, उसे लचीला बनाते हैं और खड़ीबोली के प्रयोग पर विशेष ध्यान देते हैं। कहना चाहिए कि वे भारतीय संगीत की सहायता लेते हुए खड़ीबोली के अपने भाषा-संगीत को भी पकड़ने और सुरक्षित रखने का प्रयास करते हैं।

निराला के भक्तिगीतों की अन्यतम विशेषता यह है कि उनमें भक्तिकाव्य की संप्रदायबद्ध पद्धति के निर्वाह के स्थान पर एक स्वच्छंद कवि की वाणी सुनाई पड़ती है। लेकिन जैसा कि ऊपर संकेत किया जा चुका है, भक्ति या धार्मिकता उनके परवर्ती गीतों की एक विशेषता है, निश्चय ही प्रबल, पर गीत उन्होंने पहले की तरह अनेक प्रकार के लिखे हैं, जिन्हें ध्यान में रखें, तो उन पर यह आरोप नहीं लगाया जा सकता कि यहां पहुंचकर उनकी दृष्टि और संवेदना का क्षेत्र संकुचित हो गया है; बल्कि उनके धार्मिक और वैयक्तिक गीत भी उनके परिवेश की तीखी चेतना से युक्त हैं, जो कि स्वातंत्र्योत्तर भारत का परिवेश है।

यह दिलचस्प है कि जब 'अर्चना' और 'आराधना' का प्रकाशन हुआ, तो नई पीढ़ी के आलोचक डा. नामवर सिंह ने 'प्रगतिवाद' शीर्षक अपने प्रसिद्ध निबंध में, जो कि उनकी पुस्तक 'आधुनिक साहित्य की प्रवृत्तियां' में संकलित है, उन पर यह टिप्पणी की : 'इसके ('देवी सरस्वती' शीर्षक कविता के) बाद तरह-तरह के स्वरों में कुछ प्रयोग करते हुए विक्षिप्त चित्त निराला किसी रहस्य-शक्ति की 'अर्चना' और 'आराधना' करने लगे। पंत जी की तरह निराला के भी वेदांती संस्कार कमजोरी में उभड़ आए। एक ओर उनकी अराजक विद्रोही प्रकृति ने उन्हें विक्षिप्त करके व्यंग्य-विद्रूप की ओर उन्मुख किया तो दूसरी ओर उनके रामकृष्णमिशन वाले संस्कारों ने भक्ति-भावना में गर्क कर दिया।' इस उद्धरण के प्रसंग में कई बातें ज्ञातव्य हैं। एक तो यह कि किसी रहस्य-शक्ति की अर्चना और आराधना निराला के लिए कोई नई बात नहीं थी। वह वे 'परिमल'-काल से ही करते आ रहे थे और 'कुंकुरमुत्ता', 'बेला' तथा 'नए पत्ते' के रचना-काल में भी वह सिलसिला अटूट था। इसका प्रमाण 'बेला' के अनेकानेक गीत

और कुछ गजलें भी हैं, जो 'नए पत्ते' की कविताओं के समानांतर रची गई हैं। दूसरे, निराला ने वेदांत को कभी भी नहीं छोड़ा था। यह जरूर है कि उसे लेकर उनके मन में द्वंद्व कभी बहुत तीव्र हो गया था, जैसा हम विवेकानंद में भी देखते हैं। ऐसी स्थिति में यह कहना कि उनके वेदांती संस्कार मानसिक कमजोरी में उभर आए, उचित नहीं लगता। इसके अलावा प्रसंगवश यह निवेदन कर देना भी गलत न होगा कि 'कुकुरमुत्ता' और 'नए पत्ते' की कविताओं में केवल व्यंग्यविद्रूप नहीं है और वे कविताएं उनके विक्षिप्त चित्त की देन न होकर असाधारण रूप से सक्रिय और गतिशील उनकी यथार्थ-चेतना की देन हैं। निश्चय ही आज स्वयं नामवर जी का रुख भी उन कविताओं के प्रति पहले वाला नहीं रह गया है। वैसे उनकी मर्मभेदी दृष्टि ने उसी समय 'अर्चना' और 'आराधना' के गीतों के संबंध में सच्चाई को देख लिया था, जिससे उन्होंने वहीं पर आगे यह भी कहा था, भले पंत से तुलना करते हुए : 'जिस तरह पंत जी अपनी आध्यात्मिक उड़ान में भी सांसारिक समस्याओं पर विहंगम दृष्टि डालते चलते हैं, उसी तरह निराला भी अपनी भक्ति-सिक्त वेदना में जन-साधारण की सांसारिक पीड़ा का अनुभव करते हैं। फिर भी पंत जी की आभासित होने वाली सामाजिकता में उतनी सामाजिकता नहीं है, जितनी निराला की आभासित होने वाली वैयक्तिकता में है। पंत जी के आशावाद में भी उतनी शक्ति नहीं है जितनी निराला के निराशावाद में है।'

निराला की मृत्यु के बाद पं. नंददुलारे वाजपेयी ने उन पर लिखे गए अपने पुराने निबंध को परिवर्धित किया, तो उनके परवर्ती गीतों के संबंध में कुछ आगे बढ़कर बातें कहीं। 'आधुनिक काव्य : रचना और विचार' नामक अपनी पुस्तक में संकलित निबंध में वे कहते हैं, 'आधुनिक समय के गीतों में उन्होंने एक साकार सत्ता को अपनी उपासना का केंद्र माना है, जिसे कभी माता या कभी जननि आदि कहकर संबोधित किया है। यह भारतीय सगुण भक्तों की ही प्रणाली है, पर निराला जी के गीत भक्ति-भावना से उद्‌भावित न होकर आंतरिक तथा सामाजिक अंतर्द्वंद्वों की उपज हैं।' थोड़ी देर के बाद जैसे वे इसी की व्याख्या करते हैं : '1948 ई. के बाद से निराला जी की मन:स्थिति गंभीर हो चली और 1950 के बाद से वह संत समझे जाने लगे। निराला के इस अवधि के गीत शांत और करुण रस से युक्त हैं। ये रचनाएं एक आंतरिक संघर्ष का परिचय देती हैं। अत: सामान्य रूप से इन्हें हम भक्ति की रचनाएं नहीं कह सकते। वैयक्तिक वेदना और पीड़ा के परिणामस्वरूप ये गीत ऊपर से भक्ति तथा विनय के जान पड़ते हैं, किंतु जैसा कि कहा जा चुका है, इनके मूल में सामाजिक तथा आंतरिक संघर्ष ही रहा है।' इस संबंध में इतना कहना ही पर्याप्त होगा कि निराला के परवर्ती धार्मिक गीत आंतरिक तथा सामाजिक अंतर्द्वंद्वों की उपज होते हुए भी भक्ति-भाव से पूर्ण रचनाएं हैं, भले वह भक्ति-भाव मध्ययुगीन वा सांप्रदायिक न हो। उनकी धार्मिक संवेदना के बारे में यह नहीं कहा जा सकता कि वह ऊपरी है। उसकी अंतर्वस्तु सामाजिक होते हुए भी वैयक्तिक

और वैयक्तिक होते हुए भी सामाजिक है, क्योंकि किसी भी श्रेष्ठ कवि की तरह उनकी संवेदना सरल न होकर जटिल थी, जिसका निर्माण अनेक प्रकार के बाहरी और भीतरी तत्वों के विचित्र सम्मिश्रण से हुआ था। इस तरह जितना गलत निराला के परवर्ती धार्मिक गीतों को उनका प्रत्यावर्तन बतलाना है, उतना ही गलत उनकी अंतर्वस्तु को पूर्णत: आधुनिक और सामाजिक बतलाना भी। इन गीतों में जिस आध्यात्मिक आस्था और भक्त-हृदय की विह्वलता की अभिव्यक्ति हुई है, उसे न स्वीकार करना सत्य का अपलाप होगा।

सिद्धांत को छोड़कर यहां विभिन्न प्रकार के उनके कुछ चुने हुए गीतों पर विचार करना अपेक्षित है, पहले के दोनों लेखों की तरह, जिससे उनकी अंतर्वस्तु के साथ-साथ हम उनके निथरे हुए और निखरे हुए कवित्व को भी देख सकें।

2

निराला ने परवर्ती काल में दो प्रकार के धार्मिक गीत लिखे हैं—कुछ आत्मपरक और कुछ अनात्मपरक। कभी-कभी तो उन्होंने शुद्ध राष्ट्रीय-सामाजिक अंतर्वस्तु वाले गीतों में भी ईश्वर को पुकारा है, यथा 'आशा-आशा मरे / लोग देश के हरे!' गीत, लेकिन मात्र इतने से हम वैसे गीतों को धार्मिक नहीं मान सकते। यहां सर्वप्रथम निराला के कुछ आत्मपरक गीत विचारणीय हैं, जिनकी संख्या पिछले दो कालों के आत्मपरक गीतों की तुलना में कहीं अधिक है। इन गीतों के कुछ गीत धर्म-भावना से युक्त भी हैं।

'अर्चना' में संगृहीत पहला आत्मपरक गीत है :

दुरित दूर करो नाथ,
अशरण हूं, गहो हाथ।

हार गया जीवन-रण,
छोड़ गए साथी-जन,
एकाकी, नैश-क्षण,
कंटक-पथ, विगत पाथ।

देखा है, प्रात किरण
फूटी है मनोरमण,
कहा, तुम्हीं को अशरण-
शरण, एक तुम्हीं साथ।

जब तक शत मोह जाल,
घेर रहे हैं कराल—

जीवन के विपुल व्याल,
मुक्त करो, विश्वगाथ !

स्वतंत्र भारत में रचा गया यह निराला का पहला गीत है, जिसमें उन्होंने बहुत आर्त होकर भगवान को पुकारा है। उनकी जो स्थिति थी, उसके लिए उत्तरदायी उनका परिवेश था, लेकिन वे उसके लिए किसी और को दोष न देकर स्वयं को ही दोष देते हैं और अपने आराध्य से अनुनय करते हैं कि वे उनके पापों को दूर कर दें। यह एक भक्त की मानसिकता है। 'नाथ' संबोधन में जो कातरता है, उसमें जिंदगी का कितना दर्द छिपा है, पाठक महसूस करेंगे। दूसरे के दरवाजे पर पड़े हुए, निराश्रय और परिवारविहीन निराला अपने नाथ से कहते हैं कि वे उन बेसहारे का हाथ पकड़ें।

अपने जीवन में पराजय का बोध उन्हें पहले भी अनेक बार हुआ था। 'वनबेला' की पंक्तियां 'हो गया व्यर्थ जीवन, / मैं रण में गया हार!' हिंदी में बहुश्रुत हैं। अब जैसे वे अंतिम रूप से यह कहते हैं कि जीवन-युद्ध में उन्होंने मुंह की खाई। उन्हें घेरे रहने वाले स्वार्थी लोगों का जमघट तो पहले ही हटने लगा था, अब उनके सहचर मित्रों ने भी उन्हें त्याग दिया। गीत के पहले बंद में बहुत ही व्यथित होकर निराला कहते हैं कि मैं अकेला हूं, रात का वक्त है, मार्ग कंटकाकीर्ण है और उस पर कहीं जल भी नहीं है। 'एकाकी, नैश-क्षण, / कंटक-पथ, विगत-पाथ'—यह उक्ति जितनी सघन और अभिजात है, उतनी ही चित्रात्मक भी। 'छोड़ गए साथी-जन' इसे भी यात्रा के रूपक से ही जोड़कर देखना चाहिए, जो कि आगे की पंक्तियों में विस्तार पाता है। यह लीला नामक बारह मात्राओं का वही छंद है, जिसमें 'भारति,जय, विजयकरे!' गीत रचा गया है। वहां जहां इस छंद से उल्लास का स्वर फूटता है, यहां व्यथा का। छंद की गति में शब्द दोनों जगह थिरकते,हैं, लेकिन उनके प्रभाव में भारी फर्क आ गया है। यहां तो जैसे विघ्न-बाधाओं की तरंग पर तरंग उठ रही है।

ऐसी स्थिति में निराला को सिर्फ ईश्वर का ही भरोसा रह जाता है। वे उनका ध्यान करते हैं, तो घोर अंधकार में भी उन्हें प्रभात-काल की मनोरम किरणें दिखलाई पड़ती हैं। वे उनके मन की ही किरणें हैं, लेकिन अपने विश्वास के अनुरूप वे उसे ईश्वर का प्रकाश समझते हैं और उससे कहते हैं कि मैंने एकमात्र तुम्हीं को शरणदाता माना है और एक तुम्हीं मेरे साथ हो! मुझे शेष यात्रा तुम्हारे सहारे ही पूरी करनी है। निराला का यह सधा हुआ स्वर—'कहा, तुम्हीं को अशरण- / शरण, एक तुम्हीं साथ' केवल 'विनयपत्रिका' के पदों से तुलनीय है, जो तुलसीदास के कवित्व का चरम बिंदु है।

अंतिम बंद में वे अपने को बुरी तरह से मोहग्रस्त बतलाते हैं, सैकड़ों मोहों के जाल में आबद्ध। इस कारण वे भाग नहीं सकते और असंख्य भयानक जीवन-सर्प उन्हें चारों ओर से घेर रहे हैं। 'घेर रहे हैं कराल-/ जीवन के विपुल.व्याल'—यह बहुत ही त्रासद बिंब है, जो कवि की स्थिति को अतिशय सशक्त रूप में हमारे सामने रखता है।

जो विश्वस्तुत्य है, उससे वह प्रार्थना करता है कि वह उसे इस स्थिति से उबारे।

इस गीत में खड़ीबोली का बहुत ही नपा-तुला प्रयोग हुआ है, सिर्फ टेक की पंक्तियों में ही नहीं, आगे के बंदों में भी। वाक्य पूरे हैं, वे छोटे हों या बड़े, यानी अगले चरण में जाकर समाप्त होने वाले। अगले चरण में जाकर समाप्त होने वाले वाक्यों से अभिव्यक्ति में एक लचीलापन आया है, जो गीत में एक अतिरिक्त आकर्षण ला देता है। यह रचना झंकृति से भी पूर्ण है, जिसका कारण इसमें करीब आठ बार 'ण' अनुनासिक की आवृत्ति है। अंतिम बंद में 'ल', 'र' और 'व' वर्णों की प्रधानता है, जिससे यह गीत और सघोष हो उठा है।

'अर्चना' से ही लिया गया निराला का दूसरा आत्मपरक गीत निम्नलिखित है, जिसका छंद पहले वाले गीत की तुलना में बड़ा भी है और भाषा में भी वैसा संकुचन नहीं :

गीत गाने दो मुझे तो,
वेदना को रोकने को।

चोट खाकर राह चलते
होश के भी होश छूटे,
हाथ जो पाथेय थे, ठग-
ठाकुरों ने रात लूटे,
कंठ रुकता जा रहा है,
आ रहा है काल देखो।

भर गया है जहर से
संसार जैसे हार खाकर,
देखते हैं लोग लोगों को
सही परिचय न पाकर,
बुझ गई है लौ पृथा की,
जल उठो फिर सींचने को।

इस गीत में वे अतिशय व्यथित होकर कहते हैं कि अपनी व्यथा भुलाने के लिए मुझे तो तुम गाने दो। गाना ही मेरे दुःख को कम कर सकता है, क्योंकि मैं कवि हूं, गीतकार। अनुमान किया जा सकता है कि वे किस मानसिक अवस्था से गुजर रहे थे।

उन्हें अपने जीवन-पथ पर बहुत प्रहार झेलने पड़े थे। वे प्रहार इतने कड़े थे कि उनसे होश के भी होश गुम हो गए। निराला अपने गंतव्य पर पहुंचने के लिए साथ में जो पाथेय लेकर निकले थे, ठग-सरदारों ने रात में उसे भी लूट लिया। यह बतलाने के बाद वे यह कहते हैं कि अब तो मेरी मृत्यु मेरे निकट आ रही है, सो मेरी आवाज भी

बंद होती जा रही है। 'निविड़ विपिन, पथ अराल; / भरे हिंस्र जंतु-व्याल' गीत में भी उन्होंने कहा है कि बिना किसी आवाज के उनके शरीर का जोड़-जोड़ खुलता जा रहा है और उन्हें मृत्यु के भारी पैरों की चाप सुनाई दे रही है : 'तन उन्मीलन निःस्वर, / मंद्र-चरण मरण-ताल'।

दूसरे बंद में वे पूरी दुनिया पर नजर डालते हैं और कहते हैं कि वह जहर से भर गई है, लेकिन उसका वे यह सरल कारण नहीं बतलाते कि वह स्वार्थी हो गई है। उनका कहना है कि यह विकृति उसमें इस दुनिया में रहने वालों के जीवन-संघर्ष में, जो कि लगातार कठिन होता जा रहा है, पराजित होने के बाद आई है। हाल यह है कि लोग एक-दूसरे की ओर ऐसे दृष्टि-निक्षेप करते हैं,जैसे उनका ठीक-ठीक परिचय न पा सकते हों। यह गहन अपरिचय उस अलगाव अथवा अमानवीकरण का परिणाम है, जो वर्तमान व्यवस्था की देन है। लोग इतने पेचीदे हो गए हैं कि एक-दूसरे के सामने खुल नहीं सकते। अकेलेपन का एहसास निराला को एक दशक पहले से होने लगा था,जैसा कि हम उनके गीत 'मैं अकेला' में देखते हैं। कहा जा चुका है कि उनका यह अकेलापन कोई अस्तित्ववादी अकेलापन न होकर अपने परिवेश की देन था। 'गहन है यह अंधकार' में उन्होंने यह भी कहा था कि 'बोलते हैं लोग ज्यों मुंह फेरकर'। धीरे-धीरे स्थिति इतनी बिगड़ती गई कि 'अर्चना' के ही गीत 'भवसागर से पार करो हे!' में उन्हें यह कहना पड़ा कि 'जीते हैं जन जन को खाकर'। इस गीत के अंत में वे कहते हैं कि स्नेह से जलने वाली पृथ्वी की लौ ही बुझ गई है। वे लोगों को प्रेरित करते हैं कि दुनिया को प्रेम के प्रकाश से सींचने के लिए वे फिर प्रज्वलित हो उठें। 'बुझ गई है लौ पृथा की, / जल उठो फिर सींचने को'—ये दोनों ही पंक्तियां बहुत उदात्त हैं। मनुष्य-मनुष्य के बीच का प्रेम इस पृथ्वी की विराट लौ है। जब वह बुझ गई है, तो सारी दुनिया में प्रेम का प्रकाश विकीर्ण करने के लिए प्रज्वलित हो उठना भी एक विराट कल्पना है। इस तरह इस गीत को निराला औदात्य के बिंदु पर ले जाकर समाप्त करते हैं।

उनके गीतों में कृत्रिम अन्विति नहीं होती। टेकसहित इस गीत के दोनों ही बंदों में उन्होंने अलग-अलग बातें कही हैं, लेकिन उनका आपस में गहरा संबंध है। यह भी कहा जा सकता है कि अपने बारे में कहते हुए वे अपने को परिवेश से अभिन्न करके देखते हैं और परिवेश के बारे में कहते हुए वे अपने को उसमें शामिल रखते हैं। जैसा कि शुरू में संकेत किया गया है, यह गीत सरल है, क्योंकि इसमें प्रयुक्त खड़ीबोली अपना स्वाभाविक फैलाव लिए हुए है। वाक्य पूरे ही नहीं हैं, फैले हुए भी हैं। लेकिन जितनी ही इसमें मार्मिकता है, उतनी ही गहराई। 'हाथ जो पाथेय थे, ठग- / ठाकुरों ने रात लूटे' यह कितनी मार्मिक उक्ति है, कलेजे पर चोट करने वाली, बतलाने की जरूरत न होनी चाहिए। ठगों के सरदारों के लिए 'ठग-ठाकुरों' का प्रयोग जितना ही नया है, उतना ही व्यंजनापूर्ण भी। दूसरे बंद में गीत गंभीर हो गया है, जैसे पहले बंद में कवि

जहां सनह को देख रहा था, दूसरे बंद में वह उसकी गहराई में उतर गया है। 'पृथा' शब्द का प्रयोग निराला ने धातुगत अर्थ को ध्यान में रखकर पृथ्वी के लिए किया है। —'पृथा' नामक एक पौराणिक चरित्र होने से इसे मानवीय व्यक्तित्व भी मिल गया है, यानी इससे पृथ्वी एक नारी के रूप में भी हमारे सामने आती है।

अगला गीत सिर्फ दस मात्राओं के छोटे से छंद में रचित है, जिसे आचार्यों ने बहुत अच्छा नाम दिया है—शशिवदना। इस गीत में निराला ने अपने आराध्य से अपने को बिलकुल सहज बना देने की याचना की है, सभी कृत्रिमताओं और आडंबरों से मुक्त, मनुष्य का जो स्वाभाविक रूप है, उसमें पहुंचा देने की। साथ-साथ उन्होंने उन पर अपनी निर्भरता का भी उन्हें विश्वास दिलाया है। अंत में बहुत व्याकुल होकर उन्होंने अंधकार से निकलने के लिए प्रकाश: की आकांक्षा की है। गीत कितना चुस्त और कवित्वपूर्ण है, देखने योग्य है :

सहज-सहज कर दो :
सकलश रस भर दो।

ठग ठगकर मन को
लूट गए धन को,
ऐसा असमंजस, धिक
जीवन-यौवन को :
निर्भर हूं, वर दो।

जगज्जाल छाया,
माया ही माया,
सूझता नहीं है पथ
अंधकार आया :
तिमिर-भेद शर दो।

टेक की पंक्तियों में 'सहज' शब्द का दो बार प्रयोग अधिकता के लिए हुआ है। कवि जो रस घड़ों चाहता है, वह सहजता का ही रस है। अब उसे अशर्फियों से भरा घड़ा नहीं चाहिए, चाहिए रस से भरा घड़ा और वह रस सहजता का हो। अब वह धनी बनना नहीं चाहता, चाहता है सहज-स्वाभाविक बनना। 'सकलश रस भर दो' यह पंक्ति कितनी नवीन है, बतलाना मुश्किल है। सहजता की आकांक्षा से कवि का मन इस कदर आपूरित है कि टेक की पंक्तियों में अंतिम दोनों शब्दों को छोड़ दें, तो एक भी दीर्घ वर्ण का प्रयोग नहीं हुआ। जैसी आकांक्षा, जैसा विषय,वैसी ही अभिव्यक्ति की गति।

पहले बंद में निराला कहते हैं कि ठगों ने फुसलाकर या धोखा देकर मेरे पास जो

धन था, उसे लूट लिया, जैसे पिछले गीत में उन्होंने उनसे उनके मार्ग का संबल छीन लिया था। लेकिन धन का मोह जो उनके भीतर से समाप्त नहीं हुआ, उसे लेकर जो दुविधा बनी हुई है, उसके लिए वे अपने जीवन और यौवन को धिक्कारते हैं। तत्पश्चात वे अपने आराध्य को विश्वास दिलाते हैं कि अब मेरा चित्त एकनिष्ठ है, मुझे तुम्हारे अलावा किसी का भरोसा नहीं, इसलिए तुमसे वरदान पाने का हकदार हूं। वरदान भी कैसा? सहज-सरल जीवन का।

अंतिम बंद में उन्होंने 'जगज्जाल' शब्द का प्रयोग किया है, जो बहुत ही समर्थ प्रयोग है। उस जाल ने उन्हें फंसा रखा है, बल्कि वह उन पर चारों ओर से छाया हुआ है, जिससे उससे निकलना मुश्किल है। यह 'जगज्जाल' यानी भौतिक द्रव्यों का मोहक फैलाव माया के अलावा और कुछ नहीं। यह मनुष्यता को ढंक लेने वाली ही नहीं, उसे कुंठित कर देने वाली वस्तु है। कातरतापूर्वक वे कहते हैं, रास्ता नहीं दिखलाई पड़ रहा, क्योंकि अंधकार घिर आया है। यह अंधकार भी भौतिक द्रव्यों का ही है, जो आधुनिक सभ्यता की विशेषता है। निराला बंद की अंतिम पंक्ति में अपने आराध्य से उसी अंधकार के भेदन के लिए शर की मांग करते हैं। 'तिमिर-भेद शर दो'—इस तुली हुई उक्ति में तुले हुए बाण की तरह पाठकों के हृदय में धंस जाने की क्षमता है। 'तिमिर-भेद शर' का अर्थ भौतिक़ता के अंधकार को चीर-फाड़ देने वाला मानवीय मूल्य-बोध है, यह बतलाने की जरूरत न होनी चाहिए। जैसे तुलसीदास ने अंतिम दिनों में विभिन्न छंदों और रूपों में स्तुति और विनय के पद रचे, आत्मनिवेदन के स्वर में, निराला ने भी, लेकिन आधुनिक चेतना से उद्दीप्त होकर, यह इन दोनों महाकवियों के बीच का महत्वपूर्ण फर्क है।

'तरणि तार दो' आठ मात्राओं के छवि और बारह मात्राओं के निराला द्वारा पूर्वप्रयुक्त लीला नामक छंदों में रचित 'अर्चना' का ही गीत है, जो उनके आत्मपरक गीतों में अपनी लय और अंतर्वस्तु दोनों ही दृष्टियों से विशिष्ट है। दोनों छंदों का बारी-बारी से प्रयोग होता है, तो उससे एक बार ईश्वर की पुकार गूंजती है और दूसरी बार विपत्तियों का तरंगाघात। यह है पूरा गीत :

तरणि तार दो
अपर पार को।

खे-खेकर थके हाथ,
कोई भी नहीं साथ,
श्रम-शीकर-भरा माथ,
बीच-धार, ओ!

पार किया तो कानन,
मुरझाया जो आनन,

आओ हे निर्वारण,
बिपत वार लो।

पड़ी भंवर-बीच नाव,
भूले हैं सभी दांव,
रुकता है नहीं राव—
सलिल-सार, ओ!

अपने कवि-जीवन के आरंभिक चरण में पारिवारिक त्रासदी से प्रेरित होकर निराला ने 'परिमल' में संकलित 'खेवा' शीर्षक यह सरल सा गीत लिखा था : 'डोलती नाव, प्रखर है धार, / संभालो जीवन-खेवनहार!' इसमें जिस रूपक का प्रयोग हुआ है, वह लोक-प्रचलित है। अपने कवि-जीवन के अंतिम चरण में वे उसी का सघनतर और गहनतर रूप में प्रयोग करते हुए पुनः एक गीत की रचना करते हैं। वे ईश्वर को गुहराते हैं और उससे विनय करते हैं कि वह उनकी नैया को पार लगा दे। 'परिमल' वाले गीत से इस गीत की शब्दावली की तुलना करें, तो इस बीच निराला की वाणी में कैसी विदग्धता आई है, यह स्पष्ट हो जाएगा। वहां 'नाव' है, यहां 'तरणि'; वहां उसे 'संभालने' की बात है, यहां उसे 'अपर पार' तक 'तार देने' की। सरलता यहां भी है, पर उस पर सान चढ़ा हुआ है। 'तार देने' का संबंध तरण या संतरण करा देने से है, यह कहने की आवश्यकता न होनी चाहिए. ध्यातव्य यह है कि यह लोकभाषा से लिया गया क्रियापद है। इसी तरह 'तरणि' और 'तार' का अनुप्रास भी ध्यातव्य है, साथ ही 'अपर' और 'पार' में 'प' और 'र' वर्ण की जो आवृत्ति है, वह भी।

पहला बंद जितना सरल और जितना मार्मिक है, उतना ही चित्रात्मक भी। निराला कहते हैं, 'खे-खेकर थके हाथ', जो हृदय का स्पर्श करने वाला है। जो उनकी श्रमशीलता से परिचित हैं, जिनके सामने उनके द्वारा किया गया 'बाजार का काम', संपादन-कार्य और अनुवाद-कार्य है, वे इस उक्ति का अर्थ समझेंगे। जीविकोपार्जन के लिए उन्हें कितना श्रम करना पड़ा था, इसका एक साक्ष्य इंडियन प्रेस, प्रयाग के लिए उनके द्वारा किया गया असंख्य बंगला उपन्यासों का हिंदी में अनुवाद है, जिसकी जानकारी आज बहुत कम लोगों को रह गई है। 'कोई भी नहीं साथ' यह वे लगातार कहते आ रहे हैं, जिससे उनके अकेलेपन की विकटता का अनुमान लगाया जा सकता है। 'श्रम-शीकर-भरा माथ' चित्र को अच्छी तरह खड़ा कर देता है। 'श्रम-शीकर' की तत्समता को 'माथ' जैसा तद्भव शब्द वैसे ही संतुलित करता है, जैसे टेक की पंक्तियों में 'तरणि' को 'तार देना' क्रियापद। 'श्रम-शीकर' का अर्थ स्पष्ट है—पसीने की बूंदें। नाव बीच धारा में पहुंची हुई है और अकेला नाविक बिलकुल थक चुका है, यह वे पुकारकर अपने आराध्य को बतलाते हैं।

दूसरे बंद में वे उन्हीं से निवेदन करते हैं कि जंगल तो मैंने खुद पार कर लिया, जिससे मेरा चेहरा मुरझा गया है, लेकिन अब यह नदी पार करना मुश्किल हो रहा है। तुम्हें रोकने वाला कोई नहीं है, तुम 'निर्वारण' हो, तुम आओ और मेरी विपत्ति का वारण कर दो। यहां तद्भव 'बिपत' का प्रयोग तत्सम 'विपत्ति' की तुलना में अधिक अर्थव्यंजक है। 'बिपत' में जो कातरता है, वह 'विपत्ति' में नहीं। जानना चाहिए कि निराला तद्भव शब्दों की शक्ति से भी परिचित थे, जो कि हिंदी की असली शक्ति है। पहले बंद में जैसे 'माथ' है, वैसे ही इस बंद में 'बिपत'। संकेत यह है कि उन्हें कभी राजपथ सुलभ न हुआ, वे जंगल और नदी पार करते हुए चल रहे हैं। उनके जीवन से परिचित व्यक्ति इसे कोरा काव्य-सत्य न मानकर वस्तु-सत्य मानेंगे। उन्हें 'मैं अकेला' गीत की ये पंक्तियां भी याद आएंगी : 'जानता हूं, नदी-झरने, / जो मुझे थे पार करने….'। जंगल, नदी और झरने निराला के मार्ग में एक बार न आए थे, वे बार-बार आते थे। इस बार बीच नदी की धारा में नाव के साथ वे अपने को असमर्थ पा रहे हैं, जिससे करुणोत्पादक स्वर में ईश्वर से सहायता की याचना करते हैं।

अंतिम बंद : उनकी नाव भंवर में पड़ी हुई है। उसे उससे निकालने के जितने तरीके हो सकते थे, उनमें से कोई उन्हें याद नहीं आ रहा। थकान और घबड़ाहट के मारे वे उन सारे तरीकों को भूल चुके हैं। स्थिति यह है कि न जल का गर्जन रुकता है, न उसका बहाव। 'सलिल-सार' वैसा ही प्रयोग है, जैसा 'बेला' की पूर्वोद्धृत गजल 'हंसी के तार के होते हैं' की इस पंक्ति में 'समीर-सार' का प्रयोग : 'समीर-सार के होते हैं ये बहार के दिन'।

'जय तुम्हारी देख भी ली' निराला का पचास के दशक के अंतिम वर्षों का गीत है, जो यहां उनके गीत-संग्रह 'सांध्य काकली' से लिया गया है। इस समय वे मृत्यु के काफी पास आ गए थे, जिससे इस गीत में एक शांति का वातावरण है,जैसे रवींद्रनाथ के इस गीत में : 'समुखे शांतिपारावार— / भासाओ तरणी, हे कर्णधार।' गीत इस प्रकार है :

जय तुम्हारी देख भी ली
रूप की, गुण की, रसीली।

वृद्ध हूं मैं, ऋद्धि की क्या,
साधना की, सिद्धि की क्या,
खिल चुका है फूल मेरा,
पंखड़ियां हो चलीं ढीली।

चढ़ी थी जो आंख मेरी
बज रही थी जहां भेरी
वहां सिकुड़न पड़ चुकी है,

जीर्ण है वह आज तीली।

आग सारी फुक चुकी है,
रागिनी वह रुक चुकी है,
स्मरण में है आज जीवन,
मृत्यु की है रेख नीली।

इस गीत में निराला ईश्वर से निवेदन करते हैं कि तुमने सब पर अपनी विजय-पताका फहरा रखी है, इसे मैंने सुना ही नहीं है,अपने जीवन के अंतिम चरण में देख भी लिया है। तुम्हारी विजय, तुम्हारा प्रभुत्व, तुम्हारी महिमा रूप और गुण वाली है, अत्यंत रसात्मक। 'अब मुझे कुछ नहीं चाहिए, अब तो विदा होना है'—यह इन पंक्तियों से व्यंजित है।

पहले बंद में निराला का यह कहना है कि अब तो वे बूढ़े हो चुके हैं, फिर किसी वृद्धि या उत्कर्ष की बात क्या सोचें। अब उनके लिए किसी प्रकार की साधना और उसमें प्राप्त होने वाली सिद्धि का भी कोई अर्थ नहीं। जो होना था, हो चुका है। अब उनका शरीर श्लथ है। कविता की भाषा में : मेरा फूल पूर्ण विकास को प्राप्त हो चुका है, अब तो वह मुरझा रहा है, उसकी पंखुड़ियां ढीली हो चली हैं! पाठक मानेंगे कि इस भाषा में सामर्थ्य ही नहीं, उच्च कोटि की चित्रात्मकता और सौंदर्य भी है।

दूसरा बंद इससे भी बढ़कर है। निराला कहते हैं कि पहले मेरी आंखें इस कदर चढ़ी या तनी हुई थीं कि लगता था, वहां नगाड़ा बज रहा है। आज वे सिकुड़ चुकी हैं—वह तीली जीर्ण हो चुकी है! 'चढ़ी थी जो आंख मेरी, / बज रही थी जहां भेरी'—यह बिंब असाधारण है, जो गीत में कवित्व के स्तर को बहुत ऊपर उठा देता है। नगाड़ा चमड़े से छाया रहता है और उसमें जितना तनाव होता है, उससे उतनी ही दमदार आवाज निकलती है। इस तरह उसके सिकुड़ने की बात कहना बहुत संगत है। 'तीली' या सीखचे का उपमान अलग से आंखों की दशा सूचित करने के लिए लाया गया है, जिसके पीछे शरीर की पिंजड़े के रूप में कल्पना स्थित मालूम पड़ती है।

पहले और दूसरे दोनों बंदों में निराला ने अपने शरीर का हवाला दिया है। यह उससे उनके गहरे लगाव का पता देता है। पहले भी जब उन्होंने अपने बारे में कहा है, अपने शरीर को नहीं भूले हैं। धीरे-धीरे उन्हें शारीरिक कष्ट भी रहने लगा, तो उसका उल्लेख अनिवार्य हो गया। कुछ पंक्तियां स्मरणीय है, यथा 'मैं अकेला' गीत में : 'पके आधे *बाल* मेरे, / हुए निष्प्रभ *गाल* मेरे'; 'स्नेह-निर्झर बह गया है' गीत में : 'रेत ज्यों *तन* रह गया है'; पिछले 'तरणि तार दो' गीत में : 'मुरझाया जो *आनन*' और उसके बाद के 'भग्न तन, रुग्ण मन' गीत में : 'चलता नहीं *हाथ*'। उनकी जो अंतिम कविता है 'पत्रोत्कंठित जीवन का विष बुझा हुआ है', उसमें भी वे कहते हैं : 'झूल चुकी है *खाल*-ढाल की तरह तनी थीं।' इसके पीछे उपर्युक्त बातें तो हैं ही, उनका दर्शन भी है। वे जीवन की कल्पना शरीर को लेकर ही कर सकते थे, उसके पूरे गुण-धर्म के

साथ, उसे छोड़कर नहीं। उन्हें ठीक से जानने के लिए इस बात को हमेशा ध्यान में रखना जरूरी है।

अंतिम बंद में वे कहते हैं कि उनके भीतर सृजन की जो आग थी,वह निकल चुकी है। उनका वह गान भी रुक चुका है, जिसने कभी हिंदी जगत को प्रकंपित और स्पंदित कर रखा था। आज तो बस जीवन केवल उस ईश्वर के स्मरण तक सीमित रह गया है, जिसकी महिमा के प्रत्यक्षीकरण की बात उन्होंने इस गीत के आरंभ में कही है। अंतिम पंक्ति में वे मृत्यु के अपनी तरफ बढ़ते हुए कदम की तरफ इशारा करते हैं। 'मृत्यु की है रेख नीली'—विष का रंग नीला होता है, मृत्यु की रेख भी नीली है। वे उसे देख रहे हैं। कहने की आवश्यकता नहीं कि यह पंक्ति बहुत ही वेधक है, जैसे इसके पहले वाली पंक्ति 'स्मरण में है आज जीवन' शांतिदायक।

3

इस काल में निराला ने अनेक शृंगार या सौंदर्यपरक गीतों की भी रचना की और उनमें अत्यधिक नवीनता का परिचय दिया। उन गीतों में से तीन को चुनकर यहां उन पर विचार किया जा रहा है। तीनों ही गीत गांव की पृष्ठभूमि में लिखे गए हैं। उनमें से दो में दो दिलचस्प प्रसंगों का वर्णन किया गया है। पहले गीत में गांव की एक तरुणी का वर्णन है, जो नदी के जिस घाट पर नहाने जाती थी, वहां से अपने प्रेमी के साथ भाग गई है, या उसके द्वारा भगा ली गई है। भागने-भगाने की यह घटना निराला की प्रसिद्ध कविता 'प्रेयसी' में भी घटती है। दूसरे गीत में भी एक युवती है, जो सवेरे-सवेरे अपने को इसलिए कोस रही है कि तड़के उसकी नींद नहीं खुली और वह पति द्वारा स्पर्श कर जगाए जाने पर जगी। निराला के कई गीतों में उनकी नायिकाएं रात-भर जगकर अपने पति के साथ प्रेम-क्रीड़ा करती हैं। संभव है, यह युवती भी उसी में थककर देर से सोई हो और सूर्योदय के पूर्व न जग पाई हो। ये दोनों गीत 'अर्चना' में ही संकलित हैं। दोनों ही गीतों में खड़ीबोली का सुंदर प्रयोग हुआ है, खासकर पहले गीत में। तीसरे गीत में, जो 'आराधना' में संकलित है, एक सुंदर ग्रामीण युवती का वर्णन है, बहुत थोड़े शब्दों में।

पहला गीत इस प्रकार है :

बांधो न नाव इस ठांव, बंधु!
पूछेगा सारा गांव, बंधु!

यह घाट वही जिस पर हंसकर,
वह कभी नहाती थी धंसकर,

आंखें रह जाती थीं फंसकर,
कंपते थे दोनों पांव, बंधु!

वह हंसी बहुत कुछ कहती थी,
फिर भी अपने में रहती थी,
सबकी सुनती थी,सहती थी,
देती थी सबके दांव, बंधु!

इस गीत के प्रसंग का उल्लेख ऊपर किया जा चुका है। बाकी बात यह है कि जिस घाट से वह तरुणी गायब हुई थी, उसी से होकर एक दिन दूसरे गांव के कुछ युवकों की टोली नाव पर सवार होकर गुजरती है, तो उसमें से एक युवक, जो उस घटना से ही नहीं, उस तरुणी के सौंदर्य और व्यवहार से भी परिचित है, नाव को उस घाट पर रोकने से मना करता है और उसका कारण बतलाता है। कहता है, यह घाट खतरनाक है, इस पर नाव मत रोको। यदि ऐसा किया, तो सारा गांव उमड़ पड़ेगा और जवाबतलब करेगा, क्योंकि गांव वालों को आशंका है कि हम जैसे लोगों ने ही उस तरुणी को भगाया है। 'पूछेगा सारा गांव, बंधु!' 'पूछना' क्रियापद है, वह लौकिक प्रयोग के कारण बहुत व्यंजक हो गया है। यहां 'पूछना' केवल पूछना नहीं, बल्कि प्रताड़ित करना भी है। इससे भी बड़ी बात यह कि यह एक क्रियापद गीत के पूरे संदर्भ को खड़ा कर देता है।

पहले बंद में तरुणी के हंसते हुए नदी में दूर तक जाकर नहाने के दृश्य का वर्णन है। यह दृश्य निराला को शुरू से आकर्षित करता रहा था, शायद रवींद्रनाथ की प्रसिद्ध कविता 'विजयिनी' के अवलोकन के बाद से, जिसमें वे लिखते हैं :

अच्छोदसरसीनीरे रमणी येदिन
नामिला स्नानेर तरे, वसंत नवीन
सेदिन फिरिते छिल···

यदि यह कविता निराला को पसंद न होती, तो वे 'तट पर' शीर्षक से संक्षेप में उसका अनुवाद न करते। उपर्युक्त पंक्तियों को उन्होंने इस रूप में अनूदित किया :

नववसंत करता था वन की सैर
जब किसी क्षीण-कटि तटिनी के तट
तरुणी ने रक्खे थे अपने पैर।
नहाने को सरि वह आई थी,
साथ वसंती रंग की, चुनी हुई, साड़ी लाई थी।

पुनः 1937 में उन्होंने 'विनय' शीर्षक से एक गीत लिखा, तो उसमें भी एक युवती के दूर से आकर नदी में नहाने की आकांक्षा प्रकट की :

दूर ग्राम की कोई वामा
आए मंदचरण अभिरामा,
उतरे जल में अवसन श्यामा

प्रस्तुत गीत में आकर 'विजयिनी' या 'विनय' की नायिका पूर्णत: गंवई तरुणी हो गई है, जो साड़ी लेकर नदी-स्नान के लिए आती है और उसे घाट पर रखकर हंसती हुई नदी में उतरकर उसमें तैरती हुई दूर तक चली जाती है। यह गांव है, इसलिए इस गीत की भाषा स्वभाँवत: अत्यंत सरल है, लोकभाषा के शब्दों, क्रियापदों और मुहावरों से बनी हुई। 'पूछना' क्रियापद की विशेषता बतलाई जा चुकी है, 'ठांव' भी लोकभाषा का शब्द है और गीत की अंतिम पंक्ति में आने वाला 'दांव' भी। 'नाव' और 'ठांव' का अनुप्रास स्वाभाविक रूप से आ गया है, कवि ने उसके लिए कोई प्रयास नहीं किया। 'दांव देना' यह मुहावरा भी लोकभाषा की ही देन है, जैसे बाकी मुहावरे भी। 'धंसना' और 'फंसना' ये बहुत ही व्यंजक क्रियापद हैं. और स्पष्टत: लोकभाषा से लिए गए हैं।

गीत के पहले बंद में तरुणी के नदी में नहाने का वर्णन तो है ही, देखने वालों पर उस दृश्य का क्या प्रभाव पड़ता था, इसका भी बहुत ही सशक्त रूप में वर्णन है। 'यह घाट वही जिस पर हंसकर, / वह कभी नहाती थी धंसकर'—कितना सजीव चित्र है! निराला में भी अनेक तरह की हंसी है, यह पिछले लेखों में कहा जा चुका है। एक हंसी इस ग्रामीण तरुणी की भी है। 'धंसना' क्रियापद का यह हाल है कि वह पानी में क्या धंसती है, देखने वालों के कलेजे में भी धंस जाती है! 'आँखें रह जाती थीं फंसकर' में जो 'फंसना' क्रियापद है, उसने तो कमाल कर दिया है, आंखें इस कदर उलझ गई हैं कि छुड़ाए नहीं छूटतीं। 'उलझकर' की 'फंसकर' से तुलना करने पर 'फंसना' क्रियापद की शक्ति स्पष्ट हो जाती है। निराला जिस भी शब्द का प्रयोग करें, कोशिश करते हैं कि उसके अर्थ की अंतिम बूंद को निचोड़ लें और जबर्दस्ती नहीं, स्वाभाविक रूप से। 'कंपते थे दोनों पांव, बंधु!' में पांवों का कांपना सौंदर्य-संवेदना का चरम रूप है। उन्होंने ही कुछ पहले के अपने एक गीत में बिजली के कड़कने का वर्णन करते हुए कहा है: 'जावक-चरणों से जब शिंजन / होता है गृह के रुचिरांगन / कंपते हैं तरु-तरुणों के तन'। वहां पूरा शरीर कांपता है, यहां सिर्फ पांव, लेकिन वह भी कम नहीं है। 'साकेत' में मैथिलीशरण गुप्त ने भी लक्ष्मण को देखने के बाद उर्मिला की जो स्थिति हुई, उसका वर्णन उसके ही शब्दों में इस प्रकार किया है : 'कंपते बस अंध्रि--वेत्र थे, / नत भी हो सकते न नेत्र थे।' 'अंध्रि' का अर्थ है पांव और वेत्र का बेंत, यानी उसके पांव बेंत की तरह कांप रहे थे।

अंतिम बंद में निराला तरुणी की हंसी के बारे में बतलाते हैं कि वह बहुत ही व्यंजक थी, यानी जब वह हंसती थी, तो ऐसा प्रतीत होता था कि बहुत कुछ कह रही है, लेकिन उसका अपने ऊपर नियंत्रण भी था, वह कभी उससे बाहर न जाती थी।

मनचले उसे देखकर आवाज भी कसते थे, पर वह उसे बर्दाश्त कर जाती थी, कभी जवाब न देती थी। यह जो उसकी सहिष्णुता थी, यह युवकों को अवसर देती थी कि वे उसे लक्ष्य कर जो कहना हो, कहें। 'देती थी सबके दांव' का यही अर्थ है। वह किसी का मौका छीनती न थी, सबके मौके उन्हें देती थी। मनचले 'प्रेयसी' में भी हैं, पर वहां उनका विस्तृत वर्णन इस रूप में है : दर्शन-समुत्सुक युवाकुल पतंग ज्यों / विचरते मंजु-मुख / गुंज-मृदु अलि-पुंज / मुखर-उर मौन वा स्तुति-गीत में हरे।' इससे दो वर्णनों का अंतर भी स्पष्ट है, पृष्ठभूमि के साथ-साथ।

खड़ीबोली के उच्चारण की सफाई 'अर्चना' के जिन गीतों में प्रत्यक्षतः दिखलाई पड़ती है, उनमें यह गीत सर्वोपरि है, ऐसा कोई भी महसूस करेगा। इसमें वाक्य-रचना सरल और दुरुस्त तो है ही, सहायक क्रियाओं के पूरे प्रयोग के साथ, वह अकृत्रिम भी है, यानी उसमें कृत्रिम परिष्कार नहीं। खड़ीबोली कृत्रिम परिष्कार और चुस्ती को बर्दाश्त नहीं करती। उच्चारण की सफाई इस गीत में इस दृष्टि से है कि इसमें वाक्य और उसमें प्रयुक्त शब्द दोनों को साफ-साफ और अपेक्षित बलाघात के साथ उच्चरित करना पड़ता है। यही खड़ीबोली का अपना संगीत है, जो ब्रजभाषा से भिन्न है और जो कान लगाकर सुनने पर इस गीत में खूब सुनाई पड़ता है।

दूसरे गीत का प्रसंग भी ऊपर दिया जा चुका है। वह गीत यह है :

प्रिय के हाथ लगाए जागी,
ऐसी मैं सो गई अभागी।

हरसिंगार के फूल झर गए,
कनक रश्मि से द्वार भर गए,
चिड़ियों के कल कंठ मर गए,
भस्म रमाकर चला विरागी।

शिशु-गण अपने पाठ हुए रत,
गृही निपुण गृह के कर्मों नत,
गृहिणी स्नान-ध्यान को उद्यत,
भिक्षुक ने घर भिक्षा मांगी।

इस गीत के प्रसंग के बारे में ज्ञातव्य यह है कि इसकी पृष्ठभूमि में रवींद्रनाथ का एक प्रसिद्ध गीत है, जो निराला को बहुत प्रिय था। उसे वे अक्सरहा गाते थे और 'रवींद्र-कविता-कानन' में उन्होंने उसका भाष्य भी किया है। वह गीत है : 'यामिनी ना जेते जागाले ना केनो, / बेला होलो मरि लाजे,' अर्थात रात बीतने से पहले तुमने मुझे क्यों नहीं जगाया? दिन चढ़ गया—मैं लाजों मर रही हूं। प्रस्तुत गीत का इससे यह फर्क है कि इसमें नायिका नायक द्वारा ही जगाई जाती है, यद्यपि विलंब से, और वह उससे

शिकायत नहीं करती, नींद नहीं खुलने के लिए अपने को कोसती है। अपने कवि-जीवन के आरंभ में निराला ने 'लज्जिता' शीर्षक से जो गीत लिखा था—'मुझे क्यों नहीं जगाया नाथ!', वह रवींद्रनाथ के उक्त गीत से अवश्य सीधे प्रेरित था।

इस गीत की ग्रामीण पृष्ठभूमि बहुत स्पष्ट है। युवती अपने पति के स्पर्श से जगी है। निराला ने उसके लिए 'हाथ लगाना' का प्रयोग किया है, जो कि ठेठ हिंदी है। इसी तरह 'अभागी' शब्द भी है। ये दोनों प्रयोग, जो गीत की टेक की पंक्तियों में ही मिलते हैं, इस गीत के खड़ीबोली का एक बहुत ही सुथरा गीत होने का संकेत देते हैं। मजा यह कि निराला ने प्रसंग की कोमलता को जरा भी क्षत नहीं होने दिया है। कहा जाता है कि खड़ीबोली के संगीत में माधुर्य नहीं। यह सही है कि वह ब्रजभाषा या मैथिली नहीं है, लेकिन उसके प्रकृत स्वरूप में भी यदा-कदा माधुर्य संभव है, यह उन्होंने अपने गीतों से दिखला दिया है।

गीत की संरचना पर गौर करने से पता चलता है कि इसके पहले बंद में मुख्य रूप से प्रकृति-लोक का वर्णन है और दूसरे बंद में मनुष्य-लोक का। एक-एक दृश्य के वर्णन के साथ युवती की आकुलता यह सोचकर बढ़ती जाती है कि वह देर से जगी। इसी में इस गीत का सौंदर्य है।

पहला बंद : युवती कहती है कि हरसिंगार के सारे फूल झड़ गए, पूरे दरवाजे पर सूर्य की सुनहली किरणें फैल गईं और पक्षी भी बोलकर चुप हो गए! इतना ही नहीं, साधु-संन्यासी भी शरीर में भस्म लपेटकर अपनी वृत्ति पर निकल पड़े। व्यंजना स्पष्ट है कि उसे जगने में बहुत देर हो गई। प्रकृति के तीनों ही दृश्यों का वर्णन बहुत सरल और संपूर्ण भाषा में किया गया है। 'हरसिंगार' और 'चिड़ियों' के बीच जो 'कनक रश्मि' जैसा तत्सम शब्द है, वह इसलिए कि उससे सूर्य की स्वर्णिम किरणों का प्रसार बहुत उजागर हो उठता है। वैसे इस शब्द में कोई दुर्लंघ्य कठिनाई नहीं। 'कंठ' के विशेषण के रूप में 'कल' शब्द का प्रयोग भी 'कनक रश्मि' की तरह ही है। 'कल कंठ' में जो अनुप्रास है और 'ठ' वर्ण का प्रयोग, वह जैसे कानों को विहगों के रोर से भर देता है। उल्लेखनीय है कि हरसिंगार के झरने का वर्णन 'यामिनी ना जेते' वाले गीत में भी है, यथा 'देखलो शेफाली पड़िछे झरिया'। इसे निराला ने 'मुझे क्यों नहीं जगाया नाथ!' गीत में भी रखा है, तथा 'झड़े हुए ये हरसिंगार भी क्या न जमाते रंग?' गीत में भी।

दूसरे बंद में बच्चों के अपने पाठ में लगने, कुशल गृहस्थों के गृहकार्यों में प्रवृत्त होने तथा गृहिणियों के स्नान-ध्यान के लिए प्रस्तुत होने का वर्णन है। तात्पर्य यह कि प्रकृति-लोक ने सूर्योदय के बाद की अपनी गतिविधियां संपन्न कर ली हैं और मनुष्य-लोक ने भी उन्हें शुरू कर दिया है। प्रभात से निश्चय ही पहले प्रकृति हरकत में आती है, फिर मनुष्य। अंत में युवती कहती है कि भिक्षाटन करने वालों ने भी घरों में भिक्षा

मांगना शुरू कर दिया है। इस तरह यह सब तरह से प्रमाणित है कि आज उसके जगने में बहुत देर हो गई।

गौर करेंगे तो पता चलेगा कि पहले बंद में खड़ीबोली का प्रयोग जितना पूर्ण है, उतना दूसरे बंद में नहीं। दूसरे बंद में 'पाठ' और 'कर्मों' के बाद 'में' विभक्ति का प्रयोग नहीं किया गया, लेकिन यह अभिव्यक्ति को असमर्थ नहीं बनाता। 'कर्मों' के बाद 'में' विभक्ति का जो प्रयोग नहीं है, उसके संबंध में यह ज्ञातव्य है कि वैसा प्रयोग खड़ीबोली की प्रकृति का अंग बन चुका है। असल चीज 'गृही निपुण गृह के कर्मों नत' से खड़ा होने वाला चित्र है,जिस पर हमारा ध्यान जाना चाहिए। पहले बंद में ऐसा ही सजीव चित्र 'कनक रश्मि से द्वार भर गए' से भी खड़ा होता है। सूक्ष्म चित्र तो 'गृहिणी स्नान-ध्यान को उद्यत' में 'उद्यत' शब्द से भी बनता है। 'भिक्षुक ने घर भिक्षा मांगी' में भी 'घर' के बाद विभक्ति-चिह्न अपेक्षित था, यद्यपि 'घर-घर' के साथ उसका प्रयोग नहीं होता, लेकिन यहां भी हमारा ध्यान इस पंक्ति के सौंदर्य पर जाना चाहिए, जो इसके संकुचन से ही पैदा हुआ है। यह पंक्ति जैसे युवती की लज्जाकुलता का चरम बिंदु है। रवींद्रनाथ ने भी अपने गीत 'भोर हल विभावरी, पथ हल अवसान' में भिक्षुक का वर्णन किया है, लेकिन वे 'मधुभिक्षु' हैं, यानी भ्रमर। पंक्तियां देखने लायक हैं : 'वनेर कोलेर काछे समीरण जागियाछे, / मधुभिक्षु सारे सारे आगत कुंजेर द्वारे', अर्थात वन के क्रोड़ के पास समीरण जाग उठा है : झुंड के झुंड मधुभिक्षुक कुंजों के द्वार पर आए हैं। निराला ने 'मधुभिक्षु' को सामान्य भिक्षुक बना दिया है, बस इतना परिवर्तन किया है। उनकी चेतना में रवींद्रनाथ रमे हुए थे, इसलिए उनकी उक्तियों का रूप-रंग और संदर्भ बदलकर उनकी कविताओं और गीतों में प्रकट होते रहना स्वाभाविक है। लक्ष्य करने योग्य यह है कि वे जब कभी रवींद्रनाथ की कोई उक्ति लेते हैं,जाने-अनजाने, तो अपने मिजाज के अनुरूप उसे किंचित गंभीरता प्रदान कर देते हैं। प्रभात-काल का वर्णन करना दोनों ही महाकवियों को प्रिय था। इस गीत में निराला ने युवती के माध्यम से प्रभात-काल का वर्णन किया है और प्रभात-काल के वर्णन के माध्यम से युवती का।

तीसरा गीत, जो अपनी रूपरेखा में विलक्षण है, इस प्रकार है :

जैसे जोबन,
दुहरे दुहरे बदन।

आंखों में साख भरी,
लाखों पर राख पड़ी,
अनहारी खड़ी लड़ी
हाथ के जतन।

माख न माना मुखड़ा,
दूर हो गया दुखड़ा,
देखते न जी उखड़ा
नीम के सदन

निराला कहते हैं कि जैसे इस युवती के उरोज पुष्ट हैं, वैसे ही इसका शरीर भी दोहरा है। 'जोबन' लोकभाषा के साथ उर्दू में भी उरोज के अर्थ में प्रयुक्त होता है और 'बदन' का अरबी में अर्थ शरीर है।

इस छोटे से गीत में जो संगीत है, वह तीन छंदों के योग से निर्मित है। टेक की पहली पंक्ति आठ मात्राओं वाले छंद छवि में रचित है, जो दोनों बंदों के अंत में भी आता है, और दूसरी पंक्ति ग्यारह मात्राओं वाले शिखंडी छंद में। दोनों बंदों की आरंभिक दोनों पंक्तियों में बारह मात्राओं वाले लीला छंद का प्रयोग हुआ है। इन तीनों छंदों के मिश्रित प्रयोग से इस गीत का छंद-संगीत खास और मनोहर हो उठा है।

पहला बंद : युवती की आंखों में एक रोब है, जो उसके सौंदर्य पर सान चढ़ा रहा है। उसे देखकर लाखों सुंदरियों पर राख पड़ गई, यानी वे म्लान हो गईं। वह अपराजेय खड़ी है, जैसे हाथ के करतब से मोतियों की लड़ी को खड़ा कर दिया गया हो! यहां मोतियों की चमक ग्राह्य है। निराला के सौंदर्य-बोध और कल्पनाशीलता को दाद देने में कैसा भी सतर्क व्यक्ति सराहेगा। इस बंद को उन्होंने रचा भी है बहुत मनोयोग से, भले उसमें सचेष्टता न हो। आरंभिक तीनों पंक्तियों में 'आंखों' के साथ 'लाखों' भी है, 'साख' के साथ 'राख' भी और 'लड़ी' के साथ 'खड़ी' भी। चौथी पंक्ति का तद्भव 'जतन' टेक की पहली पंक्ति के 'जोबन' के मेल में है।

दूसरे बंद की पहली ही पंक्ति में अप्रसन्नता या रोब के अर्थ में तुलसीदास द्वारा बहुधाप्रयुक्त 'माख' शब्द देखने को मिलता है, जो उनकी परंपरा से निराला के जुड़ाव का सूचक है। ऐसे शब्दों का प्रयोग सभी नहीं कर सकते। इस 'माख' शब्द को भी ऊपर के 'साख' और 'राख' के क्रम में समझना चाहिए। 'माख न माना मुखड़ा' में अनुप्रास भी है, जो युवती के प्रसन्न मुख से कवि के भीतर उत्पन्न होने वाली आनंदपूर्ण मनःस्थिति की देन है। 'मुख' के लिए 'मुखड़ा' शब्द का प्रयोग भी आत्मीयतापूर्ण है। निराला कहते हैं कि उसके मुख को देखकर सारे दुःख भूल गए। उस सुंदर मुखड़े को देखने से अंत-अंत तक जी नहीं भरा। 'मुखड़ा' के साथ 'दुखड़ा' और फिर 'उखड़ा' शब्द भी बहुत स्नेह से इस बंद में लाए गए हैं, जो उसे खनक से भर रहे हैं। कहां मिली थी कवि को यह युवती? जहां नीम वृक्षों का निवास है, यानी नीम के बगीचे में।

स्पष्टतः इन गीतों की सुंदरियां 'गीतिका' के 'स्पर्श से लाज लगी', 'नयनों के डोरे लाल' और '(प्रिय) यामिनी जागी' जैसे गीतों की नायिकाओं से भिन्न हैं और

उन्हें चित्रित करने का निराला का ढंग भी भिन्न है। वहां जहां उच्च कोटि का काव्य-कौशल है, यहां एक नैसर्गिक खुलापन, जो लोकगीतों की विशेषता होती है।

4

निराला के शुद्ध धार्मिक गीतों में से सर्वप्रथम 'अर्चना' में संकलित उनका यह विलक्षण रहस्यवादी गीत :

> गवना न करा।
> खाली पैरों रास्ता न चला।
>
> कंकरीली राहें न कटेंगी,
> बेपर की बातें न पटेंगी,
> काली मेघनियां न फटेंगी,
> ऐसे-ऐसे तू डग न भरा।
>
> कुछ भी न बता तू रहा पता,
> सपने-सपने दे रहा धता,
> जो पूरा-पूरा माल-मता,
> मुरझा न जायगा बाग़ हरा।

आत्मा के लिए दुलहन और परमात्मा के लिए पति—इन प्रतीकों का प्रयोग रहस्यवादी कविता में कबीर से लेकर अज्ञेय तक में दिखलाई पड़ता है। निराला ने इस गीत में बहुत कातरता के साथ परमात्मा से निवेदन किया है कि वह उनका गौना न कराए, क्योंकि मंजिल तक पहुंचने का रास्ता कठिन है और वह उन्हें उस पर पैदल ही चला रहा है। गांव में यह दृश्य अक्सरहा देखने को मिलता था कि साधनहीन निम्न जाति का पति अपनी नवविवाहिता पत्नी को मायके से विदा कराकर पैदल ही अपने घर लिए ज़ा रहा है। संभव है, निराला ने यह बिंब वहीं से लिया हो।

चूंकि यह उनका परवर्ती काल का गीत है, इसलिए प्रकारांतर से इसमें मृत्यु के कष्टों का वर्णन है। 'गवना न करा' के बाद टेक की दूसरी पंक्ति 'खाली पैरों रास्ता न चला' बहुत ही कारुणिक है। 'गवना' शब्द ही नहीं, दुलहन और गौने का पूरा रूपक परंपरागत होते हुए भी बहुत नए रूप में प्रयुक्त हुआ है, कहना चाहिए नए परिवेश में।

पहले बंद में दुलहन के माध्यम से निराला कहते हैं कि रास्ता कंकरीला है, जिसे नंगे पांव पार करना असंभव है। जो विदा कराकर लिए जा रहा है, वह बेपर की उड़ा रहा है, क्योंकि उसकी बातों से कुछ होने वाला नहीं। असल चीज तो यह रास्ता है, जिस पर बादल भी उमड़ रहे हैं। ये बादल फटने या छंटने वाले भी नहीं हैं। वे पुनः

कहते हैं, जिस तरह तुम मुझे चला रहे हो, उस तरह तो मत चलाओ। यह पूरा बंद कमाल का है और लोकाश्रित खड़ीबोली की झनक लिए हुए है। राह कटना, बेपर की बातें, उन बातों का पटना, मेघों का फटना और डग भरना ये सारे के सारे मुहावरे हैं। यह जानी हुई बात है कि मुहावरे लोकभाषा और व्यवहार की भाषा में ज्यादा होते हैं। लक्ष्य करने योग्य है कि निराला अपने गीतों में कहां से चलकर कहां पहुंच गए हैं। वाकई 'कौन तम के पार?—(रे, कह) / अखिल पल के स्रोत, जल-जग, / गगन घन-घन-धार—(रे, कह)' के बाद यह गीत बिलकुल नई दुनिया का गीत है। 'मेघ' के बदले 'मेघनियां' शब्द का प्रयोग कोमलता के आग्रह से ही नहीं,लौकिकता के आग्रह से भी किया गया है।

गीत के दूसरे बंद में भी कवि का स्वर करुणोत्पादक ही है। दुलहन, जो प्रतीक-मात्र नहीं, वस्तुतः दुलहन है, पति से कहती है कि तुम साफ-साफ कुछ बतलाते नहीं और मैं कुछ पूछती हूं,तो सब्जबाग दिखलाकर मुझे टाल देते हो। 'आराधना' के एक गीत में भी कुछ ऐसी ही बात है, जिसमें निराला कहते हैं : 'किस नभ ले जाना मन भाया, / समझे भी कुछ समझ न पाया।' यहां दुलहन आगे पति से कहती है कि तुम यह नहीं सोचते कि जिस कठिन मार्ग से मुझे लिए जा रहे हो, उसमें मेरा क्या हाल होगा? जो भी संपदा मेरे पास है, रूप यौवन की, वह लुट जाएगी। हरा-भरा उद्यान मुरझा जाएगा। यह बंद चलती भाषा की दृष्टि से बेजोड़ है। टेक से लेकर पहले बंद तक 'खाली', 'रास्ता', 'राह' और 'बेपर' जैसे अरबी-फारसी शब्दों का जो प्रयोग हुआ है, वह इस बंद में भी जारी रहता है, यथा 'माल-मता' और 'बाग' शब्द। 'धता देना' यह मुहावरा भी प्रयुक्त है, लेकिन सबसे बढ़कर अंतिम पंक्ति की हरे बाग के मुरझाने वाली बात है। यौवन का यही हरा-भरा बाग 'पूरा-पूरा माल-मता' है। 'पूरा-पूरा माल-मता' और 'हरा बाग' यौवन के पूरे वैभव को सामने ला देते हैं। अंततः निराला की काव्य-शक्ति का लोहा मानना पड़ता है कि वे किसी भी तरह से जो भाव व्यक्त करना चाहते हैं, जो चित्र खड़ा करना चाहते हैं, दूनी सफलता के साथ कर लेते हैं। रूप-सौंदर्य के वर्णन में तो वे असाधारण क्षमता प्रदर्शित करते हैं। 'अणिमा' की कविता 'मेरे घर के पच्छिम ओर रहती है' में वे कहते हैं : 'उभरते जोबन की मीड़ खाता हुआ / राग साज पर जैसे बजता हो।' खड़ीबोली का मस्ती से भरा एक रूप यह भी है, जो अरबी-फारसी के शब्दों का निषेध करता हुआ नहीं, बल्कि उनसे अपने को समृद्ध करता हुआ चलता है, उनकी मदद से अपने में नई लहलहाहट भरता हुआ। यह प्रवृत्ति निराला में शुरू से ही थी, जो सर्वप्रथम उनकी 'अध्यात्म-फल' कविता की इस पंक्ति में प्रकट हुई थी, 'जब कड़ी मारें पड़ीं, दिल हिल गया'। 'बेला' के जमाने में वह बहुत पुष्ट हुई और बाद में भी समाप्त नहीं हुई, बल्कि कभी-कभी उसका गहरा असर दिखलाई पड़ता रहा, यथा इस गीत में। ज्ञातव्य है कि ब्रजभाषा के कवियों ने भी

अरबी-फारसी के शब्दों से परहेज नहीं किया है और आवश्यक होने पर उनसे अपनी कविता को सजाया है। 'माल-मता' शब्द का प्रयोग तो सत्यनारायण 'कविरत्न' में भी मिलता है। उदारणार्थ उनकी ये पंक्तियां : 'पुंडरीक को सर्वनास करि *मालमता जो* लीयौ। / ताकों विप्र सुदामा के सिर कर स्नेह मढ़ि दीयौ।'

अंतिम बंद में 'बता', 'पता', 'धता' और 'माल-मता' की बंदिश ने अभिव्यक्ति को मस्ती से भरा विस्तार दिया है,जो 'पूरा-पूरा', 'मुरझा', 'जायगा', 'बाग' और 'हरा' से और बढ़ जाता है। जैसे इस बंद में 'आ' स्वर की प्रधानता है, पहले बंद में 'ए' की, यथा 'राहें', 'कटेंगी', 'बेपर', 'बातें', 'पटेंगी', 'मेघनियां', 'फटेंगी' और 'ऐसे-ऐसे'। टेक की पंक्तियों में भी 'आ' स्वर ही प्रधान है, 'गवना', 'करा', 'रास्ता' और 'चला' से यह सिद्ध है। स्वर निराला के लिए व्यंजन से कम महत्वपूर्ण नहीं, वरना वे 'करा' की तुक 'चला' से न मिलाते। इस तरह उनके गीत स्वर और व्यंजन दोनों के संगीत से बने हैं। कभी-कभी व्यंजन उनके लिए राग का काम करता है, तो स्वर आलाप का।

इस ताजगी भरे गीत के बाद 'अर्चना' का पुरानी शैली में रचा गया यह गंगा-स्तवन :

पतित पावनी, गंगे!
निर्मल-जल-कल-रंगे!

कनकाचल-विमल-धुली,
शत-जनपद-प्रगद-खुली,
मदन मद न कभी तुली
लता-वारि-भ्रू-भंगे!

सुर-नर-मुनि-असुर-प्रसर
स्तव रव-बहु गीत विहर
जल-धारा-धाराधर-
मुखर, सुकर-कर-अंगे!

'गीतिका' के 'भारति, जय, विजयकरे!' गीत की तरह इसे भी निराला ने बारह मात्राओं के तरंगित होते चलने वाले लीला छंद में ही रचा है। इसका एक कारण तो यह है कि ये दोनों ही स्तोत्र हैं। दूसरी बात यह कि इस गीत की भाषा को देखकर यह प्रश्न न उठना चाहिए कि गीतों में खड़ीबोली के प्रयोग का सुदृढ़ आग्रह रखते हुए भी वे जिस संस्कृतनिष्ठ भाषा को पीछे छोड़ आए थे, उसी का फिर प्रयोग क्यों कर बैठते हैं ? इस संबंध में ज्ञातव्य है कि भाषा के मर्म को समझते हुए भी उन्होंने जब जिस भाषा को उपयुक्त समझा, कविता और गीतों में उसका प्रयोग किया। खड़ीबोली को विकसित

और समृद्ध करने का उनका एक तरीका यह भी था। इसके अलावा शुरू में ही इस तरफ संकेत कर दिया गया है कि यह काल उनका परिणति-काल है, यानी ऐसा काल, जिसमें उनके सारे पूर्ववर्ती काव्य-प्रयास परिणति प्राप्त करते हैं। अंतिम बात यह कि हिंदी में गंगा-स्तवन की एक परंपरा रही है। गंगा का हिंदू धर्म में बहुत ज्यादा महत्व है। स्वभावत: कवियों ने गंगा को विषय बनाकर काव्य लिखे हैं और उसका स्तवन किया है। यहां भारतेंदुयुगीन कवि 'प्रेमघन' की 'श्री गंगा स्तुति' स्मरणीय है, जो प्राय: लीला छंद में ही रचित है, यथा 'जय जय जग जननि गंग। / सोभा तरलित तरंग।' निराला के गंगा-स्तवन को इसी परंपरा का अंग मानना चाहिए।

टेक की पंक्तियों में वे गंगा को पतितों का उद्धार करने वाली कहते हैं, साथ ही यह कि वह निर्मल जल के साथ सुंदर क्रीड़ा करने वाली है! पहली पंक्ति में जहां सिर्फ एक पौराणिक मान्यता का उल्लेख है, वहां दूसरी पंक्ति में तरंगायित गंगा का दृश्यांकन है। कवित्व इस दृश्यांकन में ही है। शब्द-योजना इतनी संगीतपूर्ण है कि उससे कानों में आपस में टकराती हुई तरंगों का कोलाहल भर जाता है। गंगा का जल उज्ज्वल होता है, इसलिए 'निर्मल' विशेषण उपयुक्त है और वह 'पतित पावनी' के भी मेल में है। तुकों के नाद-सौंदर्य के बारे में तो कुछ कहना ही नहीं है।

पहले बंद में गंगा की उत्पत्ति,फैलाव और युवती के रूप में उसके सौंदर्य का वर्णन है। 'कनकाचल' का प्रयोग यहां हिमालय के लिए ही हुआ है, क्योंकि उस पर जब प्रात:कालीन सूर्य की स्वर्णिम किरणें पड़ती हैं, तब वह सोने के पर्वत के रूप में दिखलाई पड़ता है। सोना ऐसे भी पवित्र धातु है, इसलिए उससे फूटने वाली गंगा स्वभावत: धुली हुई यानी स्वच्छ है। हिमालय से निकलने के बाद वह सैकड़ों जनपदों से मुखरित होती हुई अपना प्रसार करती है, यानी मैदानी इलाके में आकर उसका पाट चौड़ा हो जाता है। 'प्रगद' शब्द 'गद्' धातु से बना हुआ है, जिसका अर्थ है कहना, बोलना आदि। गंगा परम रूपवती भी मानी गई हैं। शांतनु ने उन्हें अपनी पत्नी बनाया था, यह पौराणिक प्रसंग सर्वविदित है। यह प्रसंग यह भी सूचित करता है कि उन्होंने जब अपने वचन की रक्षा नहीं की, तो वे कामजनित सुख का उत्सर्ग कर पुन: जल में विलीन हो गईं। निराला जब गंगा की प्रशस्ति में यह कहते हैं कि 'मदन मद न कभी तुली', तो उसका यही मतलब है कि गंगा सुंदरी तो थीं, पर काम के मद में कभी न आईं, उसे हमेशा अपने वश में रखा, उसके हाथों कभी नहीं बिकीं। उनकी सुंदरता का क्या कहना, जल के बहाव से जो लताएं बनती हैं, वह उनकी भौंहों की भंगिमाएं हैं! इस बंद में शब्दालंकार से पैदा होने वाला नाद बहुत प्रकट है। 'कनकाचल-विमल', 'जनपद-प्रगद', 'मदन मद न' और 'भ्रू-भंगे'—विभिन्न प्रकार के इन शब्दालंकारों ने इस बंद को स्तोत्रोचित ध्वनि-सौंदर्य प्रदान किया है। 'मद' के बाद 'से' विभक्ति-चिह्न का प्रयोग न होने से वाक्य में संकुचन भी आया है।

दूसरे और अंतिम बंद में कवि का कहना है कि देवताओं से लेकर मनुष्यों तक और ऋषि-मुनियों से लेकर राक्षसों तक गंगा के स्तुतिकर्ता फैले हुए हैं। वे अनेक गीत-निबद्ध स्वरों में उसका स्तवन करते हैं। उसकी जल की धारा बादलों के समान गर्जन करती है! गंगा के हाथों के लिए सब कुछ सुकर है। वह अपना हाथ बढ़ाकर कोई भी ध्वंस या निर्माण-कार्य कर सकती है—बाढ़ की विनाश-लीला से लेकर अनुर्वरा भूमि को उर्वरा बनाने तक। यह इतिहास-सम्मत तथ्य है कि उत्तर भारत में सभ्यता का प्रसार गंगा और सिंधु नामक नदियों द्वारा उपजाऊ बनाई गई भूमि से हुआ है। कवि गंगा को संबोधित कर कहता है कि तुम ऐसे समर्थ हाथ वाली हो!

इस बंद की आरंभिक दो पंक्तियों के साथ अंतिम पंक्ति भी ह्रस्व वर्णप्रधान है, जिससे उनमें एक गति है, समतल में प्रवाहित गंगा की धारा के समान। उनमें 'र' वर्ण का जो बाहुल्य है, वह उन्हें संगीतपूर्ण बनाता है। उसमें योग देने वाली अनुप्रास-योजना 'स्तव' और 'रव' तथा 'मुखर' और 'सुकर' के बीच की है। तीसरी पंक्ति 'जल-धारा-धाराधर' विषय के अनुरूप ओजपूर्ण है, स्वभावत: महाप्राण सघोष वर्ण 'घ' की आवृत्ति से युक्त, जिसमें अल्पप्राण सघोष वर्ण 'ल' और 'र' के साथ 'आ' इस दीर्घ स्वर की भी आवृत्ति है। 'जल-धारा-धाराधर-मुखर' में जो चित्र है, वह तो जोरदार है ही। गंगा के समर्थ हाथों की कल्पना भी वैसी ही है। स्पष्ट है कि निराला ने कुछ पुरानी कलाओं को छोड़ भले दिंया हो, पर वे उन्हें भूले नहीं हैं।

पुरानी शैली का ही उनका 'अर्चना' से ही लिया गया यह गीत भी है :

मां, अपने आलोक निखारो,
नर को नरक-त्रास से वारो।

विपुल दिशावधि शून्य वर्गजन,
व्याधि-शयन जर्जर मानवंमन,
ज्ञान-गगन से निर्जर जीवन
करुणाकरों उतारो, तारो।

पल्लव में रस, सुरभि सुमन में,
फल में दल, कलरव उपवन में,
लाओ चारु-चयन चितवन में,
स्वर्ग धरा के कर तुम धारो।

कहा जा चुका है कि विवेकानंद में ईश्वर के प्रति पितृभाव की अपेक्षा मातृभाव की प्रधानता थी और वही बात निराला के साथ भी है। स्वभावत: वे उसे 'मां' कहकर संबोधित करते हैं, जोकि शक्ति के अलावा और कोई नहीं, और उनके सामने अपनी याचनाएं रखते हैं। सबसे पहले वे उनसे कहते हैं कि वे अंधकार में पड़े हुए लोगों को

अपने प्रकाश से निखार दें। यह अंधकार नरक का है। वे उन्हें नरक के भय से मुक्त करने की भी उनसे प्रार्थना करते हैं। अपने प्रकाश से निखारने वाली बात अद्‌भुत है, जैसे वह रंगमंच के पात्रों पर फेंका जा रहा हो। 'नर', 'नरक' और नरक का 'त्रास' भी कोई अमूर्त चीजें नहीं। नर साधारण भारतीय जन है, नरक स्वतंत्रता-प्राप्ति के बाद का भारत और त्रास उस भारत की स्थिति से जनता के मन में पैदा हुआ डर। टेक की पंक्तियों में 'आलोक' के बाद 'से' विभक्ति-चिह्न का प्रयोग नहीं करना इस बात का सूचक है कि खड़ीबोली में फैलने की जो प्रवृत्ति है, उसे कम करने का निराला का प्रयास जारी है, और 'नर' के साथ 'नरक' का जो संयोग है, वह खड़ीबोली को भी ब्रजभाषा की तरह संगीतपूर्ण देखने की उनकी इच्छा का परिणाम है। जब रामचरितमानस में तुलसीदास की अवधी और 'विनयपत्रिका' में उनकी ब्रजभाषा संगीतपूर्ण हो सकती है, तो निराला की खड़ीबोली क्यों नहीं? 'वारो' का अर्थ है 'निवारण करो'।

पहले बंद में भी वे सामान्य ढंग से ही बातें करते हैं, 'वर्गजन' और 'मानवमन' की, लेकिन उनके ध्यान में वस्तुत: विभिन्न वर्गों में बंटी हुई भारतीय जनता और उसका मन है। कहते हैं, लोगों को न देश का बोध है, न काल का। भवभूति की वह उक्ति प्रसिद्ध है, जिसमें उन्होंने कहा है कि काल निरवधि है और पृथ्वी विपुल। निराला 'विपुल' और 'अवधि' दोनों शब्द वहां से लेते हैं, लेकिन विपुल को जहां 'दिशा' अर्थात देश के विशेषण के रूप में प्रयुक्त करते हैं, वहां 'अवधि' का प्रयोग सीधे काल के लिए करते हैं। लोगों के देश-कालशून्य होने का मतलब है उनका अज्ञानी होना। वे अज्ञानी ही नहीं हैं, मन से रोग-शय्या पर पड़े हुए यानी बीमार और खस्ताहाल भी हैं। निराला चाहते हैं कि शक्ति अपने करुणापूर्ण हाथों से ज्ञानरूपी आकाश से जरारहित जीवन को उतारकर लोगों का उद्धार करें। बंद के आरंभिक दो चरणों की भाषा बिलकुल 'गीतिका' वाली है। उसी तरह संस्कृतनिष्ठ और शब्दों से वाक्यों का काम लेने वाली। ईश्वर और देवी-देवताओं के हाथ को 'वरद' कहा जाता है। निराला उन हाथों का अपनी कल्पना की सहायता से भिन्न इस्तेमाल करते हैं। शक्ति से उनका निवेदन है कि वे अपने हाथों से ज्ञान-गगन से निर्जर जीवन को भारतीय जनता के लिए उतारें। जीवन का विशेषण 'निर्जर' बहुत अच्छा है, साथ ही बहुत संगीतात्मक है 'उतारो' और 'तारो' का यमक अलंकार, जो भाषा में स्वयं उतर आया है। 'करुणाकरों' के बाद 'से' विभक्ति का लुप्त रहना भी उक्ति के सौंदर्य को बढ़ाता है, घटाता नहीं। लोग अज्ञानी हैं, निराला चाहते हैं, उन्हें विस्तृत देश-काल का ज्ञान प्राप्त हो, जिससे उन्हें नया जीवन मिले। स्पष्टत: उनके ध्यान में भारत की निरक्षर और मूढ़ जनता है। उन्हें इस बात की गहरी पीड़ा है कि स्वतंत्र भारत में उसे शिक्षित बनाने के लिए जैसा उद्योग किया जाना चाहिए था, नहीं किया जा रहा। हारकर वे उद्धार के लिए शक्ति को पुकारते हैं! शक्ति कुछ नहीं कर सकतीं, लेकिन उनके आह्वान से उनके चिंतन और गहरी आकांक्षा का पता तो

चलता है, साथ-साथ यह कि उनकी प्रतिश्रुति क्या थी। कविता में मूल्य उसी का है।

दूसरे बंद के आरंभिक दो चरण बहुत ही मोहक हैं, जिनमें शक्ति से यह याचना की गई है कि वे पत्तों को रस प्रदान करें, जिससे वे हरे दिखलाई पड़ें, फूलों को सुगंध, फलों को भरपूर गूदा और बगीचों को चिड़ियों की चहचहाहट। तात्पर्य यह कि निराला मनुष्य से लेकर प्रकृति तक को सुंदर और समृद्ध देखना चाहते हैं। अगले चरण में वे कहते हैं कि शक्ति ऐसा करें कि हमारी दृष्टि में सुंदर दृश्य ही आएं, असुंदर दृश्य भारत-भूमि से उठ जाएं। यह तो उस पर स्वर्ग का अवतरण होगा। अकारण नहीं कि अंत में वे यह कहते हैं कि वे पृथ्वी के हाथों से स्वर्ग को धारण करें, यानी स्वर्ग पृथ्वी के करगत हो। इस बंद में जो रचाव है, वह सुरभि-सुमन, फल-दल-कल और चारु-चयन-चितवन में देखने को मिलता है। 'फल' के रूप में अन्न को लाकर निराला ने इस वर्णन में ताजगी भर दी है। कहा जा सकता है कि यह उनकी भारत-भूमि को 'शस्य-श्यामला' देखने की आकांक्षा है। 'भारति; जय, विजयकरे!' गीत में भी उन्होंने भारत-लक्ष्मी के हाथ में अनाज की पकी हुई बालियों का कमल धारण कराया है। 'लाओ चारुचयन चितवन में' यह उनका खास प्रयोग है, जो 'गीतिका' के गीत 'स्पर्श से लाज लगी' में भी दिखलाई पड़ता है : 'प्रेम-चयन के उठा नयन नव'। ऐसे प्रयोग पर उस गीत की व्याख्या के क्रम में विचार किया जा चुका है। 'स्वर्ग धरा के कर तुम धारो' इस चरण के संबंध में दो बातें हैं। एक तो यह कि 'कर' के बाद 'से' विभक्ति को लाकर इसे पढ़ना चाहिए, जिससे अर्थ-बोध में कठिनाई न हो, दूसरे, 'धरा' को 'धारो' संतुलित करता है, इस पर ध्यान देना चाहिए, जिससे कि इस चरण में महाप्राण सघोष वर्ण 'ध' से उत्पन्न होने वाला गंभीर संगीत-स्वर प्रकट हो जाए।

चौथा धार्मिक गीत 'आराधना' से लिया गया है और वह इस तरह है :

> सुख का दिन डूबे डूब जाय।
> तुमसे न सहज मन ऊब जाय।
>
> खुल जाय न मिली गांठ मन की,
> लुट जाय न उठी राशि धन की,
> धुल जाय न आन शुभानन की,
> सारा जग रूठे रूठ जाय।
>
> उलटी गति सीधी हो न भले,
> प्रति जन की दाल गले न गले,
> टाले न बान यह कभी टले,
> यह जान जाय तो खूब जाय।

यह शुद्ध खड़ीबोली का गीत है, जिसमें 'राशि' और 'शुभानन' इन दो शब्दों को छोड़

दें, तो बाकी सारे शब्द सामान्य व्यवहार के हैं। उक्त दोनों शब्द भी कठिन नहीं। लेकिन इस गीत के आशय में बहुत गहराई है। वाक्य पूरे-पूरे हैं, यह साफ है।

टेक की पंक्तियों में निराला अपने आराध्य से कहते हैं कि सुख के दिन चले जाने पर भी, यानी दुःख के दिनों में भी, वे उन्हें याद करते रहें और उनका मन आसानी से उनसे न ऊबे। आचार्य रामचंद्र शुक्ल ने कहा था कि 'समय बीता जाता है' यह ऐसा वाक्य है, जिससे सिर्फ अर्थ-ग्रहण होता है, लेकिन 'समय भागा जाता है' इस वाक्य में एक बिंब है, भागते हुए व्यक्ति का। टेक की पहली पंक्ति भी बिंबात्मक है, क्योंकि निराला ने दिन के बीतने की नहीं, डूबने की बात कही है। उससे सूर्यास्त का बिंब सामने आ जाता है। कवि की आध्यात्मिक निष्ठा के बारे में कुछ कहने की जरूरत नहीं। उसकी गहनता का पता तो टेक की ये दोनों ही सरल पंक्तियां दे रही हैं, जैसे पारदर्शी जल अपनी गहराई का पता देता है।

पहले बंद में कवि यह कहता है कि अपने आराध्य से उसकी जो गांठ जुड़ी हुई है, वह किसी भी हालत में न खुले। साथ-साथ नीचे से उसने जो धन-राशि उठाई है,वह भी उससे न छिने। 'विनयपत्रिका' के अपने एक प्रसिद्ध पद में तुलसीदास ने कहा है : 'पायो नाम चारुचिंतामनि उर कर ते न खसैहौं'। दोनों जगह उसे न गंवाने की बात है। इस बंद की तीसरी पंक्ति पूरे गीत में लौ की तरह बल रही है, अपना उज्ज्वल आलोक फैलाती। निराला निवेदन करते हैं कि जो भी हो, 'शुभानन' की आन न धुले, यानी वह उनसे न छूटे। शुभानन उनके आराध्य हैं, जिससे यह भी व्यंजित है कि वे साकार हैं, निराकार नहीं। मतलब यह कि निराला भक्त की ही भूमिका में हैं। 'शुभानन', जिसका अर्थ यह है कि जिसके मुख के दर्शन से भला ही घटित होता है, बुरा नहीं, पूरे गीत के स्तर को बहुत ऊपर उठा रहा है। कहां से ऐसी शक्ति आई इस एक शब्द में? उसका स्रोत निराला का भक्ति-विह्वल हृदय है। वे अपनी टेक को सारी दुनिया की परवाह छोड़कर निभाने को उद्यत हैं। दुनिया उसके लिए उनसे रूठती है, तो रूठे, उन्हें उसकी चिंता नहीं। आन के न छूटने के लिए उसके न 'धुलने' की जो बात कही गई है, उसके पीछे पक्का रंग है, यानी वह रंग इतना पक्का हो कि कितनी कोशिश करने पर भी न धुले। 'आन' का ध्वनि-साम्य 'शुभानन' से है, यह भी इस पंक्ति के सौंदर्य का एक कारण है।

दूसरा बंद अधिक गहन है। निराला अपनी गति को उलटी समझकर उसे सीधी करना चाहते हैं। इसी तरह वे यह भी इच्छा रखते हैं कि उनसे प्रत्येक-व्यक्ति अपना स्वार्थ सिद्ध कर सके। कहते हैं कि मेरे ये उद्दिष्ट मुझे न प्राप्त हों, तब भी अपने आराध्य की आराधना की बान मुझसे न छूटे। जब उनके आगे आत्मार्पण ही करना है, तो उसमें कमी क्यों हो? ये प्राण न्योछावर हों,तो खूब अच्छी तरह, कोताही के साथ नहीं। 'उलटी गति सीधी हो न भले' इसकी अनुगूंज इसी काल में रचित निराला के इस गीत

में भी सुनाई पड़ती है : 'सीधी राह मुझे चलने दो'। वे चाहते हैं कि रास्ते ऐसे सरल हों कि उनमें जो भी चाहे उसकी दाल गल जाए। उनकी यह उक्ति उनकी इस इच्छा को प्रतिध्वनित करती है कि 'जग-ठग को प्रेयसी रात दो, / मुझको कविता का प्रपात दो'। 'अर्चना' के कई गीतों में उन्होंने इस बात पर दु:ख प्रकट किया था कि ठगों ने उन्हें रास्ते में लूट लिया, लेकिन अब वे चाहते हैं कि ठग उन्हें जितना चाहते हैं, लूटें। संसाररूपी ठग को लूटने में सुविधा हो, अत: वे उसके लिए सरस्वती से उसकी प्रिय रात की मांग करते हैं और अपने लिए सिर्फ कविता की अजस्र धारा की। नागार्जुन का एक आत्मपरक गीत है 'इन सलाखों से टिकाकर भाल', जिसमें वे इस बात पर बहुत चिंता प्रकट क़रते हैं कि 'और भी तो पकेंगे कुछ बाल / जाने किसकी / जाने किसकी / और भी तो गलेगी कुछ दाल'। निराला की स्थिति इसके ठीक उलट है।

ऊपर कहा गया है कि यह शुद्ध खड़ीबोली का गीत है। यह और बातों से तो सिद्ध है ही, दूसरे बंद की अंतिम दोनों पंक्तियों में प्रयुक्त 'बान' और 'जान' जैसे शब्दों से भी सिद्ध है। डा. रामविलास शर्मा का कहना है कि अंतिम दौर में निराला शब्दों का चुनाव नहीं करते, जो शब्द उनके हाथ में आ जाते हैं, उन्हीं से काम चलाने की कोशिश करते हैं। बात केवल शब्दों की नहीं, वाक्यों की भी है, बल्कि पूरी भाषा की। इससे उनकी अभिव्यक्ति में विषमता भले आई हो, पर उससे नए रस का जो संचार हुआ है, हमें वह भी देखना चाहिए। महत्वपूर्ण यह है कि वह रस प्राय: खड़ीबोली का है, खड़ीबोली के कई रूपों का, और उसके आगे 'गीतिका' के गीतों का रस फीका साबित होता है।

निराला का अंतिम अनूठा धार्मिक गीत है '*तुम्हारी हवा से सोए*'। ज्ञातव्य यह है कि इसके दो पाठ मिलते हैं। पहला पाठ 'सांध्य काकली' में संकलित है और दूसरा 'निराला रचनावली' के दूसरे खंड में। मैंने 'रचनावली' वाला दूसरा पाठ 'साप्ताहिक हिंदुस्तान' के 5 अक्तूबर 1958 के अंक से प्राप्त किया था, जिसमें यह गीत प्रकाशित हुआ था। यह पाठ परवर्ती होने के कारण पहले पाठ की तुलना में बहुत ज्यादा बेहतर है। ऐसा प्रतीत होता है कि मूल पाठ तो निराला की कापी में रह गया और परवर्ती पाठ उन्होंने 'साप्ताहिक हिंदुस्तान' को भेज दिया, जिससे वह 'सांध्य काकली' में आने से रह गया और कापी के आधार पर उसमें पहला ही पाठ दिया गया। ऐसा उनके परवर्ती गीतों में से कुछ और गीतों के साथ हुआ है। इससे इस बात का खंडन होता है कि वे अंतिम दिनों में अपनी रचना के साथ श्रम नहीं करते थे और उसमें एक तरह से उनका मानसिक आलस्य बोलता था। पं. नंददुलारे वाजपेयी की तरह मैं मानसिक विक्षेप तक जाने की बात तो सोच भी नहीं सकता, मुझे तो मानसिक आलस्य वाली बात भी स्वीकार नहीं। मैं जिस नतीजे पर पहुंचा हूं, वह यह है कि निराला अंत-अंत तक बहुत ही सजग कवि थे और अपनी प्रत्येक रचना के साथ घनघोर श्रम करते थे, भले वह कापी

पर प्रत्यक्ष न हो। वे बहुत सूक्ष्मता से उसका परीक्षण करते थे और जब कभी आवश्यक होता था, उसमें संशोधन कर देते थे। इसके बाद भी विद्वानों को उनकी रचना में कहीं शिथिलता या अभिव्यक्ति के स्तर में विषमता दिखलाई पड़ती है, तो मानकर चलना चाहिए कि वह उसमें जानबूझकर लाई गई है। निराला पूर्णत: सजग अभी भी हैं, पर दूसरी जगह, जहां कविता की सच्ची सर्जनशीलता स्थित होती है, उस जगह नहीं, जहां उसकी गौण बातों को महत्व प्राप्त है।

'तुम्हारी हवा से सोए' गीत इस प्रकार है :

तुम्हारी हवा से सोए,
तुम्हारी हवा से जागे।
तुम्हारे रव सुने, सूने
सदन में चरण अनुरागे।

नयन-तारक दिखे उज्ज्वल,
हंसी से प्रभाकर झलमल;
तुम्हारे रूप से निखरे
निकर जग चराचर लागे।

पराजय लाख, लाखों जय,
तुम्हारे चरण के संचय;
कृतोभय जगह पाकर,
मृण्मयी के खड़े हैं आगे।

हवा से सोने-जगने की बात पर 'पदमावत' की यह अर्धाली याद आती है : 'सुआ क बोल पवन होइ लागा। उठा सोइ, हनुवंत अस जागा।' इस गीत की टेक की आरंभिक दो पंक्तियों का अर्थ स्पष्ट है। शक्ति का भाव निराला पर इस कदर छाया हुआ है कि वे उसी के सुलाए सोते और उसी के जगाए जगते हैं। पहले पाठ से भी इसकी पुष्टि होती है : 'तुम्हारे भाव में सोए, / तुम्हारे भाव में जागे'। चूंकि ये पंक्तियां उनकी गहरी तन्मयता का परिचय देते हुए भी सपाट हैं, इसलिए उन्होंने उन्हें बदल दिया और उनके स्थान पर अद्‌भुत चित्रात्मक पंक्तियां रचीं। 'तुम्हारी हवा से सोए, / तुम्हारी हवा से जागे'—लगता है, उक्ति में जान पड़ गई है और वह वायु जैसी ही गतिशील हो उठी है। बाकी दो पंक्तियों में वे यह कहते हैं कि उन्होंने अपनी आराध्या की आवाज सुनी, तो उनके चरणों की स्तुति शुरू कर दी, जिससे उनका सूना घर भी गूंज उठा। 'चरण अनुरागे' इस उक्ति में नामधातु के प्रयोग का सौंदर्य तो है ही, अभिव्यक्ति के लाघव का भी सौंदर्य है। 'सुने' और 'सूने' में छेकानुप्रास है, जो कवि की सृजन-चेतना की निष्कंपता का अचूक प्रमाण है। लेकिन बड़ी बांत इन पंक्तियों में यह है कि सुबह के

वक्त वह हवा के झोंके से जगा है, तो उसकी ध्वनि भी सुनी है। जाहिर है कि वह आराध्या की ध्वनि है। उससे विह्वल होकर वह उसके चरणों की वंदना करने लगा है, जिससे उसके घर का सन्नाटा भी टूट गया है।

पहले बंद में निराला शक्ति से कहते हैं कि उन्हीं की हंसी से सूर्य झलमला रहा है और उसकी पुतलियां चमक रही हैं। उस सूर्य के प्रकाश से निखरे हुए इस संसार के चराचर-निकर अर्थात जीव-जंतु और वनस्पति-समूह उनके दिव्य रूप से लग्न हो गए हैं, अर्थात उसकी आराधना करने लगे हैं। 'लग्न हुए' की जगह 'लागे' इस भदेस हिंदी के प्रयोग में कैसी तन्मयता और मिठास है, बतलाया नहीं जा सकता। यह एक शब्द पूरे बंद को भक्ति के रस में पूरा का पूरा बोर देता है। 'आराधना' के एक गीत में निराला ने 'लाग' इस संज्ञापद का प्रयोग किया है, यथा 'तुमसे *लाग* लगी जो मन की / जग की हुई वासना बासी'। भक्ति जैसे चित्त को सरल कर देती है, वैसे ही अभिव्यक्ति को भी।

अंतिम बंद में वे कहते हैं कि जय-पराजय तो शक्ति के चरणों की देन है। उन्हें जगह मिल गई है कि वे उनके आगे खड़े हो सकें, फिर किसी तरह का भय क्यों? अंतिम दो पंक्तियां बेजोड़ हैं, जो पहले की सभी अभिव्यक्तियों से इस बंद को ऊपर उठा देती हैं। शक्ति या दुर्गा की मिट्टी की प्रतिमा बनाई जाती है, इसलिए कवि उन्हें 'मृण्मयी' कहता है और उसी प्रतिमा के आगे खड़े होने का दृश्य उपस्थित करते हुए निवेदन करता है : 'कुतोभय जगह पाकर, / मृण्मयी के खड़े हैं आगे'। जो अदृश्य है, उसे पूरी नाटकीयता से दृश्य बना देना कविकर्म की सबसे बड़ी सफलता है, जो निराला के हमेशा करगत रहती है। यदि उनमें यह क्षमता नहीं होती, तो उनके गीत न प्रभावशाली हो पाते, न सूर-तुलसी के पदों से तुलनीय। 'कुतोभय' यह संस्कृत शब्द उक्ति में अपेक्षित गंभीरता लाने के साथ भक्तहृदय की निष्ठा और विश्वास का पाठकों को पूरा परिचय दे देता है। ऐसा ही 'मृण्मयी' शब्द का प्रयोग भी है, पूरे लाघव के साथ। यदि निराला ने 'मृण्मयी' की जगह 'चिन्मयी' लिखा होता, तो अभिव्यक्ति की नाटकीयता ही समाप्त नहीं हो जाती, उसके साथ उसका प्रभाव भी समाप्त हो जाता, क्योंकि 'मृण्मयी' जितना ही मूर्त है, 'चिन्मयी' उतना ही अमूर्त। फिर 'मृण्मयी' के साथ आराधना का एक संदर्भ भी लगा है, जो बहुत ही ठोस है। 'चिन्मयी' पर 'मृण्मयी' के प्रयोग की प्रमुखता को समझना निराला की कविता के मर्म को समझना है।

5

अब हम उनके गीतों के प्रिय विषय प्रकृति से संबंधित इस दौर के उनके कुछ गीतों पर विचार करें। सर्वप्रथम 'आराधना' से संकलित यह ऋतु-गीत, जिसमें शरद का वर्णन है :

ओस पड़ी, शरद् आई
हरसिंगार मुसकाई।

बादल वे बदल गए,
कटे-छटे, नए-नए,
नभ में आए, उनए,
बंद हुई पुरवाई।

जुही आन-बान भरी,
चमेली जवान परी,
मालती खिली, निखरी,
शीत हवा सरसाई।

नद के उद्गार घटे,
निकले तट कटे-छटे,
गीले और कीचपटे,
फैली हल-चलवाई।

केदारनाथ सिंह ने अपने एक लेख में कहा है कि जब वे गांव में प्राथमिक विद्यालय के छात्र थे, उसमें मध्यावकाश तब होता था, जब दुपहरिया के फूल खिल जाते थे। यह प्रकृति से जुड़ा हुआ मनुष्य का समय-बोध था, जो अब समाप्त होता जा रहा है। प्रकृति से सर्वाधिक जुड़ा हुआ समय-बोध किसानों का था। वे उसके जीवित संपर्क में थे, बल्कि कभी-कभी तो उसी का अंग प्रतीत होते थे। चूंकि निराला की मूल संवेदना किसानों वाली थी, इसलिए उन्हें भी समय या ऋतु-बोध प्रकृति को देखकर ही होता था, समय-सारणी या कैलेंडर देखकर नहीं। स्वभावत: शरदागम की सूचना उन्हें ओस पड़ने से मिलती है। ओस पड़ना शुरू होने का किसानों के लिए साफ मतलब था वर्षाऋतु का खात्मा और क्वार का आना। इस गीत में वे बिलकुल किसानों की तरह कहते हैं कि अब शरद ऋतु आ गई, क्योंकि ओस गिरने लगी। इस ऋतु में हरसिंगार के फूल खिलते हैं। निराला का इस फूल से पुराना रिश्ता रहा है। कहते हैं, हरसिंगार मुस्कुरा उठी। डा. रामविलास शर्मा ने 'हरसिंगार' का स्त्रीलिंग में प्रयोग देखकर गीत की दूसरी पंक्ति का यह अर्थ किया है कि शरद हरसिंगार में मुस्कुरा पड़ी है। ज्ञातव्य है कि दूसरी पंक्ति का वाक्य पूर्ण है और पहली पंक्ति के वाक्य से उसका ऐसा संबंध नहीं कि उसका कर्ता 'शरद' हो। यदि ऐसा होता, तो पहली पंक्ति के बाद पूर्ण विराम न होकर अल्पविराम होता। 'हरसिंगार' के स्त्रीलिंग में प्रयोग का दूसरा कारण है। वह है उसकी एक नायिका के रूप में कल्पना करना। चूंकि हरसिंगार मानवीकृत है, इसीलिए उसके मुस्कुराने की बात कही गई है, वरना उसके 'खिलने' की बात कही जाती। उसके फूल चूंकि छोटे-

छोटे होते हैं, इसलिए उनके खिलने को उसका मुस्कुराना कहना अत्यधिक संगत ही नहीं, कवित्वपूर्ण भी है। निराला का यह काव्य-विवेक लक्ष्य करने योग्य है।

पहले बंद में वे बादलों और हवा के बारे में कहते हैं। शरद ऋतु में ये दोनों ही बदल गए हैं। वर्षा ऋतु के काले-काले बादल चले गए हैं और नए-नए सफेद बादल आ गए हैं। ये आकाश में यत्र-तत्र टुकड़ों के रूप में दिखलाई पड़ रहे हैं, सिमटे हुए। इसीलिए 'कटे-छटे' हैं। नीचे भी झुक आए हैं। तुलसीदास ने तो उनके बरस जाने का भी जिक्र किया है : 'कहुं-कहुं वृष्टि सारदी थोरी'। इस ऋतु में पुरवा का चलना भी बंद हो जाता है, जिससे हवा में तरावट की जगह एक खुश्की आ जाती है। अंत में स्वभावतः निराला कहते हैं : 'बंद हुई पुरवाई'।

आकाश के बाद पुनः उनका ध्यान पृथ्वी की ओर जाता है जहां उनकी नजर हरसिंगार के अलावा दूसरे फूलों पर पड़ती है, तो पाते हैं कि यहां भी नजारा कुछ और है। वर्षा ऋतु में खिलने वाली जूही अभी खिल रही है और शरद ऋतु में वह बड़ी सजी-धजी है, ठसक से भरी हुई। चमेली भी उसी की श्रेणी का फूल है। वह तो जवान परी हो रही है, नई सुंदरी। मालती भी केवल खिली हुई नहीं, निखरी हुई है। इस तरह ये तीनों ही फूल मानवीय व्यक्तित्व प्राप्त अतिशय सजीव हैं। पुरवा बंद हो चुकी है, अब खुनकी लिए हवा चलने लगी है, जिसका स्पर्श तन-मन को अच्छा लगता है। यह है, 'शीत हवा सरसाई'। जैसे पहला बंद शरद ऋतु के बदले हुए बादलों के बारे में कवि के निरीक्षण से हमें प्रभावित करता है, यह दूसरा बंद फूलों के साथ उसके गहरे लगाव से। यदि ऐसा न होता, तो उनका वर्णन वह इतनी सजीवता और आत्मीयता से न कर पाता। ऐसी स्थिति में यह समझना गलत है कि प्रकृति के कवि केवल पंत हैं। प्रकृति के प्रति निराला की संवेदना और गहरी थी, जो अंत-अंत तक न केवल बनी रही, बल्कि विकसित भी होती रही।

अंतिम बंद में उनका ध्यान नदियों की तरफ जाता है, बड़ी नदियों की तरफ। बरसात में उनमें बाढ़ आ जाती है, वे जैसे बढ़कर अपना उद्गार प्रकट करती हैं। बरसात के बाद उनका जल अपने पाटों में सिमट आता है और उनके जो किनारे उनके उमड़ने से जल में डूब जाते हैं, कट-छटकर निकल आते हैं। जल में डूबे जाने, उसमें मिट्टी के बह जाने और उसके धक्के लगने से वे पूर्व रूप में न रहकर कटे-छटे रूप में उभरते हैं, यह भी निराला का सूक्ष्म अवलोकन है। ये किनारे गीले भी होते हैं और पंकिल भी, यह भी सही है, क्योंकि जल से अभी-अभी बाहर आए हुए होते हैं। वाल्मीकि जैसे कवियों ने शरद-वर्णन में नदियों के शीर्ण होने और उनके जल के निर्मल होने की बात कही है। निराला का वर्णन युग के अनुरूप अधिक यथार्थवादी है। बंद के अंतिम चरण में उनकी दृष्टि खेतों की तरफ चली जाती है, जैसे वे खेत नदियों की बगल में ही पड़ते हों। वे देखते हैं कि उनमें हल चल रहे हैं। शरद ऋतु रबी की फसल की बुवाई की ऋतु

है। शरदागम के साथ ही किसान खेत तैयार करने लगते हैं और फिर उनमें बीज डालते हैं। भारत जैसे पिछड़े हुए देश में अभी भी ज्यादातर हलों से ही खेतों की जुताई और बुवाई होती है, इसलिए शरद ऋतु के साथ खेतों में हल चलने के दृश्य का लगा रहना स्वाभाविक है। 'फैली हल-चलवाई' इस उक्ति के द्वारा निराला खेतों में हल चलने के दृश्य को चित्रात्मक बना देते हैं। खास बात यह कि शरद के पूरे परिदृश्य में यह दृश्य भी प्रकृति का ही अंग प्रतीत होता है, जैसे केदारनाथ अग्रवाल की एक कविता में पतझड़ के एक ठूंठ पर एक हरा तोता बैठा है,तो लगता है कि उसमें एक हरा पत्ता लगा रह गया है।

यह निराला के सरलतम गीतों में से एक है। सरलता के साथ इसकी बड़ी विशेषता इसमें उनकी प्रकृति-संवेदना की नवीनता है। यह गांव-देहात की ही प्रकृति है, बिलकुल साधारण। शरद के इस वर्णन में हरसिंगार तो है, लेकिन खंजन नहीं,क्योंकि वे कवि को दिखलाई न पड़े। चूंकि यह वर्णन रूढ़िबद्ध नहीं, इसलिए कवि ने उसे छोड़ ही दिया। स्वभावतः यह गीत ताजगी से भरा हुआ है। इसमें इसकी भाषा का बहुत ज्यादा योगदान है, जो संस्कृतनिष्ठता से बिलकुल मुक्त है और जिसमें ब्रजभाषा, उर्दू और बोलचाल की भाषा तीनों के संस्कार मिले हुए हैं। 'उनए' यह ब्रजभाषा से आने वाला प्रयोग है, 'जवान परी' यह उर्दू है और 'हल-चलवाई' जैसे निराला द्वारा गढ़े गए शब्द के पीछे बोलचाल की भाषा की प्रेरणा है। वाक्य बिलकुल खड़ीबोली के हैं। 'कटे-छटे नए-नए, / नभ में आए, उनए' को एक वाक्य समझकर पढ़ने से अभिव्यक्ति की चित्रात्मकता भी स्पष्ट होती है और खड़ीबोली का लचीला अर्थात लयात्मक रूप भी सामने आता है। 'जुही आन-बान भरी' और 'चमेली जवान परी' को भी दो स्वतंत्र वाक्य माना चाहिए, 'मालती खिली, निखरी' की तरह। क्रियारहित वाक्य बोलने में न आते हों, लेकिन लिखने में तो खड़ीबोली में आते ही हैं। कहना आवश्यक नहीं कि भाषा के भाषित और लिखित रूप मिलकर कभी पूर्णतः एक नहीं हो सकते। 'बादल' और 'बदल' तथा 'नए-नए' और 'उनए' में जो चमत्कार है, वह भाषाप्रवाह में स्वयं संभव हुआ है, बाहर से नहीं लाया गया, अतः अभिव्यक्ति की स्वाभाविकता को थोड़ा प्रभावशाली ही बनाता है, उसे आहत नहीं करता। पहले बंद के 'कटे-छटे' को अंतिम बंद का 'कटे-छटे' संतुलित करता है। बादल और बड़ी नदियों के तट दोनों कटे-छटे हैं! क्या कमाल है कि इस गीत में भी 'भारति, जय, विजयकरे!' वाले लीला छंद का ही प्रयोग हुआ है, लेकिन इसमें भाषा-रूप की भिन्नता से उसकी गति बदली हुई है। उसमें थिरकन नहीं है, खाली शरदागम का उल्लास है। टेक की पहली पंक्ति में बारह की जगह तेरह मात्राएं हैं, पर निराला ने उसकी परवाह नहीं की, क्योंकि वे गीतों में छंद पर लय को प्रमुखता देकर चलते हैं। अंत में कहा जा सकता है कि यह गीत वैसा ही पारदर्शी है, जैसा शरदऋतु का जल होता है। कोई चाहे तो इस गीत के आर-पार

देख सकता है। उसमें उसे निराला का संवेदनशील किसान-हृदय दिखलाई पड़ेगा, शरदागम से आनंदित।

अगला गीत भी ऋतु से ही संबंधित है, वर्षा से, उपर्युक्त गीत के करीब चार वर्ष बाद लिखित। यहां 'गीत-गुंज' से लेकर दिया जा रहा है :

मालती खिली,
कृष्ण मेघ की।

छायाकुल हो गई धरा
कर-पीडन से मधुरतरा,—
विपुल पल्लवित मनोहरा,
दृगों से मिली।

स्निग्ध हो गया निदाघ-दाह,
मंद-मंद गंध का प्रवाह,
गली-गली गीला उत्साह,
पत्रिका हिली।

उग आए अंकुर, ज़ीवन,
धान, ज्वार, अरहर औ, सन,
बही पुनः गंध से पवन
पके आम की।

इस गीत की टेक से ही निराला का उल्लास छलका पड़ता है। काले बादल बरस रहे हैं, तो पानी पर उनकी बूंदें मालती के फूलों के समान दिखलाई पड़ रही हैं। उनका मन नाच उठता है और वे कह उठते हैं : 'मालती खिली, / कृष्ण मेघ की'! यह उपमा कितनी सटीक है,यह उस समय बूंदों की आकृति पर गौर करने से ही मालूम होता है, जो बिलकुल मालती के फूलों से मिलती है। बूंदों की कलियों से उपमा निराला ने पहले भी दी थी, यथा 'अणिमा' के 'बादल छाए' शीर्षक गीत में : 'बूंदें जितनी / चुनी अधखिली कलियां उतनी; / बूंदों की लड़ियों के इतने / हार तुम्हें मैंने पहनाए!' इस गीत तक आते-आते वे अधखिली कलियां पूर्णतः खिल गई हैं। यह जरूर है कि कवि के मन में जो चित्र है, उसे ग्रहण करने के लिए पाठकों को अपनी कल्पना को कुछ सक्रिय करना पड़ता है, जैसा कि अनेक श्रेष्ठ कवियों के साथ होता है। निराला के साथ यदि ज्यादा ऐसा करना पड़ता है, तो इसलिए कि वे कम से कम शब्दों का प्रयोग करते हैं और समझ-बूझकर ढेर सारी बातें पाठकों की कल्पना पर छोड़ देते हैं। उनकी कविता के साथ चलने के लिए यह पाठकीय सक्रियता आवश्यक है, यह बात पहले से कही जाती रही है।

गीत के पहले बंद में वर्षा से हरी-भरी बनी पृथ्वी का वर्णन है। ग्रीष्म ऋतु में जैसे पृथ्वी और सूर्य के बीच प्रणय-व्यापार चलता रहा था। अपनी 'वनबेला' शीर्षक कविता में निराला ने कहा है : 'ऊर्जित, भास्वर / पुलकित शत-शत व्याकुल कर भर / चूमता रसा को बार-बार चुंबित दिनकर'। वहां सूर्य अपनी सैकड़ों किरणों से पृथ्वी को चूमता है, जबकि यहां उसने अपने करों से पीड़ित कर उसे और मधुर बना दिया है। जाहिर है, यहां 'कर-पीडन' कुच-मर्दन है। रति-क्रीड़ा से पृथ्वी छविशाली हो उठी है, सघन छांहों वाली और खूब पल्लवित हो उठने से अत्यंत मनोहर भी। पहले लेख में 'गीतिका' के गीत 'रंग गई पग-पग, धन्य धरा' पर विचार किया जा चुका है। उसमें 'चारुतरा' शब्द का भी प्रयोग है और 'मनोहरा' का भी। यहां 'मधुरतरा' शब्द का प्रयोग 'चारुतरा' की पद्धति पर हुआ है, जो संस्कृत का सामान्य प्रयोग है, और 'मनोहरा' यथावत उपस्थित है। कहा जा चुका है कि इस शब्द के प्रयोग के द्वारा प्रकारांतर से निराला अपनी दिवंगता पत्नी मनोहरा देवी को स्मरण करते हैं। इस गीत में वर्षा की मनोहरा पृथ्वी उनकी आंखों से मिल गई है, जैसे आंखें मिलती हैं, यानी वह इतनी मोहक है कि उससे आंखें हटाना मुश्किल है। बंद का प्रत्येक चरण बहुत सशक्त अभिव्यक्ति का उदाहरण है। पृथ्वी का 'छायाकुल' अर्थात छाया-विह्वल हो उठना असाधारण उक्ति है, साथ-साथ सूर्य के 'कर-पीडन' से उसका मधुरतर हो उठना भी। सूर्य पृथ्वी को पीड़ित करता है, लेकिन वह पीड़ा प्रेम की है, इससे ग्रीष्म की प्रचंडता के प्रति भाव बदल जाता है, लेकिन यह बात यहीं तक रहती है, क्योंकि आगे तो स्पष्टत: 'निदाघ-दाह' का वर्णन है। 'विपुल पल्लवित मनोहरा' से लगता है कि रति-क्रीड़ा के बाद पृथ्वी पूरे वस्त्र धारण कर उपस्थित हुई हो। इस पंक्ति में निराला ने बहुत ही अभिजात भाषा का प्रयोग किया है। 'दृगों से मिली' भी साधारण प्रयोग नहीं।

दूसरे बंद में ग्रीष्म के दाह के स्निग्ध हो जाने की बात है। अपनी अंतिम कविता 'पत्रोत्कंठित जीवन का विष बुझा हुआ है' में भी निराला कहते हैं, अपने जीवन के संदर्भ में, कि 'स्निग्ध हो चुका है निदाघ'। निदाघ-दाह के स्निग्घ हो जाने का मतलब है उसकी क्रूरता या कठोरता का समाप्त होना। दाह अभी भी है, पर वह स्नेह-युक्त है। वर्षा में असंख्य फूल खिलते हैं। हवा मंद-मंद गंध को बहाकर ला रही है। गलियों में उत्साह उमड़ रहा है। वर्षा के जल ने जैसे उत्साह को भी गीला या आर्द्र बना दिया है। यह 'गीला' 'गली-गली' से ध्वनि-साम्य रखने के कारण आया है, पर 'स्निग्ध' के मेल में है, यह ध्यातव्य है। जब फूलों का जिक्र आया है, भले परोक्ष रूप में, तो पत्तियों को भी आना ही चाहिए। वर्षा का जल पाकर वृक्षों की छोटी-छोटी पत्तियां अब बढ़कर हिलने लगी हैं। 'पत्रिका हिली'—यह कितना सुंदर वर्णन है, सहृदय पाठक अनुभव करेंगे। यह वर्णन कवि की सूक्ष्म निरीक्षण-क्षमता भी प्रकट करता है, उसकी विलक्षण संवेदनशीलता का भी पता देता है और अद्‌भुत रूप से चित्रात्मक भी है।

अंतिम बंद में निराला पुनः अपने ग्रामीण संस्कारों का परिचय देते हैं। तात्पर्य यह कि वर्षा से जो बोए हुए बीज अंकुरित हो उठे हैं और धान, ज्वार, अरहर तथा पटसन की फसलों में जो जान आ गई है, वह उन्हें और आनंदित करता है। अंतिम चित्र तो मन को मस्त कर देने वाला है, क्योंकि इस बार हवा पके आमों की खुशबू उड़ा लाई है! 'गंध से' का मतलब है 'गंध से युक्त होकर'।

इस गीत की टेक की पंक्तियां आठ-आठ मात्राओं की हैं, तीनों बंदों की अंतिम पंक्तियां भी। यह छवि नामक छंद है, जो उल्लास की अभिव्यक्ति के लिए उपयुक्त है, कहना चाहिए, मन में उठने वाली छोटी-छोटी तरंगों की अभिव्यक्ति के लिए। पहले और तीसरे बंद में प्रयुक्त छंद चौदह मात्राओं का है, लीला छंद में दो और मात्राएं जोड़कर बनाया गया, लेकिन दूसरे बंद में पंद्रह मात्राओं वाले छंद का प्रयोग हुआ है, जो फिर इस बात का साक्ष्य प्रस्तुत करता है कि गीतों में निराला लय की जितनी चिंता करते हैं, उतनी छंद की नहीं। यह छंद उन्होंने लीला छंद में तीन मात्राएं मिलाकर बनाया है।

यह गीत 'गीतिका' की शैली का मालूम पड़ता है, लेकिन इसकी टेक की पंक्तियों में जो बिंब है, वह कवि की परवर्ती संवेदना की देन है। आरंभिक दो बंदों की भाषा—शब्द और वाक्य-विन्यास—बिलकुल 'गीतिका' वाली है, यद्यपि 'पत्रिका हिली' का बिंब नया है। अंतिम बंद इस गीत को नया बनाता है, यद्यपि उसका वाक्य-विन्यास बहुत कुछ पुराना है। दूसरे चरण में 'सन' के बाद 'में' की विभक्ति अपेक्षित थी, लेकिन भाषा को संकुचित करने के लिए निराला ने उसका प्रयोग नहीं किया। 'बेला' की एक गजल में उन्होंने कहा था कि 'संकोच को विस्तार दिए जा रहा हूं मैं'। उसके लिए उन्होंने प्रयास भी किया, जिस क्रम में उनकी भाषा बहुत कुछ बदल गई, वह खड़ीबोली के प्रकृत रूप की तरफ बढ़ी, लेकिन सच्चाई यह है कि उनकी असली प्रवृत्ति भाषा ही नहीं, संपूर्ण अभिव्यक्ति के क्षेत्र में विस्तार को संकोच देने की है। इसका सबसे बड़ा प्रमाण उनकी मध्यवर्ती कविताएं हैं, जिनमें भाषा सरल है, खड़ीबोली के वाक्य भी हैं, लेकिन अभिव्यक्ति में केंद्रिकता अथवा सिमटाव बना हुआ है। प्रस्तुत गीत का भाव और भाषा दोनों निराला के काव्य-विकास के संबंध में कोई सरल निष्कर्ष निकालने से रोकते हैं और उसे उसकी संपूर्ण पेचीदगी के साथ समझने का आग्रह करते हैं।

अगला गीत पुनः शरद ऋतु से ही संबंधित है, लेकिन पहले गीत की तुलना में आकार में छोटा और बहुत ही प्यारा। इसकी ताजगी मन को बेहद तरोताजा कर देती है। यह 'गीत-गुंज' में संकलित है और इस तरह है :

शरत की शुभ्र गंध फैली :
खुली ज्योत्स्ना की सित शैली।

काले बादल धीरे-धीरे
मिटे गगन को चीरे-चीरे,
पीर गई उर आए पी रे,
बदली द्युति मैली।

शीतावास खगों ने पकड़े,
चहचह से पेड़ों को जकड़े,
यौवन से वन-उपवन अकड़े,
ज्वारों की लटकी है थैली।

शरद ऋतु के साथ स्वाभाविक रूप से शुभ्रता अथवा उज्ज्वलता का एक भाव लगा हुआ है। इस ऋतु में आसमान साफ होने से खूब चांदनी छिटकती है, हरसिंगार से लेकर कास तक, जिनके फूल सफेद होते हैं, फूलते हैं और वातावरण में एक उजास भरी होती है। टेक की पंक्तियों में निराला ने इस उजास को दृश्य से घ्रातव्य बना दिया है और इस तरह अधिक संवेद्य। यही बात 'शैली' के साथ भी है। ज्योत्स्ना के फैलने की शैली को वे उज्ज्वल कहते हैं। यहां जो अमूर्त है, उसे वर्ण प्रदान कर मूर्त बनाया गया है। इस तरह टेक की पंक्तियां असाधारण कवित्व से युक्त हैं। असाधारणता बिंब-रचना में है। चतुर्दिक शरद ऋतु की उज्ज्वल गंध फैल गई है और कोई अवरोध न रह जाने से ज्योत्स्ना की उज्ज्वल शैली खुल गई है! स्पष्टत: शैली की उज्ज्वलता अंतत: ज्योत्स्ना की उज्ज्वलता है।

वर्षा ऋतु के बादल काले होते हैं। शरदागम के साथ वे आसमान से गायब हो जाते हैं। गीत के पहले बंद में निराला कहते हैं कि वे काले बादल आसमान को चीरते हुए अर्थात इस पार से उस पार जाते हुए धीरे-धीरे अदृश्य हो गए नायिकाओं के हृदय में उनके प्रिय की मूर्ति प्रतिष्ठित हो जाने से उनकी विरह-व्यथा भी जाती रही। संभव है, वर्षा के बाद रास्ते खुल जाने से उनमें उनके घर आने की आशा जगी हो और उन्होंने नए सिरे से उनका ध्यान किया हो। शरद ऋतु पर्व-त्योहारों की भी ऋतु है, जिससे उसमें प्रिय-मिलन की प्रबल संभावना होती है। इस संभावना ने नायिकाओं की पीड़ा को भुला दिया है, जिससे उनकी सहज देह-कांति लौट आई है। प्रिय-वियोग में उनकी कांति मलिन हो गई थी। अब वह फिर पूर्ववत हो गई। यह हर्षदायक स्थिति 'पीर' और 'पी रे' के आलंकारिक स्पर्श वाले शब्द-प्रयोग से भी प्रकट हैं। कहने की आवश्यकता नहीं कि इस नायिका-वर्णन का स्रोत शास्त्र नहीं, बल्कि लोक है। निराला लोक के निकट आते हैं, तो लोकगीत सहित संपूर्ण लोक-संस्कृति को आत्मसात करते हैं। वे बारहमासा की तरह 'यह गाढ़ तन, आषाढ़ आया' यह चौमासा भी लिखते हैं और 'धिक मनस्सब, मान,गरजे बदरवा' जैसे गीत भी।

दूसरा बंद बेजोड़ है। शरद ऋतु से हलकी सी ठंडक भी शुरू हो जाती है, जिससे

रात्रि होने के पहले ही पक्षी वृक्षों पर बने अपने घोंसलों में चले आए हैं और उन पर चहचहा रहे हैं। वृक्षों के बड़े और पक्षियों की संख्या अधिक होने से चहचहाहट इतनी तेज है कि वह कान फाड़े डालती है। लगता है, इस चहचहाहट ने वृक्षों को जकड़ लिया है। पटना कालेज के मुख्य द्वार से जरा हटकर बीच सड़क पर बरगद का एक बड़ा सा पेड़ है, जिस पर कभी-कभी शाम को पक्षियों की ऐसी ही चहचहाहट सुनाई पड़ती है। उस समय स्वाभाविक रूप से मुझे इस गीत की ये पंक्तियां याद आती हैं, जिनका बिंब अपनी भव्यता और सजीवता में अद्वितीय है : 'शीतावास खगों ने पकड़े। चहचह से पेड़ों को जकड़े'। हम ऐसे बिंब की कल्पना निराला के छायावादी गीतों में नहीं कर सकते, उनमें यथार्थ के होने के बावजूद। वहां न यह भाषा मिलेगी, न यह भाव। यहां तो ये दोनों ही सज्जामुक्त अपने प्रकृत रूप में खनक रहे हैं। लेकिन गीत में अंकित दृश्य शहर का नहीं, गांव का है। शरद ऋतु का आगमन वर्षा के बाद होता है, जिससे उसमें पेड़-पौधे खूब हरे-भरे रहते हैं। निराला कहते हैं, 'यौवन से वन-उपवन अकड़े'। 'जकड़े' की तरह 'अकड़े' क्रियापद भी यहां कितना जोरदार है, अनुमान लगाया जा सकता है। बिंब भी कमाल का है, वन से लेकर उद्यान तक की हरियाली और फूलने-फलने को देखकर कवि कहता है कि वे अपने युवापन से अकड़े हुए हैं! ज्वार पक गई है और उसकी गुच्छेदार बालें नीचे की ओर झुक गई हैं, जो थैली की तरह लग रही हैं। 'ज्वारों की लटकी है थैली'—इस वर्णन की सटीकता ज्वार की झुकी हुई बालों को देखकर ही जानी जा सकती है। खास बात यह कि यह चित्रात्मक वर्णन उन्होंने किसानी ममता और उल्लास से किया है।

इस गीत की टेक में पंद्रह मात्राओं वाले चरण हैं, जबकि दोनों बंदों में सोलह-सोलह मात्राओं वाले। पहले बंद का अंतिम चरण सिर्फ दस मात्राओं का है। इस तरह इस गीत में भी लय ही प्रधान है, छंद नहीं। इसमें विराम का यह हिसाब है :

> शरत की। शुभ्र गंध। फैली;
> खुली ज्योत्स्ना की सित। शैली।

यह गीत इस बात का प्रमाण है कि अब शरद ऋतु निराला के गीतों में दूसरी तरह से आती है। अब न खंजन हैं, न हरसिंगार। खंजन की जगह ढेर सारे दूसरे पक्षी हैं, जो फुदकते नहीं, बहुत शोर मचाते हैं, और हरसिंगार की जगह ज्वार, उसके फूलों की जगह ज्वार की झुकी हुई बालें। ऐसा लगता है कि निराला गांव जाकर बस गए हैं। अंतिम दिनों में वे प्रयाग के जिस दारागंज मुहल्ले में रह रहे थे, वह गांव न हो, पर गांव से काफी कुछ जुड़ा हुआ था। वैसे शरीर से वे जहां रहें, इस काल में मन उनका गांव में ही रहता था।

उनका यह 'सांध्य काकली' से लिया गया अंतिम प्रकृति-गीत जाड़े की रात को विषय बनाकर लिखा गया है, जिसमें शुरू से अंत तक गांव मौजूद है :

गहरी विभावरी शीत की,
कांपी पाले से अरहर की
डाली गुंनागरी, शीत की।

मटर, चने कुछ काम न आए,
जौ, गेहूं लड़ते अरगाए,
माचे पर किसान का कूकर
कुंकहाया, सिहरी, शीत की।

प्रात: पातगात झुलसाई,
खड़ी रही जैसे परछाईं,
नीली रेखा मुख पर छाई,
सुध सारी बिसरी, शीत की।

सूख गया किसान एकाकी
रोया, रहा न लेखा बाकी,
कर्म-धर्म को करके साखी
दुहरी डगर भरी, शीत की।

जैसा कि हम देख रहे हैं, यह गीत जाड़े की रात में पाला पड़ने से अरहर की फसल नष्ट होने पर लिखा गया है। 'नए पत्ते' में 'कुत्ता भौंकने लगा' शीर्षक जो कविता है, उसमें भी पाले से अरहर की फसल नष्ट होने का वर्णन है : 'एक हफ्ते पहले पाला पड़ा था— / अरहर कुल-की-कुल मर चुकी थी, / हवा हाड़ तक बेध जाती है, / गेहूं के पेड़ ऐंठे खड़े हैं.... ।'

इस गीत की टेक की पहली और तीसरी पंक्तियों में, साथ-साथ सभी बंदों की अंतिम पंक्तियों में, पंद्रह मात्राओं के छंद उज्ज्वला मात्रिक का प्रयोग हुआ है और टेक की दूसरी पंक्तिसहित सभी बंदों की आरंभिक तीन-तीन पंक्तियों में सुपरिचित चौपाई छंद का। दोनों छंदों की लय एक है, इसलिए इनका मेल आसानी से बैठ गया है, बल्कि उससे एकरसता भंग होकर एक नवीनता की सृष्टि हुई है। प्रसाद जी के प्रसिद्ध गीत 'बीती विभावरी, जाग री!' की टेक में भी उज्ज्वला मात्रिक का ही प्रयोग है। इस गीत को सर्वप्रथम निराला ने ही 1932 में साप्ताहिक 'रंगीला' (कलकत्ता) के प्रवेशांक में छापा था। ताज्जुब नहीं कि इसकी टेक और लय उसी समय से उनके मन में गूंजती रही हो। अंतत: 1959 के अंतिम दिनों में उन्होंने उससे प्रेरित इस गीत की रचना की, लेकिन तब तक पता नहीं पुल के नीचे से कितना पानी गुजर चुका था। लिहाजा यह गीत ग्रामीण पृष्ठभूमि में लिखा गया एक बिलकुल भिन्न किस्म का गीत हो गया, जिसमें 'ऊषा नागरी' या वह नायिका,जो अलकों में मलयज बंद किए अभी तक सो

रही है, 'अरहर की डाली गुनागरी' हो गई। जाहिर है कि इस गीत की नायिका अरहर की यही फूलों से लदी डाली है, जो पाले के आघात से प्रकंपित ही नहीं हुई है, बल्कि झुलस गई है। 'गुनागरी' कहकर निराला ने उसे एकदम सजीव कर दिया है। हिंदी गीत क्या, हिंदी कविता में भी इससे पहले इतने सजीव रूप में अरहर न आई थी।

रात पाला पड़ा तो मटर और चने की फसल भी बरबाद हो गई। खेतों में जौ और गेहूं के पौधे इतने घने और दमदार थे कि आपस में लड़ते यानी टकराते रहते थे। इस बिंब की सजीवता भी गौरतलब है। पाले ने जौ-गेहूं के उन पौधों को भी नष्ट कर दिया। अब वे एक-दूसरे से अलग पड़े हैं। ठंड इतनी भयानक थी कि किसान का कुत्ता रात-भर बड़ी मचिया पर गोल होकर सोया कूं-कूं करता रहा। उधर ठंड से स्वयं जाड़े की रात भी सिहरती रही। जैसे अरहर पहले हिंदी गीतों में इस रूप में नहीं आई थी,उनमें इस तरह कुत्ते की कूं-कूं भी नहीं सुनाई पड़ी थी। अनुमान किया जा सकता है कि 'गीतिका' के गीतों का और उसके साथ-साथ हिंदी गीत का निराला ने तीस वर्षों में कैसा विकास संभव कर दिखलाया। सबसे बड़ी बात यह कि इस गीत की भूमि ऊपर से लेकर नीचे तक नई है, यथार्थवादी। ध्यातव्य है कि अंतत: इसमें प्रकृति की कृपा पर निर्भर हिंदीभाषी क्षेत्र के किसान की करुण गाथा अंकित है। टेक की पंक्तियों में जैसे 'गुनागरी' शब्द लोकभाषा से गृहीत है, वैसे ही इस पहले बंद में प्रयुक्त 'अरगाना' क्रियापद भी, जिसका अर्थ है अलग होना।

दूसरे बंद में अरहर का कुछ विस्तार से वर्णन है। सुबह यह दिखलाई पड़ी तो उसके पात झुलसे हुए थे, या पत्तों के शरीर वाली वह झुलसी हुई थी। वह अपनी जगह पर खड़ी थी, लेकिन वह जैसे वह नहीं, उसकी छाया थी। मुख पर स्याही छाई हुई, जिसे निराला ने 'नीली रेखा' कहा है। पाले की मार से गुनागरी अरहर की डाल बेसुध हो रही थी। अरहर के प्रति यह आत्मीयता, उसका इतना सजीव और कारुणिक वर्णन, जैसा बहुत संवेदनशील किसान ही कर सकता है, वाकई एक नया अनुभव है।

अंतिम बंद में निराला ने उस किसान के बारे में कहा है, जिसकी अरहर की खेती मारी गई है। इस हादसे से वह त्रस्त है। उसे यह चिंता खाए जा रही है कि आगे क्या होगा। किसान का भविष्य फसलों पर ही निर्भर होता है, इसलिए उनके बरबाद होने पर वह भय से सूख जाता है। वह अकेला भी है, क्योंकि उसका मददगार कोई नहीं। वह रो पड़ा, क्योंकि कुछ भी शेष न बचा था। लेकिन भारतीय किसान बहुत जीवट वाले भी होते हैं। प्रकृति की लगातार पड़ने वाली मार उन्हें भीतर से दृढ़ भी बनाती है। इस कारण वह किसान अंतत: अपने कर्म और धर्म को साक्षी बनाकर, अर्थात यह सोचकर कि वह जो करता है,उसका गवाह तो केवल उसका कर्म और धर्म ही है, फिर अपने रास्ते पर तेजी से चल पड़ा। यहां यह सवाल भी मन में पैदा होता है कि क्या निराला के किसानी संस्कार ही थे, जिनके चलते वे अपने ऊपर होने वाले सभी आघातों को झेलते रहे और अपने मार्ग पर दूने उत्साह से कदम बढ़ाते रहे?

'सरोजस्मृति' की पंक्तियां याद आती हैं, जिनमें उनकी दृढ़ता बोलती है : 'हो इसी कर्म पर वज्रपात / यदि धर्म, रहे नत सदा माथ / इस पथ पर, मेरे कार्य सकल / हों भ्रष्ट शीत के-से शतदल!'

यह खड़ीबोली का बहुत ही सफल गीत है, इसे सिद्ध करने की जरूरत न होनी चाहिए। खास बात यह कि खड़ीबोली की संभावनाओं की जो असली जमीन है, यह उसी जमीन पर लिखा गया है। यदि इसकी तुलना 'गीतिका' के गीत 'बह चली अब अलि, शिशिर-समीर!' से की जाए, तो इसके रूप और अंतर्वस्तु दोनों का वैशिष्ट्य अच्छी तरह से प्रकट हो जाएगा।

6

हर दौर में निराला ने देश और समाज को विषय बनाकर भी गीत लिखे। इस दौर का उनका इस तरह का पहला गीत है, 'अर्चना' से लिया गया, '*आशा-आशा मरे*' जो पूरा इस प्रकार है :

आशा-आशा मरे
लोग देश के हरे!

देश पड़ा है जहां,
सभी झूठ है वहां,
भूख-प्यास सत्य,
होंठ सूख रहे हैं अरे!

आस कहां से बंधे?
सांस कहां से सधे?
एक-एक दास,
मनस्काम कहां से सरे?

रूप-नाम है नहीं,
कौन काम तो सही?
मही-गगन एक,
कौन पैर तो यहां धरे?

यह गीत स्वतंत्रता-प्राप्ति के करीब ढाई वर्षों के बाद लिखा गया है, जिसमें देश-दशा के चित्रण के साथ कवि के मन की गहरी निराशा की अभिव्यक्ति हुई है। छंद बहुत ही छोटा है, ग्यारह मात्राओं का शिव नामक, जिसमें भरपूर थिरकन है, लेकिन निराला ने इसका प्रयोग उल्लास नहीं, बल्कि विषाद की अभिव्यक्ति के लिए किया है। इस रूप

में यह छंद जैसे ताने मारता हुआ लगता है। तीनों बंदों के अंतिम दो चरण वस्तुतः हीर नामक तेईस मात्राओं के छंद का एक चरण है। दिलचस्प यह है कि इसी छंद में निराला ने 'गीतिका' के अपने प्रसिद्ध गीत 'मौन रही हार' की ये पंक्तियां रची थीं : 'कण-कण कर कंकण, प्रिय, / किण्-किण् रव किंकिणी, / रणन-रणन नूपुर, उर लाज, लौट रंकिणी'। यह इस बात का प्रमाण है कि समर्थ कवि एक ही छंद से सर्वथा विपरीत ध्वनि भी निकाल सकता है। निराला भगवान को गुहराते हुए कहते हैं, देश आजाद हुए दो-ढाई साल हो गए, लेकिन अभी तक कुछ न हुआ। जनता की आशाएं पूरी नहीं हुईं। अब वह आशा लगाए-लगाए बिलकुल थक गई है। कहा जा सकता है कि दो-ढाई साल की अवधि ऐसी नहीं कि आदमी निराश हो जाए, लेकिन निराला के साथ दो बातें थीं। एक तो यह कि इतने कम दिनों में वे आमूल परिवर्तन की अपेक्षा न करते थे, लेकिन यह अपेक्षा उन्हें अवश्य थी कि कार्य की दिशा सही हो। दूसरे, राष्ट्र के निर्माण और विकास की कसौटी उनके लिए जनसाधारण था। बड़ी-बड़ी योजनाओं और घोषणाओं को महत्व न देते हुए वे यह देखते थे कि जनसाधारण की स्थिति में कोई सुधार हुआ है या नहीं। यथास्थिति या जो स्थिति थी उसका भी निरंतर बिगड़ते जाना उन्हें निराश करता था। उसी निराशा की तीखी अभिव्यक्ति उनके इस गीत में हुई है।

पहले बंद में वे साफ शब्दों में कहते हैं कि देश जिस स्थिति में है, वहां झूठ ही झूठ है, यानी नेताओं और सरकार ने झूठ का कारोबार खड़ा कर रखा है। वे बातें बड़ी-बड़ी करते हैं, आश्वासन भी बड़े-बड़े देते हैं, लेकिन वह सब झूठ होता है। सत्य केवल जनता की भूख और प्यास है, इन दोनों के मारे उसके होंठ सूख रहे हैं। इस दशा का वर्णन करते हुए भी निराला अभिव्यक्ति पर पूरा नियंत्रण रखते हैं और उसे चुस्त तथा प्रभावशाली बनाने के लिए 'भूख' के साथ उससे ध्वनि-साम्य रखने वाला 'सूख' शब्द ले आते हैं। भावावेश में बहकर अभिव्यक्ति की चिंता छोड़ बैठने वाले कवि वे न थे, यह उनकी सर्वविदित विशेषता है और उन्हें क्लासिकी कवि का दर्जा देने वाली भी।

दूसरे बंद में भी तुकों के अलावा 'आस', 'सांस' और 'दास' जैसे समान ध्वनि वाले शब्द हैं, जो गीत में जो हलका रचाव है उसकी सूचना देते हैं। इसमें निराला कहते हैं कि अब कहीं उम्मीद नहीं नजर आती है। जनता का दम टूट रहा है। सच्चाई यह है कि देश स्वतंत्र ही नहीं हुआ, क्योंकि जनसाधारण तो पूर्ववत पराधीन है। फिर उसका मनोरथ कैसे पूरा हो? 'एक-एक दास, / मनस्काम कहां से सरे?' इसमें 'एक-एक दास' बहुत कठोर उक्ति है, लेकिन इसके पीछे कम्युनिस्टों के नारे 'यह आजादी झूठी है' का सुदूरस्थित अर्थशास्त्र नहीं, कवि का जनसाधारण को देखकर होने वाला प्रत्यक्ष अनुभव है। 'सरना' क्रियापद ठेठ हिंदी का है, जो 'मनस्काम' के साथ अच्छा फब रहा है। निराला की काव्य-भाषा की एक भंगिमा यह भी है।

तीसरे बंद में कही गई बातों का गीत में अंटना सामान्य तौर पर संभव नहीं था,

लेकिन निराला ने बड़ी आसानी से उसे संभव कर दिखलाया है। कहते हैं, देश स्वाधीन हुआ, लेकिन उसके विकास का कोई ठोस प्रारूप उसके सामने नहीं, जिस कारण यह कहना मुश्किल है कि कौन-सा कार्य ठीक हो रहा है। नेता लोग हवाई जहाज से धरती और आसमान को एक किए हुए हैं। उन्हें फुर्सत कहां कि वे धरती पर पांव रखें और यथार्थ को समझकर देश के पुनर्निर्माण और विकास की कोई रूपरेखा तैयार करें। इस बंद में निराला की खीझ, क्षोभ और आक्रोश देखने लायक है। यदि वह विस्फोटक रूप नहीं लेता, तो इसलिए कि वे निराश भी हैं। निराशा उनके स्वर को संयत रखती है, साथ-साथ मारक भी बनाती है। 'नाम' और 'काम' का अनुप्रास यहां भी है और 'मही-गगन एक' में थोड़े से अक्षर बहुत सजीव चित्र भी खड़ा कर रहे हैं। लेकिन गीत शुद्ध खड़ीबोली में रचित है, यह इसके वाक्य-विन्यास से स्पष्ट है। इस गीत में चित्रित यथार्थ से अनुमान किया जा सकता है कि गीत-रचना के अंतिम काल में निराला का यथार्थ-बोध किस तरह निष्कंप था।

दूसरे गीत में, जोकि उस गीत के आसपास की ही रचना है और 'अर्चना' में ही संकलित, अंधेरा बहुत घना है और उसमें 'संपूर्ण पृथ्वी' की चिंता प्रकट की गई है। गीत है :

घन तम से आवृत धरणी है;
तुमुल तरंगों की तरणी है।

मंदिर में बंदी हैं चारण,
चिघर रहे हैं वन में वारण,
रोता है बालक निष्कारण,
विना-सरण-सारण भरणी है।

शत संहत आबर्त-विवर्तों
जल पछाड़ खाता है पर्तों,
उठते हैं पहाड़, फिर गर्तों,
धसते हैं, मारण-रजनी है।

जीर्ण-शीर्ण होकर जीती है,
जीवन में रहकर रीती है,
मन की पावनता पीती है,
ऐसी यह अकाम सरणी है।

यह धरणी वस्तुत: स्वतंत्रता-प्राप्ति के बाद की भारत-भूमि है। वह घने अंधकार में ढंक गई है और उस नौका की तरह हो रही है, जो घनघोर तरंगों में जा फंसी हो। गीत की टेक की पंक्तियों के शब्द 'गीतिका' वाले हैं, लेकिन वाक्य खड़ीबोली के हैं और

चित्र इतने सजीव कि स्पष्टतः निराला की पूर्ण विकसित संवेदना की देन प्रतीत होते हैं। 'घन तम से आवृत धरणी है' से लगता है कि पृथ्वी को अंधकार की बहुत मोटी चादर ने ढंक लिया है और 'तुमुल तरंगों की तरणी है' से ऐसा प्रतीत होता है कि आंखों के सामने कोई नाव ऊंची-ऊंची लहरों में डूब-उतरा रही है। इसके आगे 'परिमल' के गीत 'खेवा' का यह वर्णन हलका मालूम पड़ता है : 'तिर-तिर फिर-फिर / प्रबल तरंगों में / घिरती है, / डोले पग जल पर / डगमग डगमग फिरती है', यद्यपि इसमें ज्यादा शब्दों का प्रयोग किया गया है। इस जोड़ का चित्र बस प्रसाद की 'कामायनी' में मिलता है : 'सबल तरंगाघातों से उस / क्रुद्ध सिंधु के, विचलित सी / व्यस्त महाकच्छप सी धरणी, / ऊभ-चूभ थी विकलित सी', लेकिन फैलाव वहां भी है।

पहले बंद में निराला भारत-भूमि का हाल कुछ ब्योरे में बयान करते हैं। मंदिर में चारण शोर मचा रहे हैं, वन में हाथी चिंग्घार रहे हैं और घर में अकारण बच्चा रो रहा है! जो भरण करने वाली है, यानी भारत-भूमि, वह इतनी अशक्त है कि न तो वह खुद चल सकती है, न उसे कोई और चला सकता है। यह है स्वातंत्र्योत्तर भारत का दृश्य, जिसके निहितार्थ को समझना मुश्किल नहीं है। टेक की पंक्ति 'तुमुल तरंगों की तरणी' में अनुप्रास-योजना बहुत स्पष्ट है। पहले बंद में भी मंदिर-बंदी, वन-वारण और सरण-सारण ये ध्वनि-साम्य वाले शब्द हैं। निराला के संबंध में यह ज्ञातव्य है कि अभिव्यक्ति पर उनका ऐसा अधिकार था कि उनका भाव-प्रवाह जो भी दिशा लेता था, उनकी भाषा उसी के अनुरूप ढल जाती थी। उन्हें शब्दों का कभी टोटा न होता था। वे आवश्यक शब्द कहीं से भी ले आते थे और बहुत ही समर्थ बनाकर उनका प्रयोग करते थे। जो बात कबीर के संबंध में आचार्य हजारीप्रसाद द्विवेदी ने कही है, वह उन पर भी लागू है कि उन्हें जो कहना होता है, उसे वे अवश्य कह डालते हैं, सीधे-सीधे नहीं, तो दरेरा देकर।

दूसरे बंद में भारत-भूमि का वर्णन बहुत ही भयानक है। वह उस समुद्र की तरह हो रही है, जिसमें सैकड़ों आवर्त-विवर्तों के साथ पानी ऊपर उठता है, फिर अपनी सतह पर गिर पड़ता है। तरंगें जैसे पहाड़ों के रूप में उठती है, फिर गर्त में समा जाती हैं। उस पर जानलेवा रात। यह वर्णन पढ़कर पाठकों को 'राम की शक्तिपूजा' की ये पंक्तियां याद आएंगी : 'शत घूर्णावर्त, तरंग-भंग उठते पहाड़, / जल राशि-राशि जल पर चढ़ता खाता पछाड़'। वहां निराला ने जहां कविता में यह ओजपूर्ण चित्र प्रस्तुत किया है, यहां गीत में। इससे उनके कवि-कर्म की पूर्णता का अंदाजा लगाया जा सकता है। मैं नहीं जानता, स्वातंत्र्योत्तर भारत के यथार्थ को इस तीव्रता से किस दूसरे कवि ने महसूस कर उसे शब्दबद्ध किया है। यथार्थ की यह भयावहता किताबी नहीं है, युद्धकालीन और युद्धोत्तर यूरोप से उधार ली हुई। यह भारत का ही यथार्थ है, जो अब जाकर दूसरे कवियों के अनुभव में आंशिक रूप से आ रहा है। निराला के मूक और निरंतर अकेले होते जाने का व्यक्तिगत ही नहीं, यह सामाजिक अथवा राजनीतिक कारण भी था।

दूसरे बंद में भी रचाव है, प्रमाण के लिए 'शत' के साथ 'संहत', 'विवर्त' के साथ 'आवर्त' और 'पछाड़' के साथ 'पहाड़' इन सानुप्रास शब्दों को देखा जा सकता है। 'विवर्तों' और 'गर्तों' को हिंदी का 'पर्तों' गतिशील बना रहा है।

अंतिम बंद में निराला पुनः भारत-भूमि के बारे में कहते हैं कि वह जीर्णावस्था में पहुंच गई है। जैसे जल में रहकर भी रिक्त है, उस घड़े की तरह जो जल में तो है लेकिन जल उसके भीतर नहीं। भारत-भूमि प्यासी भी है, लेकिन पीने के लिए उसे पवित्र जल सुलभ नहीं, लिहाजा अपने मन की पवित्रता को पीकर ही वह अपनी प्यास बुझा रही है! 'मन की पावनता पीती है' यह उक्ति साधारण नहीं। यह चरम विवशता की स्थिति है। आखिरी पंक्ति में निराला कहते हैं कि भारत-भूमि यदि सरणी या मार्ग है, तो ऐसा, जो पूर्णतः अकाम है। तात्पर्य यह कि दुरवस्था की अंतिम स्थिति में पहुंची हुई भारत-भूमि के मन में अब कोई इच्छा नहीं रही, उसकी सारी इच्छाएं समाप्त हो चुकी हैं। निश्चय ही इस गीत की पहली पंक्ति से जो अंधेरा शुरू हुआ था, वह अंतिम बंद में आकर अतिशय घना हो गया है, ऐसा कि अभेद्य। निराला में और शेष जनों में यही फर्क है कि उन्होंने जिसे करीब पचास वर्ष पहले अनुभव कर लिया था, उसे वे अब अनुभव कर रहे हैं।

'अर्चना' में, या कहें, निराला के संपूर्ण परवर्ती काव्य में मुझे उनका एक ही ऐसा गीत मिला है, जो हर्षोल्लास से भरा हुआ है, और यह हर्षोल्लास न आध्यात्मिक अनुभूति की देन है, न प्राकृतिक अथवा मानवीय सौंदर्यानुभूति की। इसका संबंध 'पूरी पृथ्वी' से है, जो पुनः भारत-भूमि ही है। इस तरह से यह गीत पिछले गीत से एकदम भिन्न है, बल्कि उसके उलट। पिछले गीत में निराला चरम वेदना की स्थिति में कहते हैं कि पृथ्वी अंधकार में डूबी हुई है, जबकि इस गीत में वे यह कहते हैं कि पृथ्वी रात को पार कर बाहर आ गई है! यह वस्तुतः उनका स्वप्न है। वे यथार्थवादी होने के साथ-साथ स्वप्नदर्शी भी थे, सो वे स्वप्न देखते हैं कि भारत-भूमि पर से अंधकार हट गया है और चतुर्दिक आनंद का वातावरण है, देश विकास की मनोवांछित अवस्था में पहुंच गया है। यह स्वप्न-दर्शन यथार्थ के दबाव का ही परिणाम है। कवि का यथार्थवादी होने के साथ-साथ स्वप्नदर्शी होना भी जरूरी है। यह स्वप्नदर्शिता ही उसे चलाती है और यही उसकी रचना को यथार्थ के कोरे अभिलेख से हटाकर कलात्मक आकर्षण प्रदान करती है। यहां नेरुदा की यह प्रसिद्ध बात याद की जा सकती है कि जो कवि यथार्थवादी नहीं, वह तो मृत होता ही है, जो केवल यथार्थवादी होता है, वह भी मृत होता है। वे रचना में एक हद तक अबौद्धिक तत्व के अनिवार्य रूप से समावेश की सिफारिश करते हैं। निराला के इस गीत में जो स्वप्न है, उसका यथार्थ से विरोध है। यह विरोध या वैषम्य हमें तीव्रतर रूप में यथार्थ का बोध कराता है। यह इस स्वप्न की बड़ी सार्थकता है। यह सुंदर गीत है :

जननि, मोह की रजनी
पार कर गई अवनी।

तोरण-तोरण साजे,
मंगल-बाजे बाजे,
जन-गण-जीवन राजे,
महिलाएं बनीठनीं।

साड़ी के खिले मोर,
रेशम के हिले छोर,
शिंजित हैं बोर-बोर,
चमकी है कनी-कनी।

क्षिति पर हैं लौह-यान,
गगन विकल हैं विमान,
थल पर है उथल-पुथल,
जल पर तैरी तरणी।

अतिशय हर्षित निराला अपनी आराध्या देवी को 'जननी' कहकर संबोधित करते हुए कहते हैं कि भारत-भूमि अज्ञान की रात्रि से निकलकर प्रकाश में आ गई है। गीत के अंतिम बंद से पता चलता है कि वह प्रकाश अध्यात्म का न होकर विज्ञान का है। निराला गहन रूप से धार्मिक होते हुए विज्ञान के भारी समर्थक थे, विवेकानंद की तरह, यह स्मरणीय है। अपने एक वर्षा-गीत में वे कहते हैं : 'उत्पादन के मार्ग लगा दो, / साहित्यिक-वैज्ञानिक के बल', यानी साहित्यिक और वैज्ञानिक केवल बातें न करें, अपने-अपने ढंग का उत्पादन करें। इस गीत का छंद भी उनका प्रिय छंद लीला ही है, बारह मात्राओं का, जिसमें अक्सरहा वे अपने हर्षोल्लास को प्रकट करते हैं। टेक की पंक्तियों में 'जननि' और 'रजनी' संगीतयुक्त शब्द हैं और पृथ्वी का रात को पार करना चित्रात्मक है।

पहले बंद में भारत-भूमि के अंधकार से उबरकर प्रकाश में आने पर मनाए जाने वाले उत्सव का वर्णन है। बहिर्द्वार सजाए गए हैं और उन पर मंगल-वाद्य बज रहे हैं। जनसाधारण का जीवन शोभायमान हो उठा है और महिलाएं बनी-ठनी हुई हैं। 'मंगल' के साथ निराला ने 'वाद्य' का प्रयोग न कर 'बाजे' का प्रयोग किया है, जो समास-निर्माण की रूढ़ि को तोड़कर उसमें ताजगी लाने वाला है। दूसरी बार 'बाजे' का प्रयोग क्रियापद के रूप में है। इससे भी एक सौंदर्य उत्पन्न हुआ है। 'जन-गण-जीवन' भी सानुप्रास पद है। लेकिन सबसे आकर्षक प्रयोग 'बनीठनीं' है, आत्मीयतापूर्ण। यह हिंदी का अपना प्रयोग है, जो बहुत ही व्यंजनापूर्ण है। ऊपर से संस्कृत शब्दों का जो प्रवाह चला आ रहा था, वह पहले 'मंगल-बाजे' के 'बाजे' से टकराता है, फिर 'बनीठनीं'

इस क्रियापद से टकराकर छितरा जाता है। इस बंद में खड़ीबोली के छोटे, लेकिन पूरे वाक्यों का बहुत सुंदर प्रयोग हुआ है।

दूसरे बंद में केवल उन महिलाओं का वर्णन है, जो पहले बंद में बनी-ठनी हुई हैं। उनकी साड़ियों की किनारियों पर मोर बने हुए हैं। उन्होंने वे साड़ियां धारण की हैं, तो मोर खिल उठे हैं। शायद तरुणियों ने रेशमी दुकूल भी धारण कर रखे हैं। उनके छोर हिल रहे हैं। उनके पांवों में बोर नामक आभूषण है, जो ध्वनि कर रहा है। महिलाओं के शरीर का कण-कण चमक उठा है। 'साड़ी के खिले मोर' जैसी बात निराला ने 'बेला' की एक गजल में भी कही है, यथा 'क्या छोरों पर कला की साड़ी के, लगाए हंस, / हस्ती को गुल हज़ार दिए जा रहा हूं मैं।' वहां हंस है, यहां मोर, बस इतने का फर्क है। इस बंद की सबसे सुंदर उक्ति है 'शिंजित हैं बोर-बोर'। 'शिंजित' शब्द से उस आभूषण की ध्वनि साफ कानों में सुनाई देने लगती है। यह ध्वनि इतनी स्पष्ट है कि ऊपर के चरणों में 'खिले' और 'हिले' के अनुप्रास से जो ध्वनि उत्पन्न होती है, वह इसमें दब जाती है। महिलाओं का जिक्र पहले बंद में कर चुकने के बाद दूसरा बंद पूरा उन्हीं के वर्णन को समर्पित करने का कारण यह है कि निराला के मानस में नए समाज और नए युग की जो कल्पना थी, उसमें महिलाओं को बहुत ही ऊंचा स्थान प्राप्त था। पुरुष के बराबर अधिकारप्राप्त, सुशिक्षित, सुसंस्कृत और सक्रिय महिलाओं के बिना वे अपने आदर्श समाज की कल्पना नहीं कर सकते थे। स्त्रियों का उत्थान उन्हें आनंद से भर देता था। यहां मौका पाकर उन्होंने अपना आनंद प्रकट किया है। जैसे आनंद के मारे उनका मन भी खिल उठा है, उनका हृदय भी तरंगित हो उठा है, उनके प्राणों के तार भी बज उठे हैं और उनका चेहरा भी चमक उठा है।

अंतिम बंद के कथ्य के बारे में ऊपर संकेत किया जा चुका है। निराला कल्पना करते हैं कि देश अंधकार से उबरने के बाद उसका उत्सव इस रूप में मना रहा है कि पृथ्वी पर रेलगाड़ियां दौड़ रही हैं, आकाश में वायुयान उड़ानें भर रहे हैं और स्थल पर जहां भारी चहल-पहल है, जल पर नौकाएं तैर रही हैं! थोड़े शब्दों में उठाया गया यह व्यापक चित्र है, जिसमें वायुयान की गड़गड़ाहट सबसे ऊपर सुनाई दे रही है। 'गगन विकल हैं विमान' यह बहुत सशक्त चित्र है, जिसकी सशक्तता का स्रोत विमान का 'विकल' होना है। यह चित्र अपने कथ्य में 'मही-गगन एक, / कौन पैर तो यहां धरे?' वाले चित्र के एकदम विपरीत है। स्पष्टत: वह चित्र जहां यथार्थ है, यह स्वप्न। जैसे दूसरे बंद में पहले बंद की तरह ही खड़ीबोली के छोटे-छोटे सधे वाक्यों का प्रयोग हुआ है, इस तीसरे बंद में भी। सिर्फ 'गगन' के बाद 'में' विभक्ति का प्रयोग, जो अपेक्षित था, अभिव्यक्ति के संकुचन के आग्रह से निराला ने नहीं किया। 'विकल' और 'विमान', 'थल', 'उथल-पुथल' और 'जल' तथा 'तैरी' और 'तरणी' का अनुप्रास यहां भी है, जो बहुत बार तुलसीदास की तरह निराला की काव्य-भाषा का स्वाभाविक उपकरण प्रतीत होता है।

इस काल में निराला ने कुछ ऐसे गीत भी लिखे, जो गीत की परिभाषा को बिलकुल छिन्न-भिन्न कर देने वाले तीखे यथार्थ-बोध के स्तर के गीत हैं। उनमें से एक 'आराधना' में संकलित यह गीत है :

ऊंट-बैल का साथ हुआ है।
कुत्ता पकड़े हुए जुआ है।

यह संसार सभी बदला है,
फिर भी नीर वही गदला है,
जिससे सिंचकर ठंढा हो तन,
उस चित-जल का नहीं सुआ है।

रूखा होकर ठिठुर गया है,
जीबन लकड़ी का लड़का है;
खोले कोंपल, फले फूलकर
तरु-तल वैसा नहीं कुआ है।

स्पष्टत: यह गीत स्वातंत्र्योत्तर भारतीय समाज पर की गई टिप्पणी है। निराला जब देखते हैं कि स्थितियों में कोई ताल-मेल नहीं, विसंगति ही विसंगति है, तो कहते हैं, भारत एक ऐसे हल की तरह है, जिसके एक तरफ ऊंट जुता हुआ है, दूसरी तरफ बैल और जिसकी मूठ कुत्ते के हाथ में है! इससे खेत की कैसी जुताई होगी, अनुमान किया जा सकता है। यह चित्र जितना व्यंग्यात्मक है, जितना हास्यजनक, उतना ही सटीक भी। निराला चूंकि मूलत: किसान-मनोवृत्ति के कवि थे, इसलिए इस गीत की टेक की पंक्तियों में भारत को ऐसे हल से उपमित किया।

गीत के पहले बंद में वे कहते हैं कि दुनिया पूरी बदल गई है, लेकिन यहां की स्थिति में कोई बदलाव नहीं आया। वह तो पहले की तरह ही बुरी है, वही गंदला पानी। वे कहीं जल का वह स्रोत नहीं पाते, जिससे स्नात होकर शरीर शीतल हो जाए। वह जल 'चित-जल' यानी आध्यात्मिक-नैतिक चेतना का जल है। वह दुर्लभ है, क्योंकि उसका स्रोत ही लुप्त हो चुका है। लक्ष्य करने योग्य 'चित-जल' से सिंचकर तन के ठंडा होने वाली बात है। निराला अध्यात्मवादी थे, लेकिन उनका अध्यात्म भौतिकता की उपेक्षा करके नहीं चलता था, बल्कि उसी को संवारने के लिए था। 'अणिमा' के एक गीत में भी वे सरस्वती के बारे में कहते हैं : 'चित्त चिर-निर्मल करे वह, / देह-मन शीतल करे वह,/ ताप सब मेरे हरे वह / नहा आई जो सरोवर।' स्पष्टत: वे सरोवर-स्नात सरस्वती से अपने मन के ही नहीं, तन के भी शीतल होने की कामना करते हैं। जिससे सिंचकर ठंढा हो तन' यह अतिशय प्रांजल अभिव्यक्ति है,जो मन में शरीर के शीतल होने की अनुभूति जगाती है। 'चित-जल' भी बहुत चित्रात्मक शब्द है, लेकिन

'सुआ' के बारे में तो कुछ कहना ही नहीं। 'स्रोत' का यह तद्‌भव यहां कमाल कर रहा है। यह चित्र को खूब ही निखार देता है और हल-बैल के पूरे मेल में है, गंवई बोली से निकलकर इस गीत में सजा हुआ।

अंतिम बंद में निराला सामाजिक जीवन की चर्चा करते हैं और इस बात पर अपना दुःख प्रकट करते हैं कि वह जल के अभाव में रूक्ष काष्ठ की तरह हो गया है, नितांत संवेदनहीन और संकुचित। वह जैसे लकड़ी का लड़का है, यानी ऐसा वृक्ष, जो विकसित नहीं हुआ। यदि इस वृक्ष की जड़ में कोई कुआं होता, जल का स्रोत, जिससे इसे तरावट मिलती रहती, तो इसका यह हाल नहीं होता। चूंकि वैसा नहीं है, इसलिए यह वृक्ष नए पत्ते खोलने, फूलने और फलने में असमर्थ है। कहने की आवश्यकता नहीं कि यह कुआं पहले बंद का 'चित-जल का सुआ' ही है।

टेक की पंक्तियों को छोड़ दें, तो इस पूरे गीत में जल का ही रूपक है। दूसरे बंद की आरंभिक पंक्तियां टेक की पंक्तियों को संतुलित करती हैं, खास तौर से 'लकड़ी का लड़का', जिसमें निराला ने निर्जीवता में भी सजीवता ला दी है। 'लकड़ी' और 'लड़का' में जो ध्वनि-साम्य है, वह भी दिलचस्प है। इस बंद की अंतिम दोनों पंक्तियां चित्रात्मक होने के साथ-साथ बहुत ही सरस हैं, क्योंकि उनमें खुलने वाले पत्तों, फूलों, फलों और वृक्ष के नीचे स्थित एक कुएं की कल्पना है। तीसरी पंक्ति में 'फले' और 'फूलकर' के अनुप्रास के साथ चारों शब्दों में अल्पप्राण सघोष 'ल' वर्ण का प्रयोग है, जिससे वह निनादित हो रही है। चौथी पंक्ति में भी 'तरु-तल' जैसा सानुप्रास पद है, तो उसमें भी 'ल' मौजूद है। निराला महान काव्य-शिल्पी थे। वे अपने गीत को कैसे कलात्मक रूप प्रदान करते हैं, यह उसे नजदीक से देखकर ही जाना जा सकता है।

7

निराला के इस काल के गीतों पर एक साथ दृष्टिपात करने पर पता चलता है कि मध्यवर्ती काल में उन्होंने जो जमीन तैयार की थी, वह इस दौर में आकर बहुत जरखेज हो गई है। इसी के साथ-साथ उनके गीतों की भाषा और संगीत में भी बदलाव आया है। वे लगातार नैसर्गिक और मुक्त होते गए हैं। गीतों की अंतर्वस्तु हो या रूप, विविधता पूर्ववत बनी हुई है और अभिव्यक्ति में यदि सिमटाव कम हुआ है, तो अर्थ की सघनता बढ़ती गई है। लेकिन जैसा कि ऊपर एक से अधिक बार संकेत किया जा चुका है, यह काल निराला की संपूर्ण काव्य-साधना की परिणति का काल है, जिससे एक तरह से इसमें उन्होंने पहले के अपने सभी गीतात्मक प्रयासों को परवान चढ़ाया है, यानी उन्हें निखारा है। एक तरफ नया विकास भी है, दूसरी तरफ पुराने प्रयासों का परिष्कार भी, और तीसरी तरफ एक ही गीत में नए-पुराने, परिष्कृत-अपरिष्कृत सारे स्वर भी सुनाई

पड़ते हैं। इसीलिए उनके विकास पर कोई सरल टिप्पणी करना खतरनाक है। उनके आत्मपरक गीत पीड़ा के रस में भीगे हुए हैं, तो मानव-सौंदर्य और प्रकृति-सौंदर्य के अंकन वाले गीतों से आनंद छलक रहा है। उनके धार्मिक गीतों में भी पीड़ा है, पर साथ-साथ आध्यात्मिक अनुभूति का उल्लास भी। जैसे वे मुख्यतः प्रकृति-गीतों में एक किसान होते चले गए हैं, धार्मिक गीतों में एक सरलहृदय भक्त। देश और समाज से जुड़े गीतों में यथार्थ का भयावह चित्रण है, कविता के समकक्ष, तो मोहक स्वप्न भी। निराला की अभिव्यक्ति निरंतर पैनी होती गई है, निराभरण होने के साथ, यह भी पाठक लक्ष्य करेंगे।

4. असाध्य वीणा

अज्ञेय की 'असाध्य वीणा' शीर्षक यह कविता सर्वप्रथम 1961 में उनकी कविता-पुस्तक 'आंगन के पार द्वार' में छपकर आई थी। चूंकि यह उनकी पहली लंबी कविता थी, इसलिए उस समय भी इसने पाठकों और विद्वानों का ध्यान खींचा था। लेकिन 1964 में मुक्तिबोध की मृत्यु के साथ उनके कविता-संग्रह 'चांद का मुंह टेढ़ा है' में उनकी लंबी कविता 'अंधेरे में' संगृहीत हुई, तो उसकी इतनी व्यापक चर्चा हुई कि उसके शोर में 'असाध्य वीणा' की चर्चा बिलकुल खो गई। कभी किसी आलोचक ने उसका जिक्र किया भी, तो यह दिखलाने के लिए कि 'अंधेरे में' कैसे इसकी तुलना में एक श्रेष्ठ कृति है? ऐसा नहीं है कि यह कविता हिंदी में भुलाई जा चुकी है, इसे भी एक श्रेष्ठ लंबी कविता मानने वाले विद्वान हिंदी में हैं, लेकिन यह सत्य है कि इस कविता ने प्रशंसा से अधिक विरोध अर्जित किया है और यह मुक्तिबोध की कविता 'अंधेरे में' क्या, धूमिल की लंबी कविता 'पटकथा' से भी कम लोकप्रिय साबित हुई है। इसका कारण क्या हो सकता है? हमारी दृष्टि में इसका कारण यह है कि उक्त दोनों कविताएं जहां मूलतः राजनीतिक अंतर्वस्तु वाली कविताएं हैं, वहां 'असाध्य वीणा' एक रहस्यवादी कविता है। रहस्यवाद में भी अपने ढंग से यथार्थवाद के तत्व होते हैं, लेकिन प्रकटतः वह यथार्थवाद-विरोधी होता है। जिस भाषा और साहित्य में यथार्थवाद का जोर हो और जिसे बोलने और बरतने वाले कठिन जीवन-संघर्ष में रत हों, उसमें रहस्यवाद के प्रचार-प्रसार का बहुत अवसर नहीं हो सकता। स्वभावतः यह कविता हिंदी की एक बहुत कुछ उपेक्षित लंबी कविता है। 'आंगन के पार द्वार' में रहस्यवादी कविताएं अच्छी संख्या में हैं। ताज्जुब नहीं कि जब यह पुस्तक प्रकाशित हुई थी और उस पर अज्ञेय को साहित्य अकादमी का पुरस्कार प्राप्त हुआ था, तो प्रभाकर माचवे ने उन्हें 'आधुनिक कबीर' कहा था। 'आधुनिक कबीर' तो डा. नामवर सिंह ने नागार्जुन को भी कहा है, लेकिन दोनों के कहने में फर्क है। माचवे ने अज्ञेय को वह उनके रहस्यवाद के कारण कहा था और नामवर जी ने वह नागार्जुन को उनकी व्यंग्य-क्षमता के कारण कहा है, जिसका एक ठोस सामाजिक संदर्भ है।

यह दिलचस्प है कि 'असाध्य वीणा' को लेकर अब तक कोई बहुत सार्थक चर्चा नहीं हुई है। यह भी लक्ष्य किया गया है कि यह एक रहस्यवादी कविता है, लेकिन इसकी अंतर्वस्तु पर पर्दा डालने या उसे भिन्न रूप में पेश करने की भी कोशिश की गई है। कई बार तो कविता को ज्यों की त्यों पड़ा रहने दिया गया है और सिर्फ उसके

शिल्प को चर्चायोग्य समझा गया है। इन बातों को हम कुछ बाद में देखेंगे, सबसे पहले यह देखना जरूरी है कि इस कविता में अभिव्यक्त रहस्यवाद का स्वरूप क्या है? इसी से किसी हद तक इसकी संरचना भी निर्धारित हुई है।

'असाध्य वीणा'-संबंधी आलोचनात्मक चर्चा में इस बात का जिक्र मिलता है कि इस कविता पर जापान के जेन-संप्रदाय का प्रभाव है, जोकि बौद्ध धर्म का एक संप्रदाय है, लेकिन इससे ज्यादा और कुछ नहीं। इस कविता में, जोकि एक कथात्मक कविता है, स्वभावत: दो नाम मिलते हैं, दो पात्रों के, जिनमें से एक है वज्रकीर्ति और दूसरा केशकंबली अथवा प्रियंवद केशकंबली। जेन-संप्रदाय का संबंध बौद्ध धर्म की हीनयान शाखा से न होकर महायान शाखा से है, क्योंकि उसी का प्रसार तिब्बत से लेकर चीन, जापान आदि तक में हुआ था। वज्रकीर्ति विद्वानों के अनुसार एक महायानी दार्शनिक ही थे, जिनका अनुयायी इस कविता में केशकंबली मालूम पड़ता है। इस केशकंबली से यह भ्रम हो सकता है कि वह भारतीय दर्शनशास्त्र के ग्रंथों में उल्लिखित अजित केशकंबली नामक दार्शनिक है। लेकिन ऐसा है नहीं। क्योंकि 'असाध्य वीणा' में केशकंबली को कहीं भी अजित केशकंबली नहीं कहा गया है, बल्कि उसकी जगह उसे खाली प्रियंवद या प्रियंवद केशकंबली कहा गया है। दर्शनशास्त्र के ग्रंथों में अजित केशकंबली के संबंध में मिलने वाला संक्षिप्त विवरण यह है :

कहा जाता है कि महात्मा बुद्ध के समकालीन जो अन्य छह दार्शनिक थे, उनमें एक अजित केशकंबली भी थे। ये प्रारंभिक भौतिकवादी दार्शनिक थे, जिनकी मान्यता यह थी कि भिक्षा, त्याग या पूजा जैसी कोई चीज नहीं होती है। न तो फल जैसी कोई चीज होती है और न अच्छे या बुरे कार्यों का कोई परिणाम। इस लोक से परे कोई लोक नहीं है। माता-पिता के बिना संतान नहीं हो सकती। इस संसार में ऐसा कोई साधक या ब्राह्मण नहीं है, जो उस उच्च अवस्था में पहुंच गया हो, जहां उसे पूर्णता प्राप्त हो गई हो और जहां उसने इस लोक और इससे परे के लोक को समझ लिया हो और अनुभव कर लिया हो। मनुष्य चार तत्वों से बना हुआ है। जब वह मर जाता है, तो क्षिति नामक तत्त्व क्षिति अर्थात पृथ्वी में, जल नामक तत्व जल में, अग्नि नामक तत्व अग्नि में और वायु नामक तत्व वायु में लौट जाता है। उसकी चेतना अंतरिक्ष में विलीन हो जाती है। चार व्यक्ति उसे अरथी पर चढ़ाकर उस स्थान पर ले जाते हैं, जहां वह जला दिया जाता है और उसकी पूजा का अंत भस्म में होता है। मृत व्यक्ति के लिए दान-दक्षिणा देने का सिद्धांत मूर्खतापूर्ण है। उससे किसी प्रकार के लाभ की बात करना सरासर झूठ है। मूर्ख और बुद्धिमान दोनों प्रकार के मनुष्य शरीर का अंत हो जाने के बाद समाप्त हो जाते हैं और मृत्यु के बाद उनका अस्तित्व नहीं होता है। अजित केशकंबली के व्यक्तिगत जीवन के बारे में प्राय: कुछ भी नहीं मालूम। सिर्फ इतना जिक्र मिलता है कि वे केशकंबली इसलिए कहे जाते थे कि मनुष्य के बालों से बना हुआ कंबल पहनते थे। सभी पहनावों

में यह सबसे अधिक तकलीफदेह था, क्योंकि यह जाड़े में ठंडा हो जाता था और गर्मी में गर्म। भदेस तो यह था ही, साथ-साथ इससे दुर्गंध भी निकलती थी।

जाहिर है कि 'असाध्य वीणा' के केशकंबली ये नहीं हो सकते। 'असाध्य वीणा' के केशकंबली भौतिकवादी नहीं, बल्कि भाववादी हैं, जिसका स्रोत बौद्ध धर्म की महायान शाखा है। ईसा की पहली शताब्दी में कुछ विचारकों के एक समूह ने, जो अपने को बुद्ध के अनुयायी कहते थे, पुराने और असली बौद्ध धर्म को हीनयान कहकर तिरस्कृत करना शुरू किया और अपने मार्ग को महायान का नाम दिया। महायान की सबसे बड़ी विशेषता यह थी कि भौतिकवादी बौद्ध दर्शन के विपरीत वह उपनिषदों के भाववादी दर्शन से प्रेरित था, यद्यपि इस बात को छिपाने की वह भरपूर चेष्टा करता था। औपनिषदिक भाववाद उस समय प्रारंभिक अवस्था में था, लेकिन महायानी दार्शनिकों ने बौद्ध रंग देकर ही सही उसका बहुत अधिक विकास संभव कर दिखाया। उनमें सर्वाधिक प्रसिद्ध दार्शनिक थे नागार्जुन। उनका मत शून्यवाद के नाम से प्रसिद्ध है। उसके अनुसार भौतिक जगत की सारी चीजें शून्य हैं। दूसरे शब्दों में, प्रकृति एक मृग-मरीचिका के अलावा कुछ नहीं। अंतिम सत्य भी एक शून्यता है, जिसका मतलब यह है कि उसमें न किसी प्रकार का विकास हो सकता है, न उसकी अभिव्यक्ति संभव है और न उसमें किसी तरह की अनेकता या विविधता ही है। विकास और अभिव्यक्ति तथा अनेकता और विविधता उस जगत के लक्षण हैं, जो वास्तविकता का नहीं, हमारी प्रतीति का विषय है। इन लक्षणों से रहित वास्तविकता भी शून्यवाद में शून्यता के रूप में ही समझी गई है। इसका सीधा मतलब यह है कि पूर्ण अथवा अंतिम वास्तविकता पूरी तरह से हमारे भौतिक अनुभव से परे है। यह हमारे सभी प्रकार के भौतिक विचारों से भी अतीत है। प्रचलित अर्थों में उसके बारे में कोई सिद्धांत नहीं रचा जा सकता। यदि अंतिम वास्तविकता का अनुभव किया जा सकता है, तो मानसिक सजगता की एक रहस्यात्मक विधि से ही, जिसे 'प्रज्ञा-पारमिता' कहा गया है।

नागार्जुन के शून्यवाद के बाद महायानी बौद्धों की एक दूसरी शाखा अस्तित्व में आई। ये महायानी बौद्ध योगाचार कहे गए और उनका सिद्धांत विज्ञानवाद के रूप में जाना गया। विज्ञानवाद में भी भाववाद का अच्छा विकास हुआ, जिसका श्रेय असंग और वसुबंधु नामक दो दार्शनिकों को है। उन्होंने योग पर अत्यधिक बल दिया, क्योंकि उनकी पद्धति थी ध्यान और समाधि, जिसके द्वारा वे चेतना को प्रत्येक बाहरी वस्तु से हटाकर शुद्ध आंतरिक वस्तु से लगाना चाहते थे, जिससे कि सर्वोच्च दार्शनिक बोध तक पहुंच सकें। ऊपर जापान के जिस जेन-संप्रदाय का जिक्र किया गया है, उसका संबंध महायान की इन्हीं दार्शनिक शाखाओं से है। इसका आरंभ ईसा की छठी शताब्दी में चीन में हुआ, लेकिन इसका अत्यधिक प्रसार परवर्ती काल में जापान में हुआ। जेन अथवा ध्यान-संप्रदाय का सिद्धांत यह है कि बुद्ध ने जिस संबोधि की प्राप्ति की थी,

उसे किसी भी बाहरी साधन के द्वारा किसी तक पहुंचाया नहीं जा सकता। इस कारण सारी सैद्धांतिक शिक्षा और अनुष्ठान बेकार है और ध्यान अथवा किसी व्यक्ति की मूल प्रकृति की एकाग्रता ही वह मार्ग है, जिससे कोई अपने भीतर बुद्धत्व की अनुभूति कर सकता है। ग्रंथों और अनुष्ठानसंबंधी आडंबर के प्रति पूर्ण अनादर भाव रखने के कारण जेन-सिद्धांत बहुत लोकप्रिय हुआ। जैसी कि सूचना मिलती है, पिछले दशकों में अपने अतर्कबुद्धिवाद और अंत:प्रज्ञात्मकतावाद के कारण इसने पश्चिम यूरोपीय तथा अमरीकी दार्शनिकों को भी बेहद आकर्षित किया है।

पश्चिम की नई विचारधारा के प्रति अज्ञेय का आकर्षण एक सुपरिचित तथ्य है। छठे दशक के अंतिम वर्षों में एक नई बात यह हुई कि उन्होंने यूरोप के बाद पूर्वी एशिया के जापान जैसे देश का भी भ्रमण किया। इस क्रम में वे जापान की कविता के साथ-साथ उसके धर्म और संस्कृति के भी प्रत्यक्ष संपर्क में आए। स्वभावत: उन पर उसका अच्छा प्रभाव पड़ा, जिसका प्रमाण 1959 में प्रकाशित उनका 'अरी ओ करुणा प्रभामय' नामक कविता-संग्रह है, जिसमें अनेक जापानी कविताओं का अनुवाद संगृहीत है। इस पुस्तक की भूमिका में अज्ञेय ने जो कुछ लिखा है, वह 'असाध्य वीणा' शीर्षक कविता की पृष्ठभूमि को समझने की दृष्टि से बहुत उपयोगी है। उनके शब्द हैं : 'जापान के 'जेन' बौद्ध संप्रदाय की विचार और साधना पद्धतियों का, और तत्संबंधी साहित्य और वृत्त का भी, लेखक आभारी है।' जेन-संप्रदाय की ओर उन्हें ले जाने के पीछे पश्चिमी झुकाव भी है, इसकी सूचना भी उनके कथनों से मिलती है। इसके अलावा भी उन्होंने कई बातें कही हैं, जिन्हें जानना जरूरी है, यथा : 'चीन और जापान की चित्रकला और जापान की काव्यकला से,पश्चिम के कई कवियों ने नई दृष्टि पाई। हम भारतवासी, जो केवल 'पूर्व' होने के नाते 'दूर-पूर्व' और पश्चिम के बीच में आते हैं, इन देशों की कला से उतने दूर नहीं हैं, जितने फ्रांस या जर्मनी के कवि थे। फिर भी हम उनसे नई दृष्टि पा सकते हैं—उनकी परंपरा में भारत की जो देन रही, उसी के तद्देशीय रूप से भी। जापानी 'जेन' भारतीय 'ध्यान' का ही रूप है, किंतु 'जेन' का साहित्य भंडार आज के भारतीय लेखक के लिए भी कितना स्फूर्तिप्रद है!' यहां यह भी विचारणीय है कि अज्ञेय ने अपनी कविता में पूर्व-पश्चिम का जो प्रभाव लिया है, वह कितना वांछनीय है। इस प्रसंग में उनका यह कथन ध्यातव्य है कि 'बंद घर में प्रकाश पूर्व या पश्चिम या किसी भी निश्चित दिशा से आता है—पर खुले आकाश में वह सभी ओर से समाया रहता है, इसी में उसका आकाशत्व है।' स्पष्टत: महत्वपूर्ण उक्त प्रभाव नहीं, बल्कि कविता का स्वरूप और उसकी अंतर्वस्तु है, जो उस प्रभाव से निर्मित हुई है।

2

हिंदी में आधुनिक काल में लंबी कविता बहुत पहले से लिखी जा रही है। सुमित्रानंदन पंत ने 'परिवर्तन' शीर्षक लंबी कविता लिखी थी और जयशंकर प्रसाद ने 'प्रलय की छाया' शीर्षक। इन दोनों की कविताओं में कवि क्रमश: विचार और कथा का सूत्र पकड़कर आगे चले थे। तात्पर्य यह कि पहली कविता की लंबाई का कारण यदि विचार है, तो दूसरी कविता की लंबाई का कारण कथा। इन कविताओं के बाद निराला ने भी छायावादी दौर में तीन लंबी कविताएं लिखीं—'तुलसीदास', 'सरोजस्मृति' और 'राम की शक्तिपूजा'। 'तुलसीदास' यद्यपि एक अंतर्मुखी प्रबंधकाव्य के रूप में जाना जाता है, उसका मूल स्वरूप सौ बंदों में रची गई एक लंबी कविता का है। 'सरोज-स्मृति' एक नए ढंग की लंबी कविता है, जिसे निराला ने सरोज और अपने-आप से संबंधित स्मृतियों को गूंथकर तैयार किया है। 'राम की शक्तिपूजा' निश्चय ही एक कथात्मक कविता है, लेकिन उसमें भी कवि का जोर मनोभावों के चित्रण पर है, जैसे 'प्रलय की छाया' में प्रसाद का। लेकिन 'लंबी कविता' एक नए काव्य-प्रकार के रूप में मुक्तिबोध की मृत्यु के बाद उन्हीं की कविताओं पर विचार करने के क्रम में अस्तित्व में आई। उनकी ज्यादातर कविताएं लंबी हैं और उनमें कथा के तत्व भी हैं, लेकिन उन्होंने स्वयं अलग से लिखकर यह बतलाया है कि उनके लंबी होने का कारण कुछ और है। इसका रहस्य उनकी रचना-प्रक्रिया में निहित है। वे कविता लिखते थे, तो उनकी भावधारा में अनेक प्रकार के प्रासंगिक भावस्रोत आकर मिलते जाते थे, जिससे न केवल उसका आकार लंबा हो जाता था, बल्कि उसका स्वरूप भी बहुत कुछ अनिर्दिष्ट हो जाता था, यद्यपि संवेदनात्मक उद्देश्य स्पष्ट रहने से उसकी दिशा कभी अंधेरे में न खोती थी। यह सुज्ञात है कि उसमें उनकी कल्पना-शक्ति का अत्यधिक योगदान होता था, जिसकी अतर्क्यता के चलते उन्होंने स्वयं उसे 'फैंटेसी' कहकर पुकारा है।

समकालीन हिंदी काव्यालोचन में 'लंबी कविता' के चर्चा में आने के पहले ही, जैसा कि हमने देखा है, 'असाध्य वीणा' शीर्षक कविता प्रकाश में आ चुकी थी, लेकिन किसी ने इसे 'लंबी कविता' के रूप में ग्रहण नहीं किया। सबने यही समझा कि यह कथा का सहारा लेकर चलने वाली एक लंबे आकार की कविता है। बाद में जब मुक्तिबोध से प्रेरित होकर युवा कवि धड़ाधड़ लंबी कविताएं लिखने लगे, तो इस कविता की तरफ भी ध्यान गया और इसकी गिनती भी लंबी कविताओं में की जाने लगी, यद्यपि इसके प्रति आलोचकों का रुख बहुत अनुकूल न था। कहने की आवश्यकता नहीं कि 'पटकथा' के साथ 'इस व्यवस्था में' (लीलाधर जगूड़ी), 'खंड खंड पाखंड पर्व' (मणि मधुकर), 'लुकमान अली' (सौमित्र मोहन) और 'मुक्तिप्रसंग' (राजकमल चौधरी) ये सभी लंबी कविताएं एक दौर की ही रचनाएं हैं। 'असाध्य वीणा' 'अंधेरे

में' के साथ-साथ इन सभी कविताओं से अपनी प्रकृति और आकृति में बहुत-कुछ भिन्न है, इसलिए लंबी कविताओं की चर्चा के प्रसंग में इस पर उतना ध्यान नहीं दिया जा सका, जितने की यह अधिकारी है।

डा. रामस्वरूप चतुर्वेदी ने लिखा है कि 'असाध्य वीणा' एक जापानी लोककथा पर आधारित कविता है। यह संभव है, पर इस प्रसंग में ज्ञातव्य यह है कि इसके स्वरूप को भारतीय बनाने के लिए अज्ञेय ने भरसक प्रयास किया है। इस कविता का परिवेश तो भारतीय है ही, इसमें आने वाले दो पात्रों के नाम भी भारतीय हैं, यथा वज्रकीर्ति और प्रियंवद केशकंबली। संभव है, वज्रकीर्ति महायानी दार्शनिक धर्मकीर्ति के अनुकरण पर गढ़ा हुआ नाम हो, जैसा कि प्रियंवद केशकंबली अजित केशकंबली के अनुकरण पर गढ़ा हुआ नाम है। जैसा कि ऊपर संकेत किया गया है, वज्रकीर्ति एक महायानी दार्शनिक हुए हैं, लेकिन धर्मकीर्ति की ख्याति उनकी तुलना में बहुत ज्यादा रही है। इस कविता का केशकंबली एक पूरी तरह से काल्पनिक चरित्र है, क्योंकि ऐतिहासिक केशकंबली के विपरीत वह एक महायानी दार्शनिक के अनुयायी के रूप में हमारे सामने आता है। इस तरह कहा जा सकता है कि इस कविता के चरित्र यथार्थ न होकर बहुत दूर तक कवि की कल्पसृष्टि हैं। यह उसकी कोई त्रुटि न होकर उसकी सर्जनशीलता का प्रमाण है। लोककथा जिस रूप में भी प्रचलित हो, इस कविता में उसे जो रूप प्रदान किया गया है, पूरी तफसील के साथ, वह अज्ञेय का अपना है।

आखिर इस कविता की अंतर्वस्तु क्या है और इसमें कवि ने क्या कहना चाहा है? इसमें एक वीणा है, जो असाध्य है, यानी जो किसी से सध नहीं पाती, जिसे कोई बजा नहीं पाता। यह वीणा कहां से आई? अज्ञेय राजा के माध्यम से कहते हैं :

यह वीणा उत्तराखंड के गिरि-प्रांतर से
घने वनों में जहां तपस्या करते हैं व्रतचारी—
बहुत समय पहले आई थी।
पूरा तो इतिहास न जान सके हम :
किंतु सुना है
वज्रकीर्ति ने मंत्रपूत जिस
अति प्राचीन किरीटी-तरु से इसे गढ़ा था—
उसे कानों में हिमशिखर रहस्य कहा करते थे अपने,
कंधों पर बादल सोते थे,
उसकी करि-शुंडों-सी डालें
हिम-वर्षा से पूरे वन-यूथों का कर लेती थीं परित्राण,
कोटर में भालू बसते थे,
केहरि उसके वल्कल से कंधे खुजलाने आते थे।

और—सुनो है—जड़ उसकी जा पहुंची थी पाताल-लोक,
उसकी गंध-प्रवण शीतलता से फण टिका नाग वासुकि सोता था।
उसी किरीटी-तरु से वज्रकीर्ति ने
सारा जीवन इसे गढ़ा :
हठ-साधना यही थी उस साधक की—
वीणा पूरी हुई, साथ साधना, साथ ही जीवन-लीला।

इस विवरण से यह स्पष्ट है कि यह वीणा वस्तुतः कोई वीणा न होकर आध्यात्मिक सत्य का मूर्तिमान रूप है। यह सत्य किसी साधारण व्यक्ति ने नहीं, वज्रकीर्ति जैसे साधक ने अपने संपूर्ण जीवन की तपस्या से उपलब्ध किया था। अज्ञेय ने उसकी साधना को 'हठ-साधना' कहा है, जिसके दोनों ही अर्थ हो सकते हैं—'हठपूर्वक की गई साधना' और 'हठयोग के माध्यम से की गई साधना।' हठयोग वाली बात निरी कल्पना नहीं है, क्योंकि वज्रकीर्ति, जो धर्मकीर्ति का प्रतिरूप हो सकते हैं, शून्यवाद और विज्ञानवाद के बीच समन्वय की स्थापना करने वाले दार्शनिक थे। वीणा की रचना जिस वृक्ष से की गई थी, उस वृक्ष को अज्ञेय ने 'किरीटी-तरु' कहा है, जिसका मतलब सभी वृक्षों का किरीट अथवा सिरमौर हो सकता है। यह वृक्ष अतिशय पुराना था, बहुत ही ऊंचा, उतना ही छतनार, कोटरों वाला और जिसकी छाल बहुत ही कड़ी थी। उसकी जड़ पाताल-लोक में पहुंची हुई थी, जिससे अपना फण टिकाकर वासुकि नाग नींद लिया करता था। यह भव्य वृक्ष जीवन का प्रतीक है, जो एक साथ प्राचीन, उच्च, व्यापक, दृढ़ और गहन है, और वीणा उसके सत्य की प्रतीक, जिसे कोई साधक ही लंबी साधना के बाद उपलब्ध कर सकता है। कविता में थोड़ा ही आगे बढ़ने पर केशकंबली कहता है : 'कलावंत हूं नहीं, शिष्य, साधक हूं'—/जीवन के अनकहे सत्य का साक्षी।' इसमें 'जीवन का सत्य', 'अनकहा' और 'साक्षी' तीनों ही महत्वपूर्ण हैं। 'जीवन का सत्य' वही है, जिसका अभी-अभी ऊपर उल्लेख किया गया है। 'अनकहा' का आशय यह है कि अभी तक वह अकथित अथवा अप्रकट है। केशकंबली को भी उस सत्य का अनुभव हो चुका है, इसलिए वह अपने को उसका साक्षी बतलाता है। प्रश्न यह उठता है कि जीवन का वह सत्य, जिसे वीणा प्रतीकित करती है, वस्तुतः है क्या? संक्षेप में वह जीवन का उसके पूरे विस्तार में और संबंधों के साथ तीव्र अनुभव है, ऐसा कि उसमें अनुभवकर्ता का अस्तित्व विलीन हो जाए। यह अवस्था तीक्ष्ण एकाग्रता अथवा ध्यान के द्वारा ही उपलब्ध की जा सकती है। ताज्जुब नहीं कि इस कविता में अनेक बार 'ध्यान' शब्द का प्रयोग किया गया है। ऊपर केशकंबली का जो कथन उद्धृत किया गया है, उसके आगे हमें उसके ये शब्द मिलते हैं : 'वज्रकीर्ति! / प्राचीन किरीटी-तरु! / अभिमंत्रित वीणा! / ध्यानमात्र इनका तो गद्‌गद विह्वल कर देने वाला है।' यहां 'ध्यान' शब्द अपने पूरे अर्थों में प्रयुक्त नहीं है, फिर भी उससे इस बात का संकेत मिल जाता है कि यह इस कविता का बीज-शब्द है।

'असाध्य वीणा' की कहानी संक्षेप में यह है कि एक राजा के पास वज्रकीर्ति द्वारा निर्मित एक ऐसी वीणा थी, जिसे कोई बजा नहीं पाता था। अंततः उसके निमंत्रण पर एक बार प्रियंवद केशकंबली नामक एक साधक उसकी सभा में उपस्थित हुआ, जिसने वीणा को साधकर दिखला दिया। उससे ऐसा संगीत अवतरित हुआ कि उससे राजा-रानी को क्रमशः अपने जीवन को धर्म-भाव से उत्सर्ग करने और प्रेम को जीवन में सर्वश्रेष्ठ स्थान देने की प्रेरणा प्राप्त हुई। जो श्रोता थे, उन्हें उससे अपना-अपना काम्य मिल गया। तत्पश्चात केशकंबली नमस्कार करके जिस गुफा से आया था, उसी को लौट गया। कहानी सुनाने के बाद अज्ञेय कहते हैं कि 'युग पलट गया।' इसका मतलब यह हुआ कि इस घटना का युगांतरकारी प्रभाव हुआ। अब आप यह देखें कि केशकंबली ने वीणा को कैसे साधा? वस्तुतः यही इस कविता की मुख्य वस्तु है, जिसे कवि ने विस्तार से वर्णित किया है। वादक ने पहले वाद्य को उठाकर अपनी गोद में रख लिया। फिर धीरे-धीरे उस पर झुककर उसके तारों पर अपना माथा टेक दिया। देखने वालों के मन में आशंका पैदा हुई कि वह कहीं सो तो नहीं रहा है, हारकर तो नहीं वाद्ययंत्र पर झुक गया है? क्या वीणा सचमुच ऐसी है, जिसे कोई नहीं बजा सकता? अज्ञेय ऐसी सभी आशंकाओं का निराकरण करते हुए कहते हैं :

पर उस स्पंदित सन्नाटे में
मौन प्रियंवद साध रहा था वीणा—
नहीं, स्वयं अपने को शोध रहा था।
सघन निविड़ में वह अपने को
सौंप रहा था उसी किरीटी-तरु को।

अंतिम दो पंक्तियां बहुत ही मार्मिक हैं, जिनका मतलब यह है कि साधक अपने लक्ष्य को यानी जीवन-सत्य को तभी प्राप्त कर सकता था, जबकि वह जीवन को समर्पित हो जाए, यानी जीवन और उसके बीच कोई भेद न रह जाए। आगे भी अज्ञेय ने कहा है :

भूल गया था केशकंबली राज-सभा को :
कंबल पर अभिमंत्रित एक अकेलेपन में डूब गया था
जिसमें साक्षी के आगे था
जीवित वही किरीटी-तरु…

केशकंबली के इस विस्मरण में उसकी एकग्रचित्तता थी, उसके ध्यान में जीवनरूपी महावृक्ष के अलावा और कुछ न था। पुनः कवि के शब्दों में, 'संबोधित कर उस तरु को, करता था / नीरव एकालाप *प्रियंवद।*' तात्पर्य यह कि अपने परिवेश का विस्मरण उसके लिए जीवनरूपी महावृक्ष का स्मरण था। सच पूछा जाए तो इस स्मरण में ही इस कविता का ऐश्वर्य और उत्कर्ष निहित है।

3

केशकंबली ध्यानावस्था में सर्वप्रथम जीवनरूपी महावृक्ष को संबोधित कर उसका उदात्त रूप प्रस्तुत करता है। वह बतलाता है कि कैसे हजारों बार झर-झर करते पतझड़ ने उसे उजाड़ा और मर्मर करते वसंत ने संवारा है, पता नहीं कितनी रिमझिम बरसातों में कितने जुगनू उस पर टिमटिमाए हैं, दिन में भौंरों ने उसे गुंजारित किया है और रात में झिल्ली ने उसे अपना अविराम मंगलगान सुनाया है, साथ ही सुबह-शाम अपरिचित पक्षियों की आनंदपूर्ण क्रीड़ा-ध्वनि उसकी डाली-डाली को प्रकंपित कर गई है। वह वृक्ष विशाल तो है ही, वह पूरे वन-प्रदेश का अग्रज है, आश्रयस्थल, अपनी छाया से बहुतों को त्राण देने वाला और अपने पत्तों के कारण जैसे वन में सुनाई पड़ने वाली ध्वनियों का मूर्तिमान रूप। केशकंबली उस महावृक्ष को संबोधित कर कहता है : 'मैं तुझे सुनूं, / देखूं, ध्याऊं / अनिमेष, स्तब्ध, संयुत, निर्वाक्'। इस उक्ति में दो शब्द विशेष रूप से गौर करने लायक हैं—'ध्याऊं', जिसका संबंध 'ध्यान' करने से है और 'संयुत', जिसका मतलब महावृक्ष से जुड़ने से है। आगे वह ठीक ही कहता है कि वीणा उसकी गोद में है, लेकिन वह स्वयं महावृक्ष की गोद में बैठा प्रसन्नता से भरा बालक है! वह वीणा को बजाना चाहता है, लेकिन उसके माध्यम से स्वर तो उस महावृक्ष का ही निकलेगा। स्मरण दिलाने की जरूरत नहीं कि जो जीवन-सत्य है, वह जीवन की ही अभिव्यक्ति है। इस तरह वीणा का गान महावृक्ष का ही गान होगा, लेकिन उसके माध्यम से वह कब गाएगा? निश्चय ही तब, जब साधक जीवन को पूरी तरह अपने को सौंप देगा या उसमें अपने को विलीन कर देगा।

वह महावृक्ष से कहता भी है—'तेरे दोलन की लोरी पर झूमूं मैं तन्मय'। इस पंक्ति में उपर्युक्त बालक से 'लोरी' की संगति तो ध्यान देने लायक है ही, 'तन्मय' शब्द भी ध्यान देने लायक है। जीवन से दूर रहकर, बिना उसमें मिले, कोई जीवन के सत्य को नहीं पा सकता। असल चीज है जीवन, यानी वह महावृक्ष। वीणा तो उसका निष्क्रिय अंग है, अंगी तो वही है, रस और प्रकाश से भरा हुआ। वह प्रकाश स्मृति का भी है और श्रुति का भी। अज्ञेय ने 'स्मृति' और 'श्रुति' इन दोनों शब्दों का प्रयोग सामान्य अर्थ में किया है, लेकिन इनकी ध्वनि स्मृति-ग्रंथों और श्रुति यानी वेदों तक जाती है। कहा जा चुका है कि इस कविता में जिस दर्शन की प्रेरणा ली गई है, वह महायानी दर्शन हिंदू दर्शन का अविरोधी है। किरीटी-तरु अतिशय प्राचीन है, इसलिए जैसा कि डा. चतुर्वेदी ने लिखा है, उसने अपने भीतर वन्य जीवन के बहुविध अनुभवों को समो रखा था। इस तरह उसका स्मरण करने का मतलब उसके पूरे अतीत-अनुभव को स्मरण करना है; उसे अपने को सौंपने का मतलब उसकी पूर्णता में उसे अपने को सौंपना है, उसके अनुभव के पूरे सौंदर्य और पूरी विभीषिका के साथ। यही कारण है

कि अज्ञेय ने कविता के अगले चार बंदों में वन्य जीवन का चित्र खींचा है, जो अपनी सजीवता और आकर्षण में असाधारण है। उनमें से कम से कम दो चित्र अवश्य द्रष्टव्य हैं। पहला चित्र वन के सौंदर्य का है और दूसरा उसकी विभीषिका का। स्वभावतः पहला चित्र कोमल है और दूसरा कठोर। लक्ष्य करने योग्य है कि दोनों चित्र छोटे-छोटे अनेक चित्रों के योग से निर्मित हैं।

पहला चित्र :

हां, मुझे स्मरण है :
बदली—कौंध——पत्तियों पर वर्षा-बूंदों की पटपट।
घनी रात में महुए का चुपचाप टपकना।
चौंके खग-शावक की चिहुंक।
शिलाओं को दुलराते वन-झरने के
द्रुत लहरीले जल का कल-निनाद।
कुहरे में छनकर आती
पर्वती गांव के उत्सव-ढोलक की थाप।
गड़रिए की अनमनी बांसुरी।
कठफोंड़े का ठेका। फुलसुंघनी की आतुर फुरकन।
ओस-बूंद की ढरकन—इतनी कोमल, तरल, कि झरते-झरते मानो
हरसिंगार का फूल बन गई।
भरे शरद के ताल, लहरियों की सरसर-ध्वनि।
कूंजों का क्रेंकार। कांद लंबी टिट्टिभ की।
पंख-युक्त सायक-सी हंस-बलाका।
चीड़-वनों में गंध-अंध उन्मद मतंग की जहां-तहां टकराहट
जल-प्रपात का प्लुत एकस्वर।
झिल्ली-दादुर, कोकिल-चातक की झंकार-पुकारों की यति में
संसृति की सांय-सांय।

इस चित्र के सौंदर्य को प्रकट करने के लिए उसका विश्लेषण कतई आवश्यक नहीं है। बस सिर्फ इस ओर ध्यान दिलाना है कि चूंकि प्रसंग वीणा-वादन का है, इसलिए केशकंबली के माध्यम से अज्ञेय ने अपना ध्यान सिर्फ नाना प्रकार की ध्वनियों पर केंद्रित किया है। ऊपर किरीटी-तरु का जो चित्र आता है, उसमें भी ध्वनि पर ही कवि का ध्यान केंद्रित है। यहां भी पटपट, टपकना, चिहुंक, कल-निनाद,थाप, बांसुरी, ठेका, फुरकन, झरना, सरसर, क्रेंकार, कांद, टकराहट, प्लुत एकस्वर, झंकार, पुकार आदि सारे शब्दों का संबंध तीव्र या मंद ध्वनि से ही है। 'पंख-युक्त सायक-सी हंस-बलाका' जैसी पंक्ति में ध्वनि का उल्लेख नहीं है, लेकिन इससे जो चित्र बनता है, उसमें हंसों

और बगुलों के पंखों की सरसराहट छोड़े हुए बाण की सनसनाहट सी सुनाई पड़ती है। ध्वनियों का यह संसार ही वन्य-जीवन का संसार है, जिसे अपनी स्मृति के माध्यम से केशकंबली सजीव करता है!

दूसरा चित्र वन के भयानक दृश्यों को सामने लाता है। यहां भी कवि का ध्यान ध्वनियों पर ही है। वह चित्र है :

हां, मुझे स्मरण है :
दूर पहाड़ों से काले मेघों की बाढ़
हाथियों का मानो चिंघाड़ रहा हो यूथ।
घरघराहट चढ़ती बहिया की।
रेतीले कगार का गिरना छप्-छड़ाप।
झंझा की फुफकार, तप्त,
पेड़ों का अरराकर टूट-टूटकर गिरना।
ओले की कर्री चपत...
घाटियों में भरती
गिरती चट्टानों की गूंज—
कांपती मंद्र गूंज—अनुगूंज—सांस खोई सी,
धीरे-धीरे नीरव।

चिंघाड़, घरघराहट,छप्-छड़ाप, फुफकार, अरराना, कर्री चपत और गिरती चट्टानों की गूंज ये सब ध्वनियां ही हैं, डरावनी। इस बंद में कुछ कोमल चित्र भी हैं, जैसे 'ऐंठी मिट्टी का स्निग्ध घाम में धीरे-धीरे रिसना' और 'हिम-तुषार के फाहे धरती के घावों को सहलाते चुपचाप।' अज्ञेय को दाद देनी चाहिए कि उन्होंने मिट्टी के रिसने और घावों को सहलाने की सूक्ष्म ध्वनि भी सुन ली है। अगले बंद में ध्वनि ही ध्वनि है। उदाहरणार्थ :

मुझे स्मरण है
हरी तलहटी में, छोटे पेड़ों की ओट, ताल पर
बंधे समय वन-पशुओं की नानाविध आतुर-तृप्त पुकारें;
गर्जन, घुर्घुर, चीख, भूंक, हुक्का, चिचियाहट।
कमल-कुमुद-पत्रों पर चोर-पैर द्रुत धावित।
जल-पंछी की चाप।
थाप दादुर की चकित छलांगों की।
पंथी के घोड़े की टाप अधीर।
अचंचल धीर थाप भैंसों के भारी खुर की।

गर्जन, घुर्घुर, चीख, भूंक आदि तो ध्वनियां हैं ही, चाप,थाप, टाप भी ध्वनिसूचक शब्द

ही हैं। इसका क्रम अगले बंद में भी बना रहता है और उसमें आने वाले एक से एक कोमल और सूक्ष्म दृश्य कोई न कोई ध्वनि ही उत्पन्न कर जाते हैं। सिहरन, गुंजार और झरना क्रियापद का प्रयोग इसके प्रमाण हैं। इस बंद के आखिरी चरण में कवि ने 'लीयमान' शब्द का प्रयोग किया है, जोकि पूरी कविता की अंतर्वस्तु से सामंजस्य रखने वाला है।

किरीटी-तरुरूपी जीवन की नाना प्रकार के स्वरों के रूप में अवधारणा करने वाला स्वरसिद्ध केशकंबली तीव्र स्मरण के माध्यम से जीवन को अर्पित होने के बाद जो कुछ कहता है, उस पर ध्यान देना इस कविता के मर्म को समझने की दृष्टि से आवश्यक है। उसके शब्द हैं :

मुझे स्मरण है
और चित्र प्रत्येक
स्तब्ध, विजड़ित करता है मुझको।
सुनता हूं मैं
पर हर स्वर-कंपन लेता है मुझको मुझसे सोख—
वायु-सा नाद-भरा मैं उड़ जाता हूं।...
मुझे स्मरण है—
पर मुझको मैं भूल गया हूं :
सुनता हूं मैं—
पर मैं मुझसे परे, शब्द में लीयमान।

इस उद्धरण में केशकंबली कहता है कि 'हर स्वर-कंपन लेता है मुझको मुझसे सोख'। तात्पर्य यह कि जीवन के प्रति उसका समर्पण स्वर के माध्यम से ही संभव होता है। वही उसके मैं-पन अर्थात उसकी ऐकांतिकता से उसे मुक्त करता है। विराट की अनुभूति, वह विराट जीवन ही क्यों न हो, इसी मार्ग से संभव है। केशकंबली अभी अपने निजी अस्तित्व से छुटकारा पाकर पूरी तरह से जीवन की विराटता में लय हो गया है। वह कहता है कि मैं अपने-आप को भूल गया हूं। मैं शब्द सुन रहा हूं, पर अपने-आप से परे होकर। इस तरह मैं उस शब्द में पूरी तरह से विलीन हो रहा हूं। यहां पुनः कवि ने 'लीयमान' शब्द का प्रयोग किया है। अगले और उसके नीरव एकालाप से संबंधित अंतिम बंद में भी केशकंबली कहता है : 'मैं नहीं, नहीं! मैं कहीं नहीं!' वह किरीटी-तरु को लगातार 'स्वर-संभार' और 'नादमय संसृति' कहकर संबोधित करता है और उससे निवेदन करता है कि वह उसे उसकी अकिंचनता को भूलकर आच्छादित कर ले। वह अपने को गूंगा कहता है और यह कामना करता है कि उसके गूंगेपन को किरीटी-तरु के 'सोए स्वर-सागर का ज्वार डुबा ले!' यदि यह कहा जाए कि अज्ञेय कवि थे, स्वयं एक स्वर-साधक, इसलिए उन्होंने जीवन की अवधारणा, भले केशकंबली के माध्यम से, स्वर-संघात के रूप में की, तो वह असंगत न होगा।

अंत में केशकंबली जिन शब्दों में संगीत में अवतरित होने के लिए किरीटी-तरु का आह्वान करता है, वह देखने लायक है :

तू उतर बीन के तारों में
अपने से गा
अपने को गा—
अपने खग-कुल को मुखरित कर
अपनी छाया में पले मृगों की चौकड़ियों को ताल बांध,
अपने छायातप, वृष्टि-पवन, पल्लव-कुसुमन की लय पर
अपने जीवन-संचय को कर छंदयुक्त,
अपनी प्रज्ञा को वाणी दे!
तू गा, तू गा—
तू सन्निधि पा—तू खो
तू आ—तू हो—तू गा! तू गा!

ध्यातव्य है कि इन पंक्तियों में ताल भी है, लय भी, छंद भी है और वाणी भी। स्वर-साधक की व्याकुलता जब चरम बिंदु पर पहुंच जाती है, तो वह जीवन से भी निवेदन करता है कि वह स्वर में रूपांतरित होकर चरम सान्निध्य को प्राप्त करे, वह हर तरह से अपने को स्वर में खो दे; वह भी नया अस्तित्व प्राप्त करे, वह भी नए सिरे से संभव हो।

साधक के इस व्याकुलतापूर्ण निवेदन के बाद अचानक वीणा झंकृत हो उठती है। कवि के अनुसार उससे जो संगीत अवतरित होता है, वह स्वयंभू है, जिसमें ब्रह्मा का अखंड और अशेष आलोकमय मौन सोया रहता है। 'संगीत' और 'मौन' का विरोध यहां ध्यान देने लायक है। संगीत स्पष्टतः स्वर है, लेकिन वस्तुतः वह अंधियारे अंतस को आलोकित कर देने वाला 'महामौन' है। ठीक इसी तरह कविता में जिस किरीटी-तरु और उसके वन्य परिवेश को केशकंबली स्मरण करता है, उसमें अपने को विलीन करने के लिए, वह भी कुछ नहीं यानी शून्य है। वीणा के बज उठने की खुशी में जब राजा 'साधु! साधु!' कहता हुआ अपने सिंहासन पर से उतरकर उसकी ओर बढ़ता है, तो वह कहता है :

श्रेय नहीं कुछ मेरा :
मैं तो डूब गया था स्वयं शून्य में—
वीणा के माध्यम से अपने को मैंने
सब कुछ को सौंप दिया था—
सुना आपने जो वह मेरा नहीं,
न वीणा का था :
वह तो सब कुछ की तथता थी—

महाशून्य
वह महामौन
अविभाज्य, अनाप्त, अद्रवित, अप्रमेय
जो शब्दहीन
सबमें गाता है।

इन पंक्तियों को इस कविता की केंद्रीय पंक्तियां कहा जा सकता है, क्योंकि इन तक पहुंचकर इसका अर्थ पूरी तरह से स्पष्ट हो जाता है। महायान की शून्यवादी शाखा के अनुसार सब कुछ शून्य है। उपनिषदें तो परमात्मा को भी शून्य कहती हैं, जिसकी अनुभूति ज्ञान की सामान्य पद्धति के द्वारा संभव नहीं है, उसे साधना की खास अवस्था में ही जाना जा सकता है, जोकि एक रहस्यात्मक अवस्था है। यहां केशकंबली भी कहता है कि 'मैं तो डूब गया था स्वयं शून्य में'। उसकी यह अवस्था ऐसी थी, जिसमें उसने अपने अस्तित्व को वन्य जीवन के संपूर्ण अनुभवों से युक्त किरीटी-तरु को पूर्णतः न्यौछावर कर दिया था। वह राजा से कहता है कि आपने जो स्वर सुना, वह न तो मेरा था, न वीणा का। वह तो वस्तुतः किरीटी-तरु और वन का यथार्थ था, जो महाशून्य और महामौन के अलावा और कुछ नहीं। उसके अनुसार वह महामौन अखंड है, अनात्म है, अद्रवणशील अथवा अभेद्य है और असीम है। है तो वह शब्दहीन, लेकिन सबमें उसी का शब्द, उसी का गान सुनाई पड़ता है। यहां आकर शून्य और उसकी अनुभूति के अलावा कुछ शेष नहीं रह जाता है।

आखिर इस शून्य-साधना से क्या फायदा है ? अज्ञेय ने यह वीणा के स्वर का श्रोताओं पर जो असर पड़ता है, उसके माध्यम से बतलाया है। राजा को वह स्वर जयदेवी द्वारा गाए जाने वाले मंगलगान के रूप में सुनाई पड़ा, जिसका उस पर यह असर हुआ : 'ईर्ष्या, महदाकांक्षा, द्वेष, चाटुता / सभी पुराने लुगड़े-से झर गए, निखर आया था जीवन-कांचन / धर्म-भाव से जिसे निछावर वह कर देगा।' रहस्यवादी यह नहीं मानते कि उनकी साधना जीवननिरपेक्ष होती है। उनके अनुसार रहस्यसाधना से जीवन-कांचन निखार को प्राप्त करता है और उसके बाद धर्म की चरितार्थता में न्यौछावर हो जाता है। रानी को वीणा का स्वर बादलों में कौंध की तरह दिखलाई पड़ा, जो उसे बतला गई कि सारा राजसी श्रृंगार और सज्जा अंधकार के कण हैं और प्रकाश एक ही है—प्यार। रानी निश्चय करती है कि सब छोड़कर उसी प्यार को सिद्ध करेगी। अज्ञेय ने लिखा है कि बाकी जितने श्रोता थे, उन्हें जैसे उस स्वर के श्रवण से अपना काम्य प्राप्त हो गया। यहां उन्होंने उसका जो विवरण प्रस्तुत किया है, उसे उनके सधे हुए कवित्व को जानने के लिए देखना जरूरी है। यहां जानबूझकर उससे एक लंबा अंश उद्धृत किया जा रहा है :

> किसी एक को नई वधू की सहमी-सी पायल-ध्वनि।
> किसी दूसरे को शिशु की किलकारी।
> एक किसी को जाल-फंसी मछली की तड़पन—
> एक अपर को चहक मुक्त नभ में उड़ती चिड़िया की।
> एक तीसरे को मंडी की ठेलमठेल, गाहकों की आस्पर्द्धा-भरी बोलियां,
> चौथे को मंदिर की ताल-युक्त घंटा-ध्वनि।
> और पांचवें को लोहे पर सधे हथौड़े की सम चोटें
> और छठे को लंगर पर कसमसा रही नौका पर लहरों की अविराम थपक
> बटिया पर चमरौधे की रुंधी चाप सातवें के लिए—
> और आठवें को कुलिया की कटी मेंड़ से बहते जल की छुल-छुल।
> इसे गमक नट्टिन की एड़ी के घुंघरू की—
> उसे युद्ध का ढोल :
> इसे संझा-गोधूली की लघु टुन-टुन—
> उसे प्रलय का डमरु-नाद।
> इसको जीवन की पहली अंगड़ाई
> पर उसको महाजृंभ विकराल काल!

इस विवरण में सारी ध्वनियां अच्छी ही नहीं हैं, कुछ बुरी भी हैं, जैसे 'जाल-फंसी मछली की तड़पन', 'युद्ध का ढोल', 'प्रलय का डमरू-नाद' और 'महाजृंभ विकराल काल', लेकिन इनका आशय भी बुरा नहीं है। जो दूसरों की पराधीनता की पीड़ा के प्रति संवेदनशील हैं, उन्हें वीणा का स्वर जाल में फंसी हुई मछली की तड़फड़ाहट के समान महसूस होता है और जो धर्म-युद्ध के पक्षधर हैं, उन्हें युद्ध के डंके की चोट की तरह। इसी तरह जो पाप के विनाश के लिए प्रलय के आकांक्षी हैं, उन्हें वह ध्वनि शिव के तांडव के समय डमरू से निकलने वाले नाद के समान प्रतीत होती है और जो मृत्यु के आकांक्षी हैं, उन्हें विकराल काल की जंभाई की तरह। जो दशा वीणा के साधक की हुई, वही श्रोताओं की भी। कवि के शब्दों में : 'इयत्ता सबकी अलग-अलग जागी,/ संधीत हुई, / पा गई विलय।' यहां 'संधीत' शब्द ध्यातव्य है, क्योंकि इसका अर्थ बोध या ध्यान में आने से संबंधित है। साधक की तरह श्रोताओं ने भी महावृक्ष और वन की सत्ता में अपनी सत्ता को विलीन कर दिया। कहा जा चुका है कि अज्ञेय ने शून्य-साधना के प्रभाव को युग-परिवर्तन कर देने वाला बतलाया है। जो बात लक्ष्य करने योग्य है वह यह कि उन्होंने यह भी कहा है कि 'उठ गई सभा। सब अपने-अपने काम लगे।' इसका मतलब यह है कि उनका ध्यान जीवन से पलायन करने पर नहीं, बल्कि अपने को महाशून्य में लय रखते हुए अपना जीवन-व्यापार चलाने पर है।

4

हिंदी की नई आलोचना में 'असाध्य वीणा' की उपेक्षा का कारण इसकी अंतर्वस्तु का रहस्यवादी होना है। जैसा कि संकेत किया जा चुका है, रहस्यवादी भी अपनी पद्धति को पलायनवादी या जीवन-निरपेक्ष नहीं मानते। रवींद्रनाथ का उदाहरण हम सबके सामने है। रहस्यवाद व्यक्ति के अहं को एक विराट सत्ता में विसर्जित करने की प्रेरणा देता है। वह विराट सत्ता ब्रह्म भी हो सकता है, मिथकीय रूप में संपूर्ण मानवता भी और काल्पनिक रूप में जीवन भी। लेकिन सवाल विराट में व्यक्ति के सीमित अस्तित्व के विलय का नहीं, उस पद्धति का है, जिससे वह विलय वस्तुत: संभव हो सकता है। यहां यह कह देना भी आवश्यक है कि आधुनिक चिंतन सिंधु में बिंदु के पूर्ण विलय को आदर्श स्थिति नहीं मानता। उसके अनुसार आदर्श स्थिति वह है, जिसमें बिंदु अपना अलग अस्तित्व रखते हुए सिंधु की असीमता के अनुभव से युक्त हो। अपना अलग अस्तित्व बनाए रखना जरूरी है, ताकि व्यक्ति अपने पूरे व्यक्तित्व के साथ अपने व्यक्ति-जीवन अथवा समाज-जीवन में सक्रिय हो सके। यदि व्यक्ति ने अपना व्यक्तित्व गंवा दिया, तो उसकी किसी प्रकार की सक्रियता का कोई अर्थ नहीं होगा, क्योंकि वह सक्रियता एक यंत्र की सक्रियता से अधिक कुछ नहीं होगी। रहस्यवादी मन:साधना या ध्यान के द्वारा विराट सत्ता में अपने को विलीन करने की बात करते हैं, जबकि अनुभव यह बतलाता है कि मनुष्य की चेतना का विकास व्यवहार से अलग रहकर केवल कल्पनालोक में नहीं हो सकता। मनुष्य बदले, विकास करे, जीवन या समाज को समर्पित हो जाए, इसके लिए जरूरी है कि वह कर्मक्षेत्र में उतरे और समाज में जाकर काम करे। 'असाध्य वीणा' के अंत में अज्ञेय ने यह जरूर कहा है कि 'सब अपने-अपने काम लगे', लेकिन सिर्फ इतने से रहस्यवाद की जीवनसापेक्षता सिद्ध नहीं हो जाती। अपने अहं का विसर्जन कल्पना में तो एक साधारण बात है, लेकिन वास्तविकता में एक विकट और जीवनव्यापी प्रक्रिया।

यहां मुक्तिबोध का स्मरण आवश्यक है, क्योंकि उन्हें अज्ञेय का ऐंटी-थीसिस माना जाता है और उनकी कविता 'अंधेरे में' को जाने-अनजाने 'असाध्य वीणा' के विरोध में रखकर देखा गया है। यह सिद्ध करने की आवश्यकता नहीं कि अज्ञेय की कविता जहां ऐकांतिक साधना की कविता है, वहां मुक्तिबोध की कविता ज्वलंत राजनीतिक अंतर्वस्तु वाली कविता, जिसका सार है फासिज्म-विरोध, यद्यपि इस कविता की व्याख्या भी कई आलोचकों ने कवि के आत्मसंघर्ष और अस्मिता की खोज की कविता के रूप में करने की कोशिश की है। मुक्तिबोध ने 'कामायनी : एक पुनर्विचार' नामक अपनी पुस्तक में 'कामायनी' के समरसतावादी दर्शन की आलोचना बहुत ही कठोर शब्दों में यही कहकर की है कि वह रहस्यवादी है और इस कारण व्यवहारनिरपेक्ष। ऐसी स्थिति

में समरसता की प्राप्ति एक मिथक है, यथार्थ नहीं। स्वभावत: वे सत-चित-आनंद की जगह सत-चित-वेदना की ही बात नहीं करते हैं, उसके पूर्व 'सकर्मक' विशेषण लगाना भी आवश्यक समझते हैं। तात्पर्य यह कि उनके लिए सत-चित-वेदना का तभी कोई मतलब है, जबकि वह सकर्मक यानी सक्रिय हो। प्रगतिशील साहित्य में श्रमजीवी वर्ग से एकता स्थापित करने की बहुत बात की जाती थी। मुक्तिबोध ने वहां भी कर्मण्यता की बात की और 'गुंथे तुमसे, बिंधे तुमसे' शीर्षक अपनी कविता में कहा :

> वेदना में हम विचारों की
> गुंथे तुमसे,
> बिंधे तुमसे,
> व आवेष्टित परस्पर हो गए
> कर्मण्य-क्षिप्रा-तीर पर!!

डा. रामस्वरूप चतुर्वेदी ने इस कविता की व्याख्या इसे एक साहित्यिक कविता मानकर की है और कहा है कि इसमें अज्ञेय के 'रचनादर्शन की सबल अभिव्यक्ति' हुई है। यह 'रचनादर्शन' यह है कि कवि अपने अहं का विलय रचना के विस्तार यानी उसके युग-युग के संदर्भों में करके ही कृतकार्य होता है। किसी भी श्रेष्ठ कविता में अर्थ के अनेक स्तर होते हैं, इसलिए कठोरता के साथ उसे एक अर्थ तक ही सीमित नहीं रखा जा सकता, यह सही है, और यह भी सही है कि कला-साधना भी किसी हद तक धर्म-साधना की तरह ही है, तथापि डा. चतुर्वेदीकृत इस कविता की व्याख्या से सहमत नहीं हुआ जा सकता, क्योंकि जैसाकि हमने ऊपर देखा है, वह कविता के पाठ से समर्थित नहीं है। दूसरी बात यह कि 'असाध्य वीणा' को 'आंगन के पार द्वार' की श्रेष्ठ रहस्यवादी कविताओं से अलग करके देखना उचित न होगा। इसकी एक कविता में अज्ञेय कहते हैं : 'यह महाशून्य का शिविर,/असीम,छा रहा ऊपर :/नीचे यह महामौन की सरिता/दिग्विहीन बहती है।' इसी तरह एक दूसरी कविता में : 'अरी ओ आत्मा री, / कन्या भोली क्वांरी/ महाशून्य के साथ भांवरें तेरी रची गईं।' कहने की आवश्यकता नहीं कि यही वह मनोलोक है, जिससे 'असाध्य वीणा' जैसी कविता की सृष्टि हुई है। अज्ञेय का रहस्यवाद सांप्रदायिक नहीं है, क्योंकि वह किसी खास संप्रदाय तक सीमित नहीं है। जैसाकि उन्होंने स्वयं कहा है, उन्होंने मुक्त आकाश की तरह सभी दिशाओं से आने वाले प्रकाश को ग्रहण किया है। लेकिन इसे लेकर दो राय नहीं हो सकतीं कि उनकी जीवनदृष्टि भौतिकवादी न होकर भाववादी है।

कविता की सार्थकता अंतत: उसके कविता होने में है और वह जब पाठकों पर अपना सौंदर्यात्मक प्रभाव डालने में सफल हो जाती है, तो उसे उसके विचार-दर्शन या विशिष्ट प्रकार के भाव-बोध के आधार पर रद्द नहीं किया जा सकता। कहने की आवश्यकता नहीं कि 'असाध्य वीणा' एक अत्यंत श्रेष्ठ कविता है और अज्ञेय के काव्य

में उसक। वही महत्व है,जो प्रसाद के काव्य में 'प्रलय की छाया' का और निराला के काव्य में 'राम की शक्तिपूजा' का। यदि डा. चतुर्वेदी भी ऐसा ही मत रखते हैं, तो उससे असहमत होने का कोई कारण नहीं है। अज्ञेय की इस परवर्ती कविता में जैसे उनकी संपूर्ण सर्जनात्मक प्रतिभा अपनी संपूर्ण सिद्धियों के साथ उद्भासित हो उठी है। इसे प्रत्यक्ष करने के लिए इसके दो-तीन पक्षों पर बहुत विस्तार में न जाते हुए भी दृष्टि डालना आवश्यक है।

'असाध्य वीणा' की जो चीज सबसे पहले प्रभावित करती है, वह है इसमें प्रयुक्त छंद और लय। कुंवर नारायण ने ठीक लक्ष्य किया है कि इस कविता की लय सोलह मात्राओं वाले छंद पर आधारित है। सोलह मात्राओं का छंद तो चौपाई भी है, लेकिन 'असाध्य वीणा' का छंद चौपाई वाले छंद का सहारा लेकर नहीं चलता। वह यदि सहारा लेता है, तो पादाकुलक या पद्धरि छंद का। इन दोनों छंदों में सिर्फ यह अंतर है कि पहले के अंत में जहां लघु-गुरु का विधान होता है, वहां दूसरे में गुरु-लघु का। निराला ने 'सरोजस्मृति' में इन दोनों ही छंदों का पूरी स्वतंत्रता लेते हुए प्रयोग किया है। चरणांत में उन्होंने लघु-गुरु या गुरु-लघु की बंदिश को नहीं माना है और आवश्यकता के अनुसार मात्राओं का प्रयोग किया है। उदाहरणार्थ, कविता की प्रथम पंक्ति 'ऊनविंश पर जो प्रथम चरण' में ही अंत में लघु-गुरु या गुरु-लघु का प्रयोग न होकर लघु-लघु का प्रयोग है। प्रस्तुत कविता में सोलह मात्राओं वाले उक्त छंदों की लय का आधार तो लिया गया है, लेकिन इसका असली सौंदर्य यथास्थान उस लय को खंडित करके अभिव्यक्ति को गद्य के स्तर पर उतार लाने में निहित है। इसमें अज्ञेय ने आवश्यक विराम से काम लिया है, जिससे कविता में एक साथ पद्य और गद्य दोनों की लय का सौंदर्य संभव हो पाया है। एक उदाहरण से यह बात स्पष्ट होगी। कविता के आरंभ में ही कवि किरीटी-तरु का वर्णन करते हुए कहता है :

> उसके कानों में हिम-शिखर रहस्य कहा करते थे अपने,
> कंधों पर बादल सोते थे,
> उसकी करि-शुंडों -सी डालें
> हिम-वर्षा से पूरे वन-यूथों का कर लेती थीं परित्राण,
> कोटर में भालू बसते थे,
> केहरि उसके वल्कल से कंधे खुजलाने आते थे।
> और—सुना है—जड़ उसकी जा पहुंची थी पाताल-लोक,
> उसकी गंध-प्रवण शीतलता से फण टिका नाग वासुकि सोता था।

इस उद्धरण में पांच स्थलों पर पूर्णविराम-चिह्न के द्वारा विराम सूचित किया गया है। पूरी कविता में यही स्थिति है। यदि कवि ने पादाकुलक वा पद्धरि छंद पर आधारित कविता की लय में बीच-बीच में विराम न डाला होता और इस तरह उसमें गद्य की

लय न पैदा की होती, तो इस कविता की लय बिलकुल सपाट साबित होती और तब पाठकों पर उसका प्रभाव नहीं पड़ता। कहने की आवश्यकता नहीं कि गद्य की लय अंततः बातचीत की स्वाभाविक लय है, जिससे युक्त कर अज्ञेय ने इस कविता के विषममात्रिक छंद-प्रवाह में नई लज्जत पैदा कर दी है।

छंद-लय की तरह ही इस कविता की भाषा में भी आकर्षण है। अज्ञेय की प्रसिद्धि इसलिए है कि उन्होंने काव्य-भाषा में संस्कृत शब्दों का प्रयोग कर उसे नई ओजस्विता और गंभीरता प्रदान की, लेकिन इस बात पर ध्यान नहीं दिया गया है कि खास तौर से अपने परवर्ती काल में उन्होंने तद्भव शब्दों का भी छूटकर प्रयोग किया है और अपनी अभिव्यक्ति को एक नई चमक और एक नए रस से भरने की कोशिश की है। कुछ विद्वानों का कहना है कि उनमें यह चीज दिखावे के रूप में है, क्योंकि पिछले दौर में हिंदी की सर्जनात्मक भाषा को आंचलिकता और क्षेत्रीयता का स्पर्श प्रदान करने का चलन रहा है। अज्ञेय जैसे गंभीर सर्जक पर ऐसा आरोप लगाकर चलते बनना ठीक नहीं है। उससे बेहतर यह है कि उनकी काव्य-भाषा की प्रकृति और उसमें होने वाले विकास को ठहरकर देखा जाए, क्योंकि कोई भी काव्य-मर्मज्ञ इस बात को स्वीकार करेगा कि तत्सम शब्दों के साथ या उनसे स्वतंत्र रूप में उन्होंने तद्भव शब्दों का जो प्रयोग किया है, उससे निस्संदेह एक नया सौंदर्य संभव हुआ है। ऊपर 'हां, मुझे स्मरण है :/बदली—कौंध—पत्तियों पर वर्षा-बूंदों की पटपट' से शुरू होने वाला लंबा उद्धरण दिया गया है। उसमें बदली, कौंध, पत्तियां, बूंदें आदि प्रचलित तद्भव शब्द तो हैं ही, कूंज (क्रौंच पक्षी) और कांद (क्रंदन) जैसे अप्रचलित तद्भव शब्द भी हैं, जो संभव है, हिंदी के किसी सुदूरवर्ती क्षेत्र में या उसके पार्श्ववर्ती प्रदेश में प्रचलित हों। निश्चय ही यह हिंदी की काव्यभाषा को समृद्ध करना ही है। 'कूंजों का क्रेंकार। कांद लंबी टिट्टिभ की' जैसी पंक्तियों में तद्भव और तत्सम का जो एकत्र प्रयोग किया गया है, वह अलग से अपना सौंदर्य रखता है। अज्ञेय तत्सम शब्दों का प्रयोग करें या तद्भव शब्दों का, वे जो भी करते हैं सुरुचि और शालीनता के साथ। इसका पाठकों के मन पर बहुत अच्छा असर पड़ता है।

नई पीढ़ी के विद्वानों ने सामाजिक यथार्थ के नाम पर भाषागत आभिजात्य के विरोध में आंदोलन चलाया है। ज्ञातव्य है कि भाषा को सीधे वर्ग से जोड़कर देखना उचित नहीं है। दूसरी बात यह कि भाषा वर्गीय संस्कारों से प्रभावित होती है, लेकिन उच्च वर्गों के सारे संस्कार त्याज्य नहीं होते। सुरुचि और शालीनता यदि यथार्थ को छिपाने के लिए प्रयोग में लाई जाती है, तो वह त्याज्य है, लेकिन यदि वह अभिव्यक्ति के उत्कर्ष के रूप में सामने आती है,तो वरेण्य है। 'असाध्य वीणा' की भाषा को उसकी अंतर्वस्तु के संदर्भ में ही देखना उचित होगा। यह कोई सामाजिक और राजनीतिक क्रांति की कविता नहीं है कि इसकी भाषा में सुरुचि और शालीनता देखकर उससे नाक-भौं सिकोड़ी जाए। यह तो इस कविता की भाषा की उपलब्धि है, क्योंकि यह

कवि की अभिव्यक्ति के उत्कर्ष का प्रमाण प्रस्तुत करती है। एक और बात जो ध्यान देने लायक है वह यह कि अज्ञेय की काव्य-भाषा में उच्च कोटि की तराश है, मुक्तिबोध के शब्द लेकर कहें, तो 'ज्यामितिक काट का सौंदर्य'। मुक्तिबोध ने इन शब्दों का प्रयोग खास प्रकार की नई कविता की आलोचना में किया है, लेकिन जरूरी नहीं कि जो चीज़ उनके लिए काम्य न हो, वह दूसरों के लिए भी न हो। 'ज्यामितिक काट का सौंदर्य' अज्ञेय की काव्य-भाषा की एक अन्य उपलब्धि है, बल्कि संपूर्ण हिंदी काव्य-भाषा की उपलब्धि, ठीक वैसे ही जैसे मुक्तिबोध की अभिव्यक्ति का अनगढ़पन या उसमें पाया जाने वाला कृत्रिम तराश का अभाव।

'असाध्य वीणा' की भाषा में छंद और लय का संगीत ही नहीं है, तीक्ष्ण ऐंद्रियता से संभव होने वाली चित्रात्मकता भी है। उसमें जो ध्वनि-चित्र हैं, उनकी तरफ ऊपर संकेत किया जा चुका है। यहां मैं एक ही और ध्वनि-चित्र की तरफ ध्यान दिलाना चाहता हूं, क्योंकि उसमें श्रोताओं पर ध्वनि के प्रभाव का भी वर्णन व्यंजित है। प्रसंग उस समय का है, जब 'अलस अंगड़ाई लेकर मानो जाग उठी थी वीणा :/ किलक उठे थे स्वर-शिशु।' अज्ञेय कहते हैं :

> नीरव पद रखता जालिक मायावी
> सधे करों से धीरे धीरे धीरे
> डाल रहा था जाल हेम-तारों का।

मानना पड़ेगा कि यह अभिव्यक्ति कालिदास और रवींद्रनाथ के समकक्ष है, जिसे आभिजात्य-विरोधी आंदोलन के प्रभाव में अस्वीकार नहीं किया जा सकता। किरीटी-तरु के भव्य चित्रण का आभास भी हमें मिल चुका है। यहां मैं एक बहुत ही छोटे और कोमल दृश्य-चित्र की ओर पाठकों का ध्यान आकर्षित करना चाहूंगा। वह चित्र है :

> ओस-बूंद की ढरकन—इतनी कोमल, तरल, कि झरते-झरते मानो
> हरसिंगार का फूल बन गई।

ओस की बूंद जब नीचे गिरती है, तो पृथ्वी के स्पर्श से हरसिंगार के फूल की आकृति प्राप्त कर लेती है। यहां निराला का एक प्रसिद्ध गीत याद आता है, जिसमें उन्होंने कहा है, 'मालती खिली, कृष्ण मेघ की।' यहां जल की बूंदें धरती पर आने पर मालती का फूल बन जाती हैं, जबकि अज्ञेय में ओस-बूंद हरसिंगार का फूल। गौर करने पर पता चलेगा कि अज्ञेय की उक्ति में प्रसंगवश अधिक कोमलता है, निरीक्षण की सूक्ष्मता भी। स्थानाभाव में 'असाध्य वीणा' के अन्य दृश्य-चित्र यहां प्रस्तुत नहीं किए जा सकते। पाठकों से अनुरोध है कि वे सीधे कविता में ही चित्रों का आनंद लें, जो कि एक प्रदीर्घ चित्रशाला की तरह है। उसकी वीथियों में घूमने से उन्हें जो आनंद मिलेगा, वह उन्हें निश्चय ही हिंदी की कोई दूसरी कविता न दे सकेगी।

ऊपर 'लंबी कविता' का जिक्र भी किया गया है और कहा गया है कि 'असाध्य वीणा' में जो कथात्मकता है, वही उसकी संरचना का निर्धारण करती है। कुंवर नारायण ने वर्णनात्मक कविता के लिए उतनी कथात्मकता को अपर्याप्त माना है और कहा है कि उसी के कारण इस कविता में थोड़ी एकरसता आ गई है। उनके कहने का आशय यह है कि यदि इसमें कथातत्व पुष्ट होता तो इसमें घटनाएं घटतीं, जिनसे पैदा होने वाली नाटकीयता पाठकों को ऊब से बचाए रखती। निस्संदेह इस कविता में एक क्षीण कथा का सहारा लिया गया है, लेकिन इसका स्वरूप वर्णनात्मक कविता वाला नहीं है। इसका आकार लंबा है, लेकिन वस्तुतः यह एक वर्णनात्मक कविता न होकर आत्माभि-व्यक्तिमूलक कविता है। आचार्य शुक्ल ने निराला के 'तुलसीदास' को अंतर्मुख प्रबंध-काव्य कहा था। इस कविता में अज्ञेय ने यह कमाल कर दिखलाया है कि यह जितनी ही अंतर्मुख है, अपनी चित्र-योजना के कारण उतनी ही बहिर्मुख। बाहर-भीतर का जो संतुलन उन्होंने इस कविता में साधा है, वह उन जैसे कुशल शब्द-साधक के ही वश की बात थी। जैसे अंगूर के पतले छिलके में उसका रस भरा रहता है, कथा के बहुत ही झीने आवरण में अज्ञेय ने इस कविता में अपने कथ्य का आधान किया है।

कविता में केशकंबली के आने, उसके वीणा को साधने, उसका राजा-रानी से लेकर राजसभा में उपस्थित अन्य लोगों तक पर प्रभाव पड़ने और फिर केशकंबली के वन को लौट जाने के साथ राजसभा के उठने के अलावा कोई महत्वपूर्ण घटना नहीं घटती, लेकिन अज्ञेय ने बहुत ही प्रवीणता के साथ इस कविता में नाटकीयता संभव की है। इसमें राजा और केशकंबली का संवाद तो है ही, बहुत ही नाटकीय रूप में केशकंबली के एकालाप को प्रस्तुत किया गया है, किरीटी-तरु को संबोधित करने से लेकर अपनी स्मृति का विवरण देने तक। बाद में श्रोताओं पर अलग-अलग जो प्रभाव पड़ा, उसका वर्णन भी कम नाटकीय नहीं है। कविता का समापन भी बिलकुल कथात्मक ढंग से हुआ है। ऐसी स्थिति में कुंवर जी की यह बात बहुत संगत नहीं लगती कि यह कविता किसी हद तक एकरस है। हां, डा. नामवर सिंह की इस बात से सहमत हुआ जा सकता है कि लंबी होते हुए भी 'असाध्य वीणा' की मूल संरचना वर्तुलाकार है, इसलिए यह अंततः एक प्रगीत है। प्रगीतात्मक कविता में अनुचिंतन या अनुभूति की प्रधानता होती है, जबकि लंबी कविता ऐतिहासिक घटनाओं की द्वंद्वात्मकता का चित्रण करते हुए आगे बढ़ती है, जैसे मुक्तिबोध की ही कविता 'अंधेरे में'। उसकी तुलना में 'असाध्य वीणा' निस्संदेह एक आत्मपरक कृति है, लेकिन इससे वह जितने महत्व की अधिकारी है, उसमें कोई कमी नहीं आती। 'अंधेरे में' की तरह इस कविता ने भी पूर्णता के साथ अपने लक्ष्य को प्राप्त किया है। स्वभावतः उसी की तरह यह भी हिंदी में एक श्रेण्य कविता के रूप में मान्य हो रही है।

5. एक नीला आइना बेठोस अर्थात् कवि शमशेर

टी.एस. इलियट ने अपनी पुस्तक 'दि यूस ऑफ पोएट्री एंड दि यूस ऑफ क्रिटिसिज्म' में एक स्थान पर दुरूह कविता या कविता के दुरूह होने पर विचार किया है। उसमें उन्होंने जो सबसे महत्वपूर्ण बात कही है, वह यह कि बहुत बार कविता इस कारण दुरूह प्रतीत होती है कि पाठक अभ्यासवश उसमें उस चीज की तलाश करते हैं, जिसे कवि उसमें जानबूझकर छोड़ देता है। वह चीज है 'अर्थ', जो उस कविता में नहीं होता और जिसका उसमें नहीं होना ही अपेक्षित होता है। पाठक उसे तरह-तरह से टटोलते हैं और अंततः जब वह हाथ नहीं लगाता, परेशान हो जाते हैं। इलियट ने तो यहां तक लिखा है कि 'अर्थ' की कविता में मुख्य उपयोगिता यही होती है कि कविता जब उन पर अपना काम करती रहती है, वह उनके मानस को अन्यथा व्यस्त और शांत रखता है, जैसे चोर कुत्ते के आगे मांस का एक लजीज टुकड़ा फेंककर घर में सेंध लगाता है।

यहां प्रश्न यह उठता है कि 'अर्थ' को छोड़ देने के बाद कविता में क्या बचता है? इलियट के अनुसार भी सामान्य स्थिति तो यही है कि 'अर्थ' का प्रलोभन देकर कविता पाठकों को अपने जादू से प्रभावित करे, लेकिन सारे कवि एक तरह के नहीं होते। उनमें से कुछ 'अर्थ' को एक सतही या फालतू चीज समझते हैं और कविता के प्रभाव की तीव्रता की संभावना उसे कविता से निकाल बाहर करने में देखते हैं। अर्थ-मुक्त कविता का क्या आशय है? इलियट ने अपनी राय बहुत अच्छे ढंग से दी है। उनका कहना है कि जो गद्य में कहा जा सकता है, उसे बेहतर ढंग से गद्य में ही कहा जा सकता है, लेकिन वस्तु-स्थिति यह है कि 'अर्थ' वाली कविता का ढेर सारा अंश, जो गद्य से ताल्लुक रखता है, कवियों द्वारा कविता में प्रस्तुत करने की कोशिश की गई है। कला के लिए कला के सिद्धांत के पीछे इस गलती का एहसास असत चीज थी कि कवियों ने दूसरे लोगों का काम करने का प्रयास किया है, लेकिन उसे गलत समझा गया। यहां वे यह कहना भी नहीं भूले हैं कि गद्य कविता के लिए कोई वर्जित वस्तु नहीं है, बल्कि उन्होंने इस बात पर बल दिया है कि कविता को जितना दूसरी कविता से सीखना है, उतना ही गद्य से भी, और कि गद्य और कविता के बीच की क्रिया-प्रतिक्रिया कविता की जीवंतता की शर्त है।

इलियट के मत को किंचित विस्तार से उद्धृत करने के पीछे कई बातें हैं। एक तो यह कि शमशेर की कविता दुरूह समझी जाती है; दूसरी यह कि इस दुरूहता का सबसे बड़ा कारण उनमें नागार्जुन और केदारनाथ अग्रवाल की तरह ठोस 'अर्थ' की खोज है

और तीसरी यह कि यह तथ्य कितना भी विरोधात्मक क्यों न लगे, यह सच्चाई है कि जिस कवि ने 'अर्थ' को ज्यादा से ज्यादा छोड़कर कविता लिखी है, उसी की कविता गद्य के साथ सर्वाधिक क्रिया-प्रतिक्रिया करती दिखलाई पड़ती है। शमशेर की कविता में तो गद्य की तर्क-पद्धति और बातचीत का संगीत समाया हुआ है ही, उनके गद्य में भी कविता का जादू समाया हुआ है। ऐसा नहीं है कि शमशेर ने अर्थ वाली कविताएं लिखने की कोशिश नहीं की। यह कैसे हो सकता है कि कोई कवि स्तालिन-युग में कम्युनिस्ट बने और कविता से अर्थ को बहिष्कृत करने के लिए कटिबद्ध हो? लेकिन उनकी ऐसी कविताएं उनकी सबसे कमजोर कविताएं हैं, बावजूद इसके कि उनमें भी उन्होंने अपना वैशिष्ट्य बरकरार रखने का भरसक प्रयास किया है। उनमें जो एक अफसोस मिलता है, इस बात को लेकर कि वे अपने सिद्धांत के अनुरूप सामाजिक आशय वाली कविताएं नहीं लिख सके, वह इसी कारण, जबकि आवश्यकता सामाजिक आशय को विस्तार देकर अपने मन को इस अपराध-भाव से मुक्त करने की थी कि उन्होंने जो कथित सौंदर्यात्मक या अमूर्त कविताएं लिखी हैं, वे असामाजिक नहीं, बल्कि 'परम सामाजिक' हैं। समाज से परे क्या है? और जरूरी नहीं कि जो मैथिलीशरण गुप्त के लिए 'सामाजिक' हो, वही प्रसाद के लिए भी और शमशेर के लिए भी। 'सामाजिक' का घेरा उतना छोटा नहीं है, जितना उसे कम्युनिस्टों ने समझा था, न ही उसका लहजा कविता या गद्य में एक-दो लहजों तक सीमित है।

कविता के कुछ बुनियादी मूल्य होते हैं, मानववादी मूल्य, जिन्हें छोड़कर कविता नहीं चल सकती, फिर चिंता किस बात की है? परवर्ती काल के कवि धूमिल ने एक कविता में कहा था कि सारे लोग व्यवस्था के पक्ष में चले गए हैं, विरोध में सिर्फ कविता है! यदि गहरे अर्थ में लें तो यह बात शत-प्रतिशत सही है, प्रत्येक युग की कविता पर लागू, क्योंकि कथित ह्रासोन्मुख युग की कविता ने भी मनुष्य के ऐंद्रिय बोध को कुंठित होने से बचाने और उसे परिष्कृत करने का प्रयास किया है। जो व्यवस्था मनुष्य को बिलकुल संवेदनहीन बना देना चाहती है, उसमें मनुष्य की संवेदनशीलता को बचाकर रखने और उसे उत्तरोत्तर समृद्ध और तीक्ष्ण करने का प्रयास व्यवस्था-विरोध नहीं तो क्या है? ऊपरी दृष्टि से भी देखें,तो जो कविता विरोध की कविता नहीं प्रतीत होती, वह भी मानवसमर्थक, मनुष्यता की पक्षधर कविता तो अवश्य है। हिंदी कविता को शमशेर की देन यह है कि उन्होंने 'अर्थ' को अधिक से अधिक छोड़कर कविता लिखी और उसमें वह जादू भर दिया,जो अधिक से अधिक मानवीय है और अधिक से अधिक कविता का जादू। उन्हें प्रायः कलावाद, रूपवाद, अतियथार्थवाद और प्रभाववाद के द्वारा समझने-समझाने की कोशिश की गई है, जिससे उनकी 'दुरूहता' घटने के बदले बढ़ती ही चली गई है। दिलचस्प यह है कि मार्क्सवादियों ने उन्हें समझने का नहीं, सिर्फ समझाने का प्रयास किया है और उन्हें आधे-अधूरे रूप में स्वीकार

किया है। इसमें नागार्जुन जैसे कवि से लेकर डा. शिवकुमार मिश्र जैसे आलोचक तक शामिल हैं।

नागार्जुन ने अपने को जनाधार वाला और शमशेर को मनाधार वाला कवि कहा है, गोया कि 'जन' और 'मन' आत्यंतिक रूप से परस्पर विरोधी हों! शमशेर की कविता के बारे में उनकी कोई अच्छी राय नहीं। क्यों? इसलिए कि उस पर पश्चिम की छाप है। वे इलियट से लेकर पॉल एडुआर्ड तक को पढ़ते रहते थे। ऐसा कवि प्रगतिशील कैसे हो सकता है? शमशेर प्रगतिशील की तुलना में बहुत ज्यादा प्रयोगवादी हैं! उन जैसे विलक्षण कवि के लिए, जो किसी भी भाषा का गौरव हो सकते हैं, नागार्जुन की यह टिप्पणी कितनी दुर्भाग्यपूर्ण है, अनुमान लगाया जा सकता है : 'कविता न लिखकर वो गद्य ही लिखते तो ज्यादा अच्छा होता।' इसी तरह शिवकुमार जी ने यह टिप्पणी की है कि 'मुक्तिबोध की तरह शमशेर में भी ऐसा तमाम कुछ है, जो उनकी मार्क्सवादी, प्रगतिशील, ह्यूमन मानसिकता से तालमेल नहीं रखता।' उन्होंने शमशेर से पूछा था, 'एक चक्रव्यूह मुक्तिबोध ने बनाया है, एक आपने; दोनों में क्या अंतर है?' उन्होंने उत्तर दिया, 'मुक्तिबोध की कविताओं के चक्रव्यूह में अगर आप घुस जाएं तो आपको निकलने के बाद कुछ मिलेगा और मेरी कविताओं के चक्रव्यूह में कुछ नहीं मिलेगा।' शिवकुमार जी ने इसे उनकी विनम्रता समझते हुए उन्हें तसल्ली दी, 'नहीं, ऐसी बात नहीं है, आपकी कविताएं भी हमको बहुत कुछ देती हैं। हम तो आपकी कुछ कविताओं के बड़े प्रेमी हैं। आपकी प्रेम की कविताएं बड़ी अच्छी हैं।' ध्यान देने पर शमशेर का उत्तर बहुत सारगर्भित प्रतीत होगा। मुक्तिबोध ऐसे कवि हैं,जिनमें 'अर्थ' का प्राचुर्य है,ताज्जुब नहीं कि वे अपनी कविता को कहानी भी बना सकते थे, जबकि शमशेर में 'अर्थ' का अभाव है। शिवकुमार जी जैसे अर्थवादी आलोचक से उन्होंने यह कहा कि उनकी कविताओं के चक्रव्यूह से बाहर आने पर उनके हाथ कुछ भी न लगेगा, तो ठीक ही कहा, बल्कि इसके द्वारा उन्होंने अपनी कविता की सबने बड़ी विशेषता पर रोशनी डाल दी।

जो शमशेर को किसी न किसी वाद के सहारे समझने-समझाने का प्रयास करते हैं, उन्हें उनके संग्रह 'कुछ और कविताएं' की भूमिका के इस वाक्य को हमेशा ध्यान में रखना चाहिए : 'मेरे कवि ने कभी किसी 'फार्म', शैली या विषय का सीमा-बंधन स्वीकार नहीं किया।' उनकी कविता की असली जमीन 'अर्थहीनता' की जमीन है। यह आज की कविता-मात्र की जमीन है, किसी खास कविता या कविता-संबंधी वाद की जमीन नहीं। निश्चय ही इसका मतलब यह नहीं है कि आज 'अर्थ' वाली कविता नहीं लिखी जा सकती। उक्त भूमिका में ही शमशेर कहते हैं, 'सामाजिक दायित्व के पक्ष से मैं उस रहेटरिक या महान छंदोबद्ध जोशीली 'पत्रकारिता' का भी कायल हूं जो मिल्टन और वर्ड्सवर्थ के कुछ प्रसिद्ध सॉनेटों में, बायरन और शेली में, कबीर, रवींद्रनाथ,

इकबाल और निराला में सहज ही *श्रेष्ठ काव्य* का रूप ले सकी है। बहुत कायल हूं। मगर यह जिम्मेदारी उठाने की क्षमता कवि के असाधारण शिल्प में ही नहीं, उसकी आत्मा में भी होनी चाहिए। उसके ऊंचे व्यक्तित्व में। यह प्रथमत: वास्तव में *पुष्ट गद्य* और *सक्षम वक्तृता* का क्षेत्र है।' यहां इलियट और शमशेर के विचारों में जो निकटता है, उसे स्पष्ट रूप में लक्ष्य किया जा सकता है। इलियट ने सिर्फ 'अर्थ' का जिक्र किया है, 'सामाजिक' विशेषण का प्रयोग उन्होंने नहीं किया, लेकिन उससे न उनकी मान्यता अधूरी ठहरती है, न शमशेर से उनका कोई विरोध सिद्ध होता है।

मैंने इस लेख में शमशेर की पांच प्रसिद्ध और अपेक्षाकृत छोटी कविताएं लेकर उनकी व्याख्या करने का प्रयास किया है। क्यों? इसलिए कि किसी कवि के बारे में इधर-उधर की बातें करने से बेहतर है कि उसकी कृति से साक्षात्कार किया जाए, जिससे प्रामाणिक निष्कर्ष पर पहुंचना संभव हो। जिस कवि ने कहा है कि 'बात बोलेगी, / हम नहीं', उसके लिए तो यह और आवश्यक है। शमशेर पर जो भी छिटपुट चर्चा हुई है, उसमें प्राय: उनकी कविताओं के अंश या उनकी कुछ पंक्तियां उद्धृत की गई हैं और आलोचकों ने अपनी सुविधा, रुचि और मान्यता के अनुसार उन पर टिप्पणी की है, या बेहतर यह कहना होगा कि अपने हक में उनका 'उपयोग' किया है। किसी भी कविता के साथ ऐसा सलूक आपत्तिजनक है। शमशेर की कविताएं तो खास तौर से इसकी मांग करती हैं कि उन्हें उनकी संपूर्णता में समझा जाए, क्योंकि उनमें कविता के विभिन्न अंशों में जैसी परस्पर संबद्धता या परस्पर निर्भरता है, वैसा अन्यत्र दुर्लभ है। शमशेर की कविता का सौंदर्य उसी में है। उसकी आलोचना का दायित्व उसी को दिखलाना है, भले आलोचनात्मक दृष्टि के साथ।

उनकी कविता को दुरूह मानने का कारण उसमें 'अर्थ' की तलाश है, जिससे पलायन की उसकी सबसे बड़ी विशेषता है, यह उनकी कविताओं के विश्लेषण से ही सिद्ध किया जा सकता है, जो गद्यधर्मिता से युक्त होते हुए भी पूर्णत: गद्य से परे हैं। शमशेर की जिन कविताओं को मैंने लिया है, उनके साथ कैसा अनाचार हुआ है, यह बतलाने की आवश्यकता नहीं। उन्होंने अपनी दो अतियथार्थवादी कविताओं के बारे में कहा था कि मुमकिन है, ऐसी कविताएं बहुत मुद्दत के बाद समझ में आएं। यह बात उनकी बाकी कविताओं के संबंध में भी सही है, क्योंकि जैसे-जैसे समय बीतता जा रहा है, उनकी कविताएं साफ होती जा रही हैं। ऐसी स्थिति में उन आलोचकों को कोसना भी ठीक नहीं, जिन्होंने समय से पहले उनकी कविता की व्याख्या करने या उस पर टिप्पणी करने का प्रयास किया और उस क्रम में उसे जितना उजागर किया, उससे अधिक अपनी क्षमता वा अक्षमता को!

2

'घिर गया है समय का रथ' शमशेर की 1946 की कविता है। इसका विषय क्या है? सिर्फ इतना कि कवि के मन में निराशा है, जो प्रभात के आगमन के साथ समाप्त हो जाती है। कवि निराश क्यों है? इस प्रश्न का उत्तर उसके जीवन से मिलता है, जो जितना ही संघर्षपूर्ण था, उतना ही दुःखद। उसकी बहुत अधिक समानता निराला के जीवन से है, पत्नी से शाश्वत विछोह को लेकर भी। यह यों ही नहीं है कि शमशेर के पहले कविता-संग्रह की पहली कविता है 'निराला के प्रति', जिसके अंत में उन्होंने कहा है :

> हां, तुम्हीं हो, एक मेरे कवि :
> जानता क्या मैं—
> हृदय में भरकर तुम्हारी सांस—
> किस तरह गाता,
> (ओ विभूति परंपरा की!)
> समझ भी पाता तुम्हें यदि मैं कि जितना चाहता हूं
> महकवि मेरे!

'घिर गया है समय का रथ' कविता पढ़ते समय स्वाभाविक रूप से 'परिमल' में संकलित उसके दूसरे खंड की निराला की पहली कविता याद आती है—'भर देते हो', जिसे शमशेर ने अपने एक व्याख्यान में पूरा उद्धृत किया है। वह व्याख्यान 'कविता की बातें : निराला की कविताएं' शीर्षक से उनकी पुस्तक 'कुछ और गद्य-रचनाएं' में संकलित है। 'भर देते हो' एक अर्थ-युक्त कविता है, क्योंकि उसमें निराला ने बहुत ही ठोस रूप में परमात्मा से निवदेन किया है कि वह उनके हृदय में आकर उनके दुःख को दूर कर देता है! पूरा रूपक रात और प्रभात का है। इस कविता की अंतर्वस्तु और शैली दोनों को किसी हद तक गद्य में प्रस्तुत किया जा सकता है, जिसका यह मतलब हरगिज नहीं है कि उससे कविता के सौंदर्य और प्रभाव में कोई फर्क नहीं पड़ता। मतलब सिर्फ इतना है कि गद्य का अंश शमशेर की कविता से कम होता जाता है, जिससे उसे गद्य में प्रस्तुत करने में कठिनाई बढ़ती जाती है, बल्कि ज्यादा बार तो गद्य की पकड़ से कविता बाहर रह जाती है। उनकी कविता के इत्र को दूसरी शीशी में ढालने की कोशिश की जाती है, तो वह उड़ जाता है और हाथ में खाली शीशी रह जाती है!

'घिर गया है समय का रथ' विंध्यपर्वत के परिवेश को ध्यान में रखकर रची गई कविता है, जिसके आरंभिक दो बंदों में सांध्यकालीन प्रकृति के दो बहुत ही सुंदर चित्र हैं। पहला चित्र :

मौन संध्या का दिए टीका
रात
काली
आ गई :
सामने ऊपर, उठाए हाथ-सा
पथ बढ़ गया।

'मौन' शमशेर का प्रिय शब्द है, शायद इसलिए भी कि उनकी कविता में शोरगुल नहीं और वह चुपचाप अपना काम करती है। यहां तो संध्या है, जिसके मौन की बड़ी महिमा है। निराला की प्रसिद्ध कविता 'संध्या-सुंदरी' में संध्या की सबसे बड़ी विशेषता उसकी चुप्पी को ही बतलाया गया है, धीरे-धीरे लयात्मक ढंग से व्यापक रूप में गहराती चुप्पी। उसमें 'तिमिरांचल में चंचलता का नहीं कहीं आभास', 'सखी-नीरवता के कंधे पर डाले बांह' और 'नहीं बजती उसके हाथों में कोई वीणा' ही नहीं है, अव्यक्त शब्द सा सब कहीं गूंजने वाला 'चुप चुप चुप' शब्द भी है, जो शब्द से अधिक अशब्द को व्यक्त कर रहा है! बाद में शमशेर ने 'संध्या' शीर्षक से जो कविता लिखी, उनके संग्रह 'इतने पास अपने' में संकलित पहली कविता, उसमें भी उन्होंने संध्या को 'शातिः श्री प्राणों की' कहा। ऐसी जो मौन की विशेषता वाली संध्या है,अपने भाल पर उसका टीका लगाए काली रात अवतरित हो गई है! संध्या के साथ डूबते हुए सूर्य की लालिमा का चित्र स्वयं आंखों के सामने आ जाता है, इसलिए शमशेर ने अलग से उसका जिक्र नहीं किया। उनकी एक बड़ी खूबी शब्दलाघव भी है, जिसे डा. नामवर सिंह ने कभी 'अरथ अमित अति आखर थोड़े' कहा था। सामने जो पर्वत है, उस पर एक रास्ता ऊपर चला गया है, जैसे कोई हाथ उठा हुआ हो! यहां अज्ञेय की प्रसिद्ध कविता 'दूर्वांचल' का यह चित्र याद आता है—'चीड़ों में डगर/चढ़ती उमंगों-सी'। दोनों ही चित्र लाजवाब हैं, बावजूद इसके कि दोनों में फर्क भी है। अज्ञेय ने स्थूल के लिए सूक्ष्म उपमान का प्रयोग किया है, जबकि शमशेर ने ऐसा नहीं किया। दूसरे, अज्ञेय के चित्र में जहां रास्ता तेजी से ऊपर उठता है, वहां शमशेर के चित्र में धीरे-धीरे और आगे चलकर अदृश्य हो जाता है, दूरी, ऊंचाई और अंधेरे के कारण। जहां तक नवीनता की बात है, शमशेर के चित्र में अधिक नवीनता है; वह अमुखर और सादा भी है।

दूसरा चित्र पहले चित्र से भी अधिक प्रभावशाली है, क्योंकि यह नवीन होने के साथ-साथ सशक्त भी है :

घेरने को दुर्ग की दीवार मानों
अचल विंध्या पर
कुंडली खोली सिहरती चांदनी ने
पंचमी की रात।

घूमता उत्तर दिशा को सघन पथ
संकेत में कुछ कह गया।

पहले बंद में शमशेर ने रात को 'काली' कहा है। कारण यह कि रात की कालिमा घिरने या गहराने के साथ ही चांदनी तेज होती है। शुक्ल पक्ष की पंचमी तिथि है। अंधेरे के गहराने के साथ विंध्याचल के चारों ओर चांदनी फैल गई है, जैसे उसने अपनी सर्प-कुंडली खोल दी हो और विंध्याचल जैसे कोई दुर्ग हो, जिसे चारों ओर से घेर लेना हो! चांदनी के साथ शमशेर ने 'सिहरती' विशेषण का प्रयोग किया है, जो उनकी तीक्ष्ण ऐंद्रिय संवेदना का सूचक है। चांदनी पंचमी तिथि की है, इसलिए उसमें सिहरन ही हो सकती है,हलके नशे की तरह; गहरे नशे की तरह अंग शिथिल या बेसुध नहीं हो सकते। जादुई समां है, लेकिन शमशेर जैसे दृश्य को पूरा अयथार्थ बनाना नहीं चाहते। पहले बंद में जिस पथ का जिक्र वे कर आए हैं, वह इस चांदनी में फिर दिख उठा है और उत्तर दिशा को मुड़ता हुआ। वह 'सघन' है, यानी संकीर्ण है, फैला हुआ नहीं। लक्ष्य करने योग्य इस चित्र में वह लय है, जिसके साथ चांदनी विंध्याचल के चतुर्दिक छिटकती है। इसके साथ 'संकेत' शब्द, जो कुछ बोलता है। इसका संबंध कविता के अगले बंद से है।

उसमें शमशेर ने कहा है :

चमकते तारे लजाते हैं
प्रेरणा का दुर्ग।
पार पश्चिम के, क्षितिज के पार
अमित गंगाएं बहाकर भी
प्राण का नभ धूल-धूसित है।

विंध्यपर्वतरूपी दुर्ग तो पंचमी की चांदनी में रौशन हो उठा है, लेकिन कवि की प्रेरणा के दुर्ग की क्या स्थिति है? उस पर तारे चमक रहे हैं, लेकिन उनमें रोशनी नहीं, जैसे वे चमकते हुए लजा रहे हैं, खुलकर नहीं चमकते। कवि कहता है कि पश्चिम दिशा में चांद दिखलाई पड़ने के बाद से विंध्यपर्वत और उसका परिवेश चांदनी में उजागर हो उठा, लेकिन दिशा और क्षितिज के परे कवि का जो प्राणाकाश है, वह अभी तक अस्वच्छ है। शमशेर ने 'धूल-धूसित' शब्द का प्रयोग किया है, जिसका स्पष्ट अर्थ है—मटमैला, यानी साफ नहीं, उज्ज्वल नहीं। संस्कृत के पंडितों को 'धूलि-धूसरित' शब्द का आग्रह होगा, लेकिन शमशेर ने 'धूल' के साथ 'धूसित' शब्द का प्रयोग कर कोई गलत नहीं किया, क्योंकि हिंदी के क्षेत्र-विशेष में धूल वा गर्द के लिए 'धूस' शब्द का प्रयोग भी किया जाता है। 'धूस' से, थोड़ी छूट लेकर, 'धूसित' शब्द अवश्य बनाया जा सकता है। इससे शमशेर की काव्य-भाषा के एक दूसरे स्तर का भी पता चलता है, जो संस्कृत

या उर्दू से नहीं, लोकभाषा से संबंधित है। उनका कहना है कि आकाश को जगमगा देने के लिए तो एक ही आकाशगंगा काफी है, विंध्याचल और उसका परिवेश तो पंचमी की चांदनी से ही चमक उठा है, लेकिन अपने भीतर अनेक आकाश-गंगाएं प्रवाहित करने के बाद भी उनके प्राण का नभ अस्वच्छ है, अनुज्ज्वल है। उन्होंने 'धूल-धूसित' ही कहा है, 'अंधेरा' नहीं, क्योंकि, तारे तो मंद ज्योति के साथ चमक ही रहे हैं। यह शमशेर की कठोर बौद्धिकता का भी सूचक है, जो उन्हें प्लवनशील भावुकता से मुक्त रखती है। छायावादी कवि बेतावी में 'अंधेरा' शब्द का प्रयोग कर ही डालता, पर शमशेर अपने पर नियंत्रण रखते हैं और ठीक उनकी जो मानसिक स्थिति है, उसी को व्यक्त करते हैं। यहीं वे छायावाद से आगे के कवि हैं। लेकिन उनकी निराशा ऐसी नहीं, जिससे उबरना आसान हो। दूसरे बंद की अंतिम पंक्तियों का अर्थ यहां स्पष्ट हो जाता है। चांदनी में पुनः दिख जाने वाला पथ कवि से संकेत में यही तो कहता है कि तुम भी अपनी निराशा और कुंठा से मुक्त होओ! शमशेर उपदेशक कवि नहीं, उनमें वक्तृता नहीं, इसलिए इस तरह की बात वे संकेत से ही कह सकते हैं, वह भी अव्यक्त संकेत से। अपने प्राणाकाश में अमित आकाश-गंगाएं बहाना—चित्र की भव्यता पर हमारा ध्यान जाना चाहिए, साथ ही निराशा की गहराई पर भी, जो उसके बावजूद दूर नहीं होती।

चांदनी कवि की निराशा को दूर नहीं कर सकी। उसने उसके भीतर सिर्फ उससे छुटकारा पाने के लिए छटपटाहट पैदा की। उसकी निराशा दूर हुई उषःकाल के आगमन के साथ, जब पूर्व-दिशा में ज्योति का सोता (आकाश-गंगा नहीं) आंखें मलता हुआ दिखलाई पड़ा। इस चित्र के सौंदर्य के बारे में कुछ कहना बेकार है, उसकी ओर संकेत कर देना काफी है। लोग सवेरे आंखें मलते हुए नींद से जगते हैं, पूर्व-दिशा में ज्योति का सोता भी इसी तरह जगता है! व्यंजना यह है कि कवि रात-भर निराशा में पड़ा रहा, चाहकर भी उससे छूट नहीं सका। रात का बेचैनी से क्या संबंध है, बतलाने की जरूरत नहीं होनी चाहिए। कविता का चौथा बंद है :

भेद ऊषा ने दिए सब खोल
हृदय के कुल भाव,
रात्रि के अनमोल।
दु:ख कढ़ता सजल, झलमल।
आंख मलता पूर्व-स्रोत।

निराला का ऊपर जिक्र हो चुका है। उनकी 'भर देते हो' कविता में ही नहीं, उनकी दूसरी अनेक कविताओं में भी किरणोदय या सूर्योदय की महत्वपूर्ण भूमिका है। यहां शमशेर का उषःकाल या सूर्योदय के प्रति प्रेम सूचित करने के लिए उनकी दो कविताएं स्मरणीय हैं—'उषा' और 'सुबह', जिनमें क्रमशः उषःकालीन प्रकृति के जादुई रूप

और प्रभातकालीन सूर्य के प्रकाश के फैलने का वर्णन है। उपर्युक्त बंद में 'हृदय के कुल भाव' अश्रु-बिंदु हैं, जो रात्रि-काल में कवि के भीतर छिपे हुए थे। उषःकाल के आगमन के साथ वह रो पड़ता है, उसके भीतर छिपे हुए अश्रु-बिंदु उसकी आंखों से बाहर आ जाते हैं। वे आंसू निश्चय ही दुःख के आंसू हैं : 'दुःख कढ़ता सजल, झलमल'। शमशेर ने अश्रु-बिंदुओं को 'झलमल' ही नहीं, 'अनमोल' भी कहा है। क्या यहां रवींद्रनाथ को याद करना गलत होगा—'दुःख आमार घरेर जिनिस,/खांटि रतन तुई तो चिनिस'? निश्चय ही दुःख की कीमत सिर्फ रवींद्रनाथ जैसे रहस्यवादी या अज्ञेय जैसे अस्तित्ववादी कवियों के लिए ही नहीं, शमशेर जैसे प्रगतिशील कवि के लिए भी है।

यहां निराला की 'भर देते हो' कविता की ये पंक्तियां अवश्य स्मरणीय हैं :

> अंधकार में मेरा रोदन
> सिक्त धरा के अंचल को
> करता है क्षण-क्षण—
> कुसुम-कपोलों पर वे लोल शिशिर-कण…

निराला में उनके आंसू कपोलों पर ढुलके हुए लोल ओस-बिंदुओं की तरह हैं, शमशेर में 'अनमोल' और 'झलमल'। तत्पश्चात कवि की निराशा पूर्णतः छंट जाती है, जिसे वह घोषित नहीं करता, सिर्फ दो पंक्तियों के अगले बंद में 'पुनः' शब्द की दो बार आवृत्ति करता हुआ कहता है :

> पुनः
> पुनः जगती जोत।

'आंख मलने' के बाद 'जगना'—कैसी उत्कृष्ट संगति है पूरे चित्र में ! इस प्रभात या जोत जगने का प्रतीकात्मक अर्थ भी हो सकता है, लेकिन उसमें जाना कविता के भाव को उस 'अर्थ' में बांध देना है, जिसे कवि ने जानबूझकर छोड़ दिया है और जो कविता में होता तो उसके सौंदर्य को नष्ट कर देता। निस्संदेह उसे गद्य में बेहतर ढंग से पेश किया जा सकता है। निराशा और दुःख से मुक्त होने के बाद कवि ने अपना उल्लास कविता के अंतिम और छठे बंद में व्यक्त किया है।

छठा बंद इस प्रकार है :

> घिर गया है समय का रथ कहीं।
> लालिमा से मढ़ गया है राग।
> भावना की तुंग लहरें।
> पंथ अपना, अंत अपना जान
> रोलती हैं मुक्ति के उद्‌गार।

कवि के लिए यह क्षण बहुत ही विलक्षण है। समय जैसे ठहर गया है, लेकिन इसके

लिए वह समय के रथ के रुकने की बात नहीं कहता, कहता है कि वह घिर गया है, जैसे हर्षोल्लास के भावों ने चारों ओर से घेरकर समय की गति अवरुद्ध कर दी है! उसका राग यानी स्वर चांदनी में तो धुलकर नहीं चमका, लेकिन अब प्रभात-काल की लालिमा से मंडित हो रहा है! यह लालिमा संध्या-काल की लालिमा की तुलना में अधिक महत्वपूर्ण है, क्योंकि यह शीघ्र ही अंधकार में विलीन हो जाने वाली नहीं है। उसके भीतर उठने वाली भावना की ऊंची लहरों ने अपनी अभिव्यक्ति का मार्ग पहचान लिया है। भावनाओं का लक्ष्य अभिव्यक्ति ही होता है, या उनकी परिणति अभिव्यक्ति के रूप में ही होती है। अब कवि की जोरदार भावना मुक्ति के उद्‌गार प्रवाहित कर रही है। यह विलक्षण क्षण अभिव्यक्ति का क्षण है। 'मुक्ति' बहुत सारवान शब्द है, कितना कुछ नहीं व्यंजित होता है इससे! 'रोलना' लोक-भाषा से लिया गया बहुत ही सशक्त क्रियापद है, ओजस्विता में 'तुंग लहरों' से भी आगे। जितनी गहरी कवि की निराशा थी, प्रभात-काल में उसे धक्का मारकर, जड़ से उखाड़कर, बहा ले जाने वाली उसकी यह नई भावना भी उतनी ही जोरदार है। यहां निराला की उक्ति अमोघ होते हुए भी बहुत ही सरल लगती है :

> तुम किरणों से अश्रु पोंछ लेते हो,
> नवप्रभात जीवन में भर देते हो।

'*एक पीली शाम*' शमशेर की 1953 में रचित कविता है। यह वस्तुतः एक स्मृति है, जिसका संबंध कवि की पत्नी से है, जो क्षयग्रस्त होकर मृत्यु को प्राप्त हुई थीं। विवाह के पांच-छह वर्ष बाद ही, 1935 में। यह कविता शमशेर ने उनकी मृत्यु के अट्ठारह वर्ष बाद लिखी, वह भी इस रूप में कि इसमें वे जीवित हैं, मृत्यु की तरफ बढ़ती हुई। दूसरी बात यह कि यह कविता इस दृष्टि से विशिष्ट है कि इसमें केंद्रीय भाव पत्नी के लिए पति की नहीं, बल्कि पति के लिए पत्नी की चिंता है। पत्नी के प्रति पति की चिंता का आभास भी इस कविता में है, लेकिन असल चिंता तो वह है, जो पत्नी को यह सोचकर होती है कि मेरे बाद मेरे पति का क्या होगा? यह पति-पत्नी के पारस्परिक प्रेम का सूचक तो है ही, ज्यादा सूचक पति के प्रति पत्नी के प्रेम का है। क्या ताज्जुब, यदि पत्नी की मृत्यु के बाद शमशेर ने दूसरा विवाह नहीं किया और निराला की तरह ही दिवंगता पत्नी को अपनी कविता में अनेक रूपों में याद करते रहे। निराला की पत्नी मनोहरा देवी परम रूपवती थीं। शमशेर की कविताओं में उनकी पत्नी धर्मदेवी का वर्णन देखकर लगता है कि वे भी अत्यधिक सुंदर थीं। शिवमंगल सिंह 'सुमन' ने लिखा है ('हंस', जुलाई 1993) कि शमशेर की 'एक मुद्रा से' शीर्षक कविता भी उनकी पत्नी को ही संबोधित है, जिसकी ये पंक्तियां समकालीन कविता के प्रत्येक संवेदनशील पाठक के मन में गूंजती हैं :

    ···सुंदर!
    उठाओ
    निज वक्ष
और···कस···उभर!
    क्यारी
    भरीं गेंदा की
    स्वर्णारक्त
क्यारी भरी गेंदा की :
    तन पर
खिली सारी—
    अति सुंदर! उठाओ।

'एक पीली शाम' तीन बंदों की एक छोटी कविता है, जिसका पहला बंद है :

एक पीली शाम
    पतझर का जरा अटका हुआ पत्ता
शांत
मेरी भावनाओं में तुम्हारा मुखकमल
कृश म्लान हारा-सा
    (कि मैं हूं वह
मौन दर्पण में तुम्हारे कहीं ?)

शाम का वक्त है। सूर्यास्त के बाद का पीलापन पश्चिम के आकाश में छाया हुआ है, लेकिन थोड़ी देर के लिए, जैसे पतझर में वृक्ष का पीला पत्ता उसकी डालों से तभी तक लगा रहता है, जब तक कि हवा का झोंका आकर उसे जमीन पर गिरा नहीं देता। शमशेर ने साभिप्राय 'अटकना' क्रियापद का प्रयोग किया है जो निस्संदेह पर्याप्त अर्थव्यंजक है। मरणासन्न व्यक्ति की कथा कहने के लिए शाम, पीलापन, पतझर और पतझर के डाल पर अटके पीले पत्ते की यह पृष्ठभूमि बहुत उपयुक्त और संकेतपूर्ण है, लेकिन मैं इस चित्र की नवीनता की तरफ ध्यान आकृष्ट करना चाहता हूं, जिसमें तीक्ष्णता और सूक्ष्मता भी उतनी ही है। निश्चय ही यह कहना सही है कि शमशेर के शब्द-प्रयोग में या किसी भी चित्र-सामग्री के प्रयोग में वही सधाव, वही संतुलन और वही नजाकत है, जो वृक्ष की डालों से जरा से लगे पतझर के पीले पत्तों में होती है! इसका सबसे अच्छा उदाहरण स्वयं यह चित्र है, शब्द-चित्र।

आगे की पंक्तियों में कवि अपना ध्यान अपनी प्रिया के उस मुख पर केंद्रित करता है, जो उसकी अपनी भावनाओं में उभर आया है। मुख सुंदर है, इसलिए वह 'मुखकमल' है। शमशेर की आधुनिकता की बहुत चर्चा की जाती है, लेकिन उनमें प्रत्येक स्तर पर

हिंदी-उर्दू की काव्यपरंपरा से जो संबद्धता है, उसे भुला दिया गया है। परंपरागत शब्दों, उपमानों और अभिव्यक्ति-पद्धतियों का भी उन्होंने बहुत सार्थक उपयोग किया है, जिसके प्रमाणस्वरूप इस 'मुखकमल' शब्द को देखा जा सकता है, जिसका प्रतिस्थानी ढूंढ़ना कठिन है। यह मुखकमल एक क्षयग्रस्त और चिंतालीन तरुणी का है, इसलिए शांत ही नहीं, कृश, म्लान और हारा हुआ-सा भी है। संध्याकाल का कमल भी तो ऐसा ही होता है! निराला ने भी 'राम की शक्तिपूजा' में युद्ध से पराजित होकर लौटते हुए लक्ष्मण के लिए कहा है—'नमित-मुख सांध्य कमल'। लेकिन शमशेर की कविता का प्रसंग अधिक वेधक और मार्मिक है, इसलिए उनके द्वारा प्रयुक्त उपमान भी वैसा ही है।

तत्पश्चात शमशेर अपनी पत्नी से एक प्रश्न करते हैं, जो वस्तुतः अपने आपसे किया गया प्रश्न है। पूछते हैं, कहीं ऐसा तो नहीं है कि चिंताजड़ित तुम्हारे मुखदर्पण में वह मेरी ही उदास मुख-छवि है; कहीं तुम्हारे चेहरे में मेरा ही विषादग्रस्त चेहरा तो नहीं झांक रहा है? पत्नी पति के दुःख से पीड़ित है और पति पत्नी के दुःख से। एक का दुःख दूसरे के दुःख को झलका रहा है। यह है वह बिंब-प्रतिबिंब-भाव, जिसका ऐसा उदाहरण अन्यत्र दुर्लभ है। यद्यपि इसके पीछे 'शक्तिपूजा' की ही उस उक्ति की प्रेरणा मानी जा सकती है, जिसमें राम सीता की आंखों में अपनी छवि देखते हैं—'खिंच गए दृगों में सीता के राममय नयन'। यहां भावना में और प्रेम में अथाह गहराई है। शमशेर का प्रिय शब्द 'मौन' यहां भी मौजूद है, जो 'दर्पण' का नहीं, 'मैं' का विशेषण है, कवि की उदासी को अलग से गहराई प्रदान करने वाला।

इस कविता का दूसरा बंद है :

वासना डूबी
शिथिल पल में
स्नेह-काजल में
लिए अद्‌भुत रूप-कोमलता

कहा जा चुका है कि शमशेर की पत्नी अतिशय सुंदर थीं। स्वभावतः उनकी अद्‌भुत रूप-कोमलता उनके मन में वासना का संचार कर देती थी। लेकिन अब सौंदर्यजनित वासना या कामोत्तेजकता समाप्त है। आंखों की पलकें शिथिल हो गई हैं, उनमें सिर्फ स्नेह यानी आंसू रह गया है, काजल की तरह लगा हुआ! सारी वासना शिथिल पलकों में अटके हुए आंसू में डूब गई है, अपनी सारी रूप-कोमलता के साथ। अब न वासना रही, न उसे पैदा करने वाला सौंदर्य और मार्दव, अथवा सौंदर्योचित मार्दव।

'स्नेह-काजल' अर्थात पलकों में काजल की तरह लगा हुआ स्नेह! यहां 'स्नेह' आंसू है, उसी के रूप में अभिव्यक्त, यह कविता के अंतिम बंद की उक्ति से स्पष्ट होता है :

अब गिरा अब गिरा वह अटका हुआ आंसू
सांध्य तारक-सा
अतल में।

आंसू कवि की नहीं, पत्नी की आंखों में है, वैसे ही अटका हुआ, जैसे वृक्ष की डाल पर पतझर का पीला पत्ता। पत्नी की आंखों से अपनी चिंता में आंसू टपकना शमशेर के लिए एक महान घटना है, किसी शाम तारा टूटकर पाताल में समाने की तरह, दिशाओं को बिजली की कौंध से भर देने वाली, पृथ्वी को हिला देने वाली। राम अपनी पत्नी के लिए रोए थे, तो 'राम की शक्तिपूजा' में निराला ने उनकी दोनों आंखों से टपकी आंसू की दो बूंदों के बारे में कहा था—'चमके नभ में ज्यों तारादल'। यहां पत्नी पति के लिए रोती है। राम दैवी पात्र थे, अत: उनके आंसू यदि हनुमान को टूटे हुए नक्षत्रों की तरह भास्वर दिखलाई पड़े, तो कोई ताज्जुब की बात नहीं। ताज्जुब की बात यह है कि एक मानवी के आंसू शमशेर को 'सांध्य तारक' की तरह लग रहे हैं, उनका टपकना भी नक्षत्र टूटने की तरह। इस भावना की गहराई का अंदाजा पाना मुश्किल है। पाठक बस उससे अभिभूत या आक्रांत रह जाता है, शमशेर की तरह मौन। नक्षत्रपात रात्रि के किसी प्रहर में हो सकता है, यहां 'सांध्य तारक' इसलिए कि वक्त शाम का है।

यह एक अत्यधिक तराशी हुई चुस्त कविता है। शमशेर कवि तो थे ही, असाधारण शिल्पी भी थे। उनकी कविता का पाठ कुछ शब्द-लाघव के चलते और कुछ अनुभूति के सम्मिश्र स्वरूप के चलते जटिल है। उनमें ऐंद्रिय संवेदना और भाव विचित्र प्रकार से मिले हुए होते हैं। पीली शाम, पतझर का अटका हुआ पत्ता, मुखकमल, दर्पण, शिथिल पल, स्नेह-काजल, रूप-कोमलता, अटका हुआ आंसू, सांध्य तारक, उसका गिरना ये सभी ऐंद्रिय चित्र हैं, जिनमें गहरी उदासी, विषाद, प्रेम, भय आदि भावनाओं का विचित्र प्रकार से मिश्रण है। शमशेर निस्संदेह उदात्त के कवि हैं, निराला और मुक्तिबोध की तरह, लेकिन क्लासिकी संयम में निराला से भी आगे। इस कविता का बंधान विलक्षण है। जैसे ऊपर पतझर का पत्ता अटका हुआ है, वैसे ही नीचे आंसू। 'कि मैं हूं वह / मौन दर्पण में तुम्हारे कहीं?' यह आत्मसंलाप है, जो कविता को बीच में संवादधर्मी बना देता है। अंतिम दो बंदों में 'पल में' और 'काजल में' के साथ 'अतल में' की तुकात्मक बंदिश है, जो वीणा के कसे हुए तारों की तरह पूरी कविता में एक सांगीतिक तनाव ला देती है। सांगीतिक तनाव से युक्त यह कविता चित्र से अधिक एक मूर्ति है, सुशिल्पित।

'*एक नीला आइना बेठोस*' शमशेर की 1956-1958 के बीच की कविता है, 'कुछ कविताएं' के 'नोट' के अनुसार, यद्यपि नामवर जी ने 'प्रतिनिधि कविताएं' में इसे 1954 और 1955 की कविताओं के बीच में रखा है। अगली विचारणीय कविता 'एक आदमी दो पहाड़ों को कुहनियों से ठेलता' निश्चित रूप से 1956 की कविता है और शमशेर के दूसरे कविता-संग्रह 'कुछ और कविताएं' में संकलित, इसलिए इस पर

उससे पहले विचार कर लेना, असंगत न होगा। यह कविता अगली कविता से पहले रचित हो सकती है, 1956 में ही, ऐसा सोचने का आधार यह है कि यह कवि के पहले कविता-संग्रह में ही आ गई थी। यह एक प्रकृति-कविता है, चांदनी पर लिखी गई, अपनी विलक्षणता में हिंदी में बेजोड़।

कविता का पहला बंद है :

> एक नीला आईना
> बेठोस-सी यह चांदनी
> और अंदर चल रहा हूं मैं
> उसी के महातल के मौन में।
> मौन में इतिहास का
> कन किरन जीवित, एक, बस।

शमशेर की कविता में आईना बहुत ज्यादा है। नामवर जी ने भी लिखा है कि उनके काव्यलोक में घूमते हुए लगता है कि 'आईनाखाने में कोई लिए जाता है मुझे।' यह आईने की प्रतिबिंबित करने की क्षमता के कारण है,जैसी क्षमता आंख की पुतली को छोड़कर और किसी चीज में नहीं होती। स्वभावतः नामवर जी ने यह भी कहा है कि शमशेर की कविता में मिलने वाला आईना एक कवि की चमकती हुई तरह-तरह आंख की पुतली है जिसमें सारी कायनात बंद है। पिछली कविता में भी 'दर्पण' मौजूद है, प्रतिबिंबित करने की अपनी पूरी क्षमता के साथ। यहां आईना चांदनी का है, सफेद नहीं, नीला,यानी चांदनी की सफेदी को और बढ़ाने वाला ही नहीं, उसे जादुई और स्वप्निल बना देने वाला। यह चांदनी ठोस नहीं, जिससे उसमें घुस जाया जा सकता है, जैसे आईने में घुस जाते हैं। यही हाल है। चांदनी पृथ्वी के छठे अधोलोक यानी महातल की तरह है। इस महातल की गहराई में कोई शोरगुल नहीं, शमशेर का चिरपरिचित मौन है। कवि चांदनी में टहल क्या रहा है, जैसे उसी के भीतर प्रविष्ट होकर चल रहा है!

चांदनी की यह जो शांत महातल की गहराई है, उसमें कवि की हैसियत क्या है? सिर्फ इतिहास का एक कण, लेकिन किरण की तरह और जीवित, पूरे दृश्य की अनुभूति करता हुआ, चांदनी के सौंदर्य से पूर्णतः संवेदित,पूर्णतः अनुप्राणित। शमशेर मार्क्सवादी थे, इसलिए इतिहास को भुला नहीं सकते थे, अपने को इतिहास का एक 'कण' मानते थे और चूंकि 'व्यक्तिवादी' थे, इसलिए व्यक्ति को, अपने निजी अस्तित्व को छोड़ नहीं सकते थे। वह उनके प्रत्येक अनुभव में सक्रिय है। अपनी आरंभिक प्रसिद्ध कविता 'लेकर सीधा नारा' में भी उन्होंने कहा है :

> मैं समाज तो नहीं; न मैं कुल

जीवन;
कण-समूह में हूं मैं केवल
एक कण।

लेकिन कविता के इस पहले बंद में ध्यातव्य चांदनी का दृश्य है, इतिहास और व्यक्ति की चर्चा से संबंधित 'अर्थ' नहीं, जो इस कविता में अभिव्यक्त काव्य-संवेदना का अंग बनाकर आया है, उसमें बिलकुल घुला हुआ।

दूसरा बंद सिर्फ एक पंक्ति का है :

एक पल के ओट में है कुल जहान।

तात्पर्य यह कि इस एक क्षण में सारी दुनिया आंखों से ओझल हो गई है और यह क्षण ही छाया हुआ है, जिसमें सिर्फ चांदनी की अनुभूति शेष है। इसी से संबंधित कविता का तीसरा दो पंक्तियों का बंद है :

आत्मा है
अखिल की हठ-सी।

यह बहुत ही रहस्यमय वाक्य है, जिसमें 'की' का संबंध आलोचकों ने आत्मा की जगह हठ से जोड़ दिया है, इस बात की रत्ती-भर परवाह किए बगैर कि उससे कोई अर्थ नहीं निकलता। शमशेर की आंखों से सारी दुनिया छिप गई है, लेकिन इस दुनिया के बोध को भुला सकना उन जैसे यथार्थवादी कवि के लिए संभव नहीं है। वे कहते हैं कि समस्त सृष्टि की आत्मा साक्षात हठ सी यानी अतिशय हठपूर्वक उन्हें अपना एहसास करा रही है। जगत भले नहीं, पर जगद्‌बोध उनके साथ अनिवार्य रूप से लगा रहता है, वे उससे छुटकारा नहीं पा सकते। ऊपर 'इतिहास' का जिक्र आया है, जो मृत नहीं हो सकता, जिसका अस्तित्व नष्ट नहीं हो सकता। सम्मोहन की अवस्था में भी शमशेर को जगद्‌गति ब्यापे रहती है, यही उनके दृढ़ यथार्थवादी अथवा भौतिकवादी होने का सूचक है, उन्हें श्रेष्ठ कवि बनाने वाली चीज भी। उन्होंने 'अखिल' शब्द का प्रयोग किया है, जो 'समस्त सृष्टि' के अर्थ में उनके लिए नया नहीं। 'निराला के प्रति' कविता में भी उन्होंने कहा है—'हे महाकवि! सहजतम लघु एक जीवन में / *अखिल* का परिणय लिए'। चांदनी में बहुत सारी चीजें घुलकर समाप्त हो गई हैं, कवि भी धीरे-धीरे उसमें घुल जाता है, पर पूरा नहीं, 'बहुत कुछ'। यह संभव ही नहीं है कि प्रकृति या कोई भी चीज शमशेर को इतिहास से बाहर करके अपने में जज्ब कर ले, उनकी सत्ता को समाप्त कर दे। अगले बंद में यही कहा गया है :

चांदनी में घुल गए हैं
बहुत-से तारे, बहुत कुछ

घुल गया हूं मैं
बहुत कुछ अब।

चांदनी में तारों से लेकर कवि तक की द्रवणशीलता चांदनी के रूप को असाधरण बनाती है, कहने की आवश्यकता न होनी चाहिए।

चांदनी में बहुत कुछ घुल जाने का ही यह परिणाम है कि कवि अब बेठोस बिंब-मात्र रह गया है, लेकिन बिंब जहां धरती पर पड़ा होता है, वह उस पर सीधा खड़ा है और न जाने किस दिशा में कदम बढ़ा रहा है। उसका कदम बढ़ाना 'शांत इंगित' की तरह है। चूंकि वह बहुत कुछ घुल चुका है,बिंब-मात्र रह गया है, इसलिए वह संकेत भर रह गया है, वह भी शांतियुक्त। कैसा मायावी परिवेश है! यह कविता का अंतिम बंद है :

रह गया-सा एक सीधा बिंब
चल रहा है जो
शांत इंगित-सा
न जाने किधर।

इस कविता में चांदनी तो बेठोस है ही, कवि भी बेठोस हो गया है, लेकिन जैसा कि संकेत किया जा चुका है, उसने चांदनी में अपने को पूर्णत: लय या विसर्जित नहीं किया। यदि वह ऐसा कर गुजरता, तो फिर यह कविता लिखने के लिए या चांदनी की अनुभूति करने के लिए वह शेष न रहता। शमशेर विषय से बहुत गहराई तक प्रभावित होते हैं, लेकिन उससे 'ओवरव्हेल्म्ड' नहीं होते, अपने आत्म-बोध को हमेशा जाग्रत रखते हैं। वे विषय की अपेक्षा विषयी को महत्व देने वाले छायावादी कवि नहीं; यह चीज उन्हें निरा यथार्थवादी होने से भी बचाती है। दूसरी बात यह कि उनमें अमूर्तता और मूर्तता के बीच विचित्र प्रकार की क्रीड़ा चलती रहती है। 'अर्थ' का आग्रह रखने वाला कवि उन-जितना मूर्त तो हो सकता है, लेकिन अमूर्त नहीं।

'एक आदमी दो पहाड़ों को कुहनियों से ठेलता' निश्चित रूप से 1956 की रचना है, तीन बंदों की, व्याख्या के लिए चुनी गई पांच कविताओं में सबसे छोटी। यह कविता शमशेर ने अपने को विषय बनाकर लिखी है, यद्यपि समझदारी और कुशलता से अपने को इससे अलग रखा है और इसमें निर्वैयक्तिक रूप में एक महान पराक्रमी या उद्यमी व्यक्ति का चित्र अंकित करने का प्रयास किया है। इस कविता का विषय कवि स्वयं है, यदि यह भेद कोई खोलता है,तो स्वयं इस कविता का अंतिम बंद, वह भी इस तरीके से कि जिस पाठक का उसके काव्यलोक में प्रवेश है, वही इसे जान सके।

शमशेर का एक सॉनेट त्रिलोचन पर है, 'ऐसा ही प्रण' शीर्षक से,जिसमें वे उनका चित्र इस रूप में प्रस्तुत करते हैं :

जैसे पर्वत तोड़ रहा हो कोई निर्भय
सागर-तल में खड़ा अकेला; वज्र हृदयमय।

मुक्तिबोध ने अपनी एक प्रसिद्ध कविता 'सूखे कठोर नंगे पहाड़' में महाश्रमिक यानी मजदूर-नेता से यह अनुरोध किया है कि वह इन पहाड़ों को अपने हाथों पर उठाकर समुद्र में फेंक दे। शमशेर अपनी कविता के पहले बंद में यह चित्र अंकित करते हैं :

एक आदमी दो पहाड़ों को कुहनियों से ठेलता
पूरब से पश्चिम को एक कदम से नापता
बढ़ रहा है।

कहा जा चुका है कि वह आदमी शमशेर स्वयं है। यहां पहाड़ एक नहीं, जैसा त्रिलोचन वाले सॉनेट में है, बल्कि दो हैं, जिन्हें दोनों कुहनियों से ठेलता कवि पूरब से पश्चिम की तरफ बढ़ रहा है, जैसे आकाश में सूरज बढ़ता है। जो आदमी अपनी दोनों कुहनियों से दो पहाड़ों को ठेल सकता है, उसके डीलडौल का अनुमान किया जा सकता है। उसके पांव वामन की तरह हैं। वह एक क़दम में ही पूरी पृथ्वी को नाप रहा है। रसूल हम्जातोव ने लिखा है कि एक हाथ से दो तरबूज उठाना कठिन है। यहां शमशेर अपनी दोनों कुहनियों से दो पहाड़ ठेल रहे हैं। यह महाकठिन कर्म उनका कवि-कर्म है, जिसकी विराटता का अंदाजा उनकी दो कविताओं 'अम्न का राग' और 'टूटी हुई, बिखरी हुई' से आसानी से लगाया जा सकता है। यह भी कहा जा चुका है कि शमशेर उदात्त के कवि हैं। दूसरे बंद में चित्र उदात्ततर हो उठता है।

दूसरा बंद यह है :

कितनी ऊंची घासें चांद-तारों को छूने-छूने को हैं
जिनसे घुटनों को निकालता वह बढ़ रहा है
अपनी शाम को सुबह से मिलाता हुआ

चांद-तारों को छूने वाली घासों के बीच से पहाड़ों को ठेलते हुए आगे बढ़ना है। घासें गगनचुंबी ही नहीं, चंद्रतारकचुंबी हैं! आप कवि के घुटनों की कल्पना करें, जिन्हें उन घासों के बीच से निकालता हुआ वह आगे बढ़ रहा है। मुक्तिबोध की कविता 'मेरे सहचर मित्र' की वे पंक्तियां याद आती हैं, जिनमें वे अपने मित्र के कंधों पर खड़े होकर अपने दोनों हाथों से चंद्रमा का फ्यूज बल्ब बदलने की बात कहते हैं। 'शाम को सुबह से मिलाना'—यह रात में चलने वाली शमशेर की काव्य-साधना है। कहने की आवश्यकता न होनी चाहिए कि ऊंची घासें काव्य-साधना के मार्ग की बाधाएं हैं, कवि की जीवनगत परिस्थितियों से संबंधित, जिनसे अगला और अंतिम बंद भी जुड़ा हुआ है।

वह बंद है :

फिर क्यों
दो बादलों के तार
उसे महज उलझा रहे हैं ?

'दो बादलों के तार'—ये कवि की दो आंखों से टपकने वाले आंसुओं के तार हैं ! 'बादल' इसलिए कि वह पहाड़, दिशा (पूरब-पश्चिम), चांद-तारे और सुबह-शाम के मेल में है और 'तार' इसलिए कि वे पैरों से लिपट जाएं, तो आगे बढ़ना मुश्किल हो जाता है। यों 'बाष्प' शब्द का प्रयोग 'आंसू' के अर्थ में कालिदास में बहुत ज्यादा है, हिंदी में भी 'अश्रुपूरित' के लिए 'बाष्पायित' आम प्रयोग है, और 'आंसुओं के तार' तो हिंदी का आम मुहावरा है। निराला ने 'यमुना के प्रति' शीर्षक अपनी प्रसिद्ध कविता में एक साथ आंसुओं के लिए 'तारों' अर्थात नक्षत्रों का भी प्रयोग किया है और उनके तार का भी : 'टूट रहे हैं पलक-पलक पर/ तारों के ये जितने तार'। शमशेर की आंखों में आंसू क्यों आते हैं, जो उनकी काव्य-साधना को बाधित करते हैं ? इसका उत्तर उनकी कविता 'घिर गया है समय का रथ' में भी है और 'एक पीली शाम' में भी। पहली कविता में भी दुःख है और दूसरी कविता में भी, यद्यपि पहली कविता में आंसुओं के रूप में व्यक्त हो जाने वाला और दूसरी कविता में अव्यक्त।

शमशेर को निराला की तरह की सबसे ज्यादा पीड़ा अपनी पत्नी की मृत्यु से हुई थी। उसे वे भुला न पाते थे और रह-रहकर उससे अभिभूत हो जाते थे। पत्नी की स्मृति में निकले हुए आंसू उन्हें बुरे भी नहीं लगते थे, 'घिर गया है समय का रथ' कविता में तो उन्होंने दुःख के भावों को 'अनमोल' कहा है। इसलिए वे उनका अपमान नहीं करते थे, सिर्फ उनसे शिकायत करते थे, जो प्रकारांतर से पत्नी के प्रति उनके प्रेम का सूचक होता था। उपर्युक्त बंद की अंतिम पंक्ति में आने वाला 'महज' शब्द इसका प्रमाण है। वे अत्यधिक सचेत कवि थे, जो 'महज' शब्द का भी उसी गंभीरता से प्रयोग करते थे, जिस गंभीरता से 'पहाड़' शब्द का ! शब्द 'पहाड़' जैसा भारी हो, या 'महज' जैसा हलका, कविता में उन्हें समान वजन देना कोई शमशेर से सीखे।

इस कविता के पहले बंद का वर्णनात्मक गद्य दूसरे बंद से संवादधर्मिता प्राप्त करता हुआ तीसरे बंद में आकर पूर्णतः सजीव हो जाता है, जैसे मन की बात होंठों पर आ गई हो ! यह बात अलग से उल्लेखनीय है।

शमशेर कविता के लिए अप्रत्याशित विषय चुनते हैं, या उसे अप्रत्याशित रूप से गढ़ते हैं। '*न पलटना उधर*' उनकी 1960 की रचना है। यह एक तरुणी को संबोधित है, जो कविता लिखना चाहती है। इसका संकेत 'उन संकरे छंदों को न अपनाना प्रिये' से मिलता है। शमशेर उसे पुराने महान कवियों का अनुकरण करने और इस तरह पीछे लौटने से मना करते हैं और इस क्रम में उन कवियों की कविता या कविता-संसार का अनूठा चित्र प्रस्तुत करते हैं। अंत में वे उससे कहते हैं कि तुम सबसे हटकर मौलिक

ढंग से, अपनी क्षमता को पहचानते हुए, एक सर्वथा नवीन कविता लिखो। यह नए कवियों की क्षमता में उनकी अपरिमित निष्ठा की भी सूचना देता है। कविता उपदेश नहीं है, इसमें नई पीढ़ी के लिए कोई नया काव्यशास्त्र नहीं प्रस्तुत किया गया, बस मुख्यत: मना करने के बहाने पुरानी कविता के सौंदर्य-लोक की, जो अप्रतिम है, झांकी दिखलाई गई है। अंतिम दो बंदों में कवि ने उक्त तरुणी के और अपने बारे में कहा है।

कविता का पहला बंद है :

> न पलटना उधर
> कि जिधर ऊषा के जल में
> सूर्य का स्तंभ हिल रहा है
> न उधर नहाना प्रिये।

पुराने महाकवियों का काव्य-लोक—जैसे उष:काल में नदी के जल में स्तंभाकार सूर्य की किरणें कांप रही हैं! निश्चय ही यह निराला के 'था सर प्राचीन सरस, / सारस-हंसों से हंस' (मित्र के प्रति) वाले काव्य-लोक की तुलना में सच्चे सौंदर्य से युक्त भव्यतर काव्य-लोक है। कवि काव्ययश: प्रार्थिनी तरुणी को उधर जाने से रोकता है, क्योंकि उस काव्य-लोक की पुन:रचना न संभव है, न अपेक्षित, उस स्थिति में तो बिलकुल नहीं, जबकि नई पीढ़ी में कविता को आगे ले जाने की असंदिग्ध क्षमता हो। प्रसंग स्नान का है, आगे गुनगुनाने का भी, जो कि एक स्त्री-सम्मत प्रसंग है। इन पंक्तियों की ध्वनि यह भी है कि उस, मोहक सौंदर्य-लोक को देखो, पर उसमें उतरने का प्रयास मत करो। इन पंक्तियों में जो चित्र अंकित हैं, वह थोड़े अंतर से शमशेर को पहले से लुभाता रहा है। उनकी 'उषा' शीर्षक प्रसिद्ध कविता में यह चित्र मिलता है :

> नील जल में या किसी की
> गौर झिलमिल देह
> जैसे हिल रही हो।

उक्त काव्य-लोक या सौंदर्य-लोक को विस्तार देने वाला कविता का दूसरा बंद थोड़ा पेचीदा है, थोड़ा बड़ा भी। कविता में चित्र भी होते हैं, लेकिन अंतत: तो वह मात्र ध्वनि होती है। इस कारण कवि तरुणी से कहता है कि वह प्राचीन महान कवियों की कविता की महान प्रभावशाली ध्वनि या संगीत पर ध्यान न दे। उसके खतरे को पहचाने और अपनी क्षमता में विश्वास कर नए और आगे के संगीत की रचना करे :

> जहां इंद्र और विष्णु एक हो
> —अभूतपूर्व!—
> यूनानी अपोलो के स्वरपंखी कोमल बरबत से
> धरती का हिया कंपा रहे हैं

—और भी अभूतपूर्व !—
उधर कान न देना प्रिये
शंख से अपने सुंदर कान
जिनकी इंद्रधनुषी लवें
अधिक दीप्त हैं।

इंद्र और विष्णु का संयोग ही अभूतपूर्व है, फिर उनके साथ यूनानी सूर्य-देवता अपोलो भी हों, तो क्या कहने! इंद्र के पास वर्ण हैं—इंद्रधनुष और विष्णु के पास ध्वनि—शंख। इनके साथ काव्य और संगीत के संरक्षक अपोलो के वाद्ययंत्र से फूटने वाले कोमल स्वर भी आ मिलें, तो अवश्य ही वह अत्यधिक अभूतपूर्व बात होगी। ऐसा ही है, प्राचीन कवियों का काव्य-लोक, जिससे फूटने वाले संगीत का प्रभाव यह है कि धरती का हृदय कंपायमान हो रहा है। यह है कविता की शक्ति, जिससे प्राचीन कविता लबालब है।

शमशेर उक्त तरुणी से कहते हैं कि अनुकरण के लिए तुम उक्त संगीत की तरफ अपना ध्यान मत ले जाओ। तुम अपने को जानो, तुम्हारे पास तो स्वयं विष्णु का शंख और इंद्र का इंद्रधनुष है—शंख से सुंदर तुम्हारे कान और इंद्रधनुष के वर्णों से युक्त उन कानों की लवें! यहां आते-आते जैसे शमशेर के शब्द बम की तरह फट पड़ते हैं और पाठक उनकी अभिव्यक्ति की शक्ति और सौंदर्य से स्तब्ध रह जाते हैं। 'अधिक दीप्त' से यह भी सूचित है कि तरुणी के पास वर्ण-सौंदर्य इंद्र से अधिक है। शमशेर को सौंदर्य का कवि कहा गया है। बात इतनी ही नहीं है, फिर भी यह सही है कि वे सौंदर्य के महान कवि हैंऔर उनकी सौंदर्य-संवेदना कालिदास और निराला से आगे की सौंदर्य-संवेदना है। इंद्र और विष्णु के साथ अपोलो का संयोग यह भी सूचित करता है कि प्राचीन काव्य-लोक भारतीय और पाश्चात्य दोनों कवियों की कविता से बना है। आगे के दो बंद, जिनमें गुलाब और बुलबुल का प्रत्यक्ष जिक्र है, यह संकेत देते हैं कि उनमें फारसी और उस स्रोत के उर्दू कवि भी शामिल हैं।

कविता के तीसरे और चौथे बंद हैं :

उन संकरे छंदों को न अपनाना प्रिये
(अपने वक्ष के अधीर गुन-गुन में)
जो गुलाब की टहनियों से टेढ़े-मेढ़े हैं
चाहे कितने ही कटे-छंटे लगें, हां।

उनमें वो ही बुलबुलें छिपी हुई बसी हुई हैं
जो कई जन्मों तक की नींद से उपराम कर देंगी
प्रिये!

शमशेर का उर्दू-फारसी काव्य-परंपरा से गहरा संबंध रहा है, इसलिए प्राचीन महान कवियों को याद करते समय उस तरफ भी उनका ध्यान जाना स्वाभाविक है। उर्दू में गजल बहुत समृद्ध है। उसे मीर से लेकर गालिब तक ने जो ऊंचाई और गहराई दी है, वह बेमिसाल है। उसकी सबसे बड़ी विशेषता उसकी चुस्ती है। यहां 'छंद' कविता के लिए प्रयुक्त है और 'संकरा' विशेषण नकारात्मक नहीं,सकारात्मक रूप में। नए कवि की अधीरता उसे किसी भी बड़े कवि के अनुकरण की तरफ ले जाती है, शमशेर तरुणी को, जिसके प्रति उनके मन में गहरा स्नेह है, प्यार से समझाते हैं कि तुम उक्त कवियों की तरफ भी मत चली जाना। उन कवियों की कविता के बारे में वे कहते हैं कि वह कितनी भी कटी-छंटी और सरल क्यों न लगे,सच्चाई यह है कि वह पेचोखम से भरी हुई है। यहां शमशेर उसकी कलात्मक और सुंदर वक्रता के लिए एक ऐसी सटीक उपमा का प्रयोग करते हैं, जो उनके तीक्ष्ण पर्यवेक्षण का प्रमाण है— 'गुलाब की टहनियां'। गुलाब के फूलों की खूबसूरती के कारण उसकी टहनियों के टेढ़े-मेढ़पन की तरफ हमारा ध्यान नहीं जाता, जबकि वे बहुत टेढ़ी-मेढ़ी हो सकती हैं। ऐसी ही है मीर-गालिब की कविता, उसका रूप, जिसमें रंग और खुशबू से भरे गुलाब खिलते हैं।

गुलाब और बुलबुल का रिश्ता बहुत पुराना है, एक कवि-समय, जिसका प्रयोग उर्दू-फारसी के कवियों ने ही नहीं, उनकी परंपरा से प्रभावित हिंदी कवियों ने भी किया है। त्रिलोचन की हिंदी गजलों और रुबाइयों के संग्रह का नाम ही है—'गुलाब और बुलबुल'। शमशेर तरुणी से कहते हैं कि महान कवियों की गजलों में, गुलाब सी टेढ़ी-मेढ़ी उनकी टहनियों में, वे बुलबुलें बसती हैं,जो अपने गाने से तुम्हारी जनम-जनम की नींद भुला देंगी। 'बुलबुलें' यानी कविता के भाव, कविता में छिपे रहने वाले। शमशेर ने यहां 'उपराम' शब्द का भी प्रयोग किया है,जिसका मतलब है 'विरक्त'। उनकी वाग्धारा में हिंदी, उर्दू-फारसी, संस्कृत और लोकभाषा के शब्द समान भाव से प्रवाहित हैं, इसलिए अज्ञेय की तरह उन्हें केवल उर्दू की परंपरा से संबद्ध कवि मानना गलत है। इसी कविता में हम देखते हैं कि तीसरे और चौथे बंदों में यदि फारसी के कवि-समय से वातावरण रचा गया है, तो आरंभिक दो बंदों में इंद्र, विष्णु और अपोलो के मिथकों से। ऐसे कवि को क्या एक परंपरा से बांधना उचित है ? क्या यह सही नहीं है कि हमारे पैमाने छोटे हैं और शमशेर बहुत बड़े ? उनमें अनेक काव्य-परंपराएं आकर मिली हैं और उन्होंने उन सबों से अलग हटकर अपनी कविता लिखी है, यद्यपि इस कविता के अंतिम बंद में, जो कि एक पंक्ति का है, उन्होंने चरम कोटि की विनम्रता प्रदर्शित की है।

कविता के पांचवें बंद में शमशेर तरुणी से कहते हैं कि तुम्हें किसी नदी में स्नान करने की आवश्यकता नहीं, तुम तो स्वयं गंगा हो; त्रिवेणी नहीं, सागर-संगम के मध्य में स्थित, ऊर्ध्वमुख, जैसे पाताल से फूटने वाली। निराला ने अपनी पुत्री सरोज को

युवागम के बाद इसी रूप में देखा था—'.....अतल की सिक्त-धार / ज्यों भोगावती उठी अपार / उमड़ता ऊर्ध्व को कल सलील / जल टलमल करता नील-नील'। गंगा कहना निर्दोषता और निष्कलुषता के लिए है। पुराने कवि, किसी न किसी परंपरा से जुड़े कवि कविता के दोषों और त्रुटियों के भी वाहक होते हैं, जबकि नए कवि नए होने की वजह से उनसे सर्वथा मुक्त। शमशेर ने जानबूझकर, पवित्रता को ध्यान में रखकर, गंगा के भी 'देवापगा' पर्याय का प्रयोग किया है। 'ऊर्ध्वस्व' शब्द व्याकरण-सम्मत नहीं, पर उनके भाव को व्यक्त करने वाला है, अपनी उदात्त ध्वनि के कारण, इसलिए उन्होंने व्याकरण की परवाह नहीं की है और भाव को ही तरजीह दी है। धारा के 'ऊर्ध्वस्व' या ऊर्ध्वमुख होने में उसकी विकासमानता व्यंजित है, जो कि नई पीढ़ी की विशेषता है। आगे शमशेर तरुणी को विश्वास दिलाते हैं कि जैसे तुम्हारे पास शंख-से कान और उनकी इंद्रधनुषी लवें हैं, तुममें आदि सरस्वती का आदि भाव भी निहित है। सरस्वती नदी भी है और वाणी की अधिष्ठात्री देवी भी। 'आदि' का मतलब बिलकुल नया, अछूता, ताजगी से भरा हुआ। शमशेर के अनुसार तरुणी आदि सरस्वती के आदि भाव का मूर्तिमान रूप है! उसे कहीं जाने की आवश्यकता नहीं, किसी भी दूसरी नदी में अवगाहन करने के बदले वह अपने भीतर ही अवगाहन करे। 'न उधर नहाना प्रिये' से इसका सीधा संबंध है। कविता के अंतिम एक पंक्ति के बंद में शमशेर का अफसोस जाहिर हुआ है—काश, उस सागर-संगम पर, जिसके बीचोबीच तुम खड़ी हो, मैं भी स्थित होता। तात्पर्य यह कि मुझे तो जो होना था, हो चुका, जबकि तुम्हारी संभावनाएं अनंत हैं। तुम वाली बात मेरे साथ नहीं! 'मैं वहां नहीं हूं!' की व्यंजना यह भी है कि मुझमें ताजगी नहीं, इसलिए तुम मुझसे काव्य-शिक्षा या काव्य-दीक्षा प्राप्त करने की आकांक्षा मत करो। अंतिम दोनों बंद इस प्रकार हैं :

एक ऐसा भी सागर-संगम है
देवापगे!
जिसके बीचोबीच तुम खड़ी हो
ऊर्ध्वस्व धारा
आदि सरस्वती का आदि भाव
उसी में समाओ प्रिये!

मैं वहां नहीं हूं!

इस कविता में पांच बार 'प्रिये' संबोधन का प्रयोग हुआ है, लेकिन उस तरह नहीं, जिस तरह यह संबोधन छायावादी गीतों में आता था, कवि को एक सुविधा प्रदान करने के लिए। इस कविता में यह संबोधन इसे पूरी संवादधर्मिता प्रदान करता है, जिससे इसमें गद्य की विशेषता का समावेश हुआ है। वह गद्य इसे स्फूर्ति और गीतशीलता से

युक्त करता है। तीन बार 'प्रिये' शब्द बंद के अंत में आया है, जो मुखर है, पर उससे भी अधिक मुखर है तीसरे बंद के अंत में आने वाला 'हां' शब्द,जो संवादधर्मी गद्य की सजीवता का अचूक स्रोत है। एक बार 'देवापगे' संबोधन आया है, 'प्रिये' की अपेक्षा गंभीर ध्वनि वाला, लेकिन उससे कविता की संवादधर्मिता को कोई क्षति नहीं पहुंची है। कहना चाहिए, ये शब्द या संबोधन कविता की भाषा का स्वरूप निर्धारित करते हैं और कविता गद्य के साथ निरंतर क्रिया-प्रतिक्रिया की स्थिति में रहती है।

3

कविता के संबंध में प्रायः यह आग्रह व्यक्त किया जाता है कि उसे स्वयंसंपूर्ण होना चाहिए, यानी उसका पाठ ऐसा हो कि उसे समझने के लिए उससे बाहर न जाना पड़े। इस प्रकार का आग्रह रखने वाले सिर्फ कविता के पाठ को महत्व देते हैं, उसके संदर्भ को नहीं। कविता का संदर्भ प्राप्त करने के लिए यदि कविता से बाहर जाना पड़े, तो इसे वे कविता की असफलता मानते हैं। इस संबंध में ज्ञातव्य है कि कविता दोनों ही प्रकार की हो सकती है, स्वयंसंपूर्ण भी और ऐसी भी कि कोई उसे अधूरा कहे। शमशेर की उक्त पांचों कविताओं में से सिर्फ एक कविता 'एक नीला आइना बेठोस' के संदर्भ के लिए हमें उससे बाहर नहीं जाना पड़ता, क्योंकि उसका कोई संदर्भ नहीं, वह स्पष्ट रूप से चांदनी पर लिखी गई एक कविता है। बाकी चारों कविताएं संदर्भसापेक्ष हैं, यह बात और है कि गहराई से उनके भीतर झांकें, तो कभी-कभी उनके संदर्भ का संकेत उनमें भी मिल जाएगा। फिर भी उस संकेत को पकड़कर आगे बढ़ने से, अन्य स्रोतों से उसकी पुष्टि होने से, कविताएं अपना स्वरूप अधिक स्पष्ट करती हैं। 'घिर गया है समय का रथ' में जो दुःख है, उसका एक संदर्भ है, जिसे जानने के लिए कवि के जीवन में प्रवेश करना होगा। इसी तरह 'एक पीली शाम' का संदर्भ भी उसमें छिपा हुआ है, पर बाहर से उसकी पुष्टि भी आवश्यक है। यही बात 'न पलटना उधर' पर भी लागू है। कभी-कभी कवि पाद-टिप्पणी या शीर्षक-उपशीर्षक के द्वारा कविता के संदर्भ की ओर संकेत कर देते हैं। पाद-टिप्पणी तो कविता से बाहर की चीज है ही, शीर्षक भी कभी-कभी कविता का अंग प्रतीत होने के बावजूद बाहर की ही चीज है। ऐसी स्थिति में सभी कविताओं को स्वयंसंपूर्ण मानना और जो वैसी न हों, उन्हें असफल करार देना उचित नहीं है।

एक खास बात यह कि कविताओं को रचना-क्रम से पढ़ा जाए, तो कभी-कभी बाद की कविता का संदर्भ पहले की कविता में मिल जाता है, जैसे 'एक आदमी दो पहाड़ों को कुहनियों से ठेलता' का संदर्भ कवि के कवि-जीवन में तो है ही, उसके अंतिम बंद का संदर्भ 'एक पीली शाम' में है। आगे-पीछे का यह संबंध न भी हो

सकता है। मूल बात एक कविता का संदर्भ दूसरी कविता से मिलना है। इलियट ने अपने प्रसिद्ध लेख 'व्हाट इज माइनर पोएट्री?' में कहा है कि बड़े कवि की पहचान यह है कि उसके काव्य के एक अंश को ठीक से ग्रहण करने के लिए उसके संपूर्ण काव्य को पढ़ना जरूरी होता है। किंचित भिन्न रूप में भी यह बात मुझे निराला और मुक्तिबोध की तरह शमशेर के लिए भी सही लगती है। इन सभी बड़े कवियों की कविताओं के सूत्र उनके जीवन और परिवेश की तरह उनकी कविताओं में भी खोए हुए हैं। कारण यह कि उनकी सारी कविताएं उनके एक ही 'विजन' का हिस्सा हैं, इस कारण अपने आप में पूरी होते हुए भी अधूरी।

6. हरी घास का बल्लम

केदारनाथ अग्रवाल की एक विस्मृतप्राय कविता है :

> हरी घास का बल्लम
> गड़ा भूमि पर
> सजग खड़ा है,
> छह अंगुल से नहीं बड़ा है।
> मन होता है :
> मैं उखाड़कर इसे मार दूं,
> कुंठा को गढ़ में पछाड़ दूं,
> जहां गड़े हैं भूले मुरदे
> वहां गाड़ दूं!

इसमें तीन-चार बातें ध्यान देने लायक हैं : एक तो हरी घास, दूसरे बल्लम, तीसरे कुंठा और चौथे पूरी कविता में कवि का तेवर। अलग-अलग इन बातों से भी अधिक महत्वपूर्ण इनका आपसी संबंध है। बल्लम हरी घास का है, अथवा हरी घास केवल हरी घास न होकर बल्लम है। इस बल्लम का काम है कुंठा को उसके गढ़ में परास्त करना। कुंठा के प्रति ही कवि ने ऐसा तेवर क्यों अपनाया? इसलिए कि नई कविता में इसका बहुत जोर था और इसे एक मूल्य के रूप में स्थापित करने की चेष्टा की जा रही थी, जिसके केदार एक प्रतिबद्ध कवि होने के कारण विरुद्ध थे। कुंठा से नई कविता का क्या संबंध था, यह दुष्यंत कुमार की उन दिनों प्रसिद्ध एक कविता से मालूम होता है, जिसमें उन्होंने कहा था : 'मेरी कुंठा / रेशम के कीड़ों सी / ताने-बाने बुनती, / तड़फ-तड़फकर / बाहर आने को सिर धुनती, / स्वर से / शब्दों से / भावों से / औ' वाणी से कहती-सुनती, / गर्भवती है / मेरी कुंठा-क्वांरी कुंती!'

उक्त चारों बात्तों में भी सबसे महत्वपूर्ण है हरी घास और फिर उसका बल्लम के रूप में प्रयोग। यह हरी घास यों तो प्रकृति है, लेकिन कविता में वह शब्द है। कवि के पास शब्द के अलावा और क्या है? उसी का वह जैसे चाहे प्रयोग करता है—मार के रूप में, या प्यार के रूप में; अस्त्र के रूप में, या सौंदर्य-साधन के रूप में। आपत्ति की बात वहां होती है, जहां कवि को अपने शब्दों का भरोसा नहीं होता और वह उनसे इतर साधनों का सहारा लेता है। केदार को ज्यादातर अपने शब्दों का भरोसा रहा है और कभी उन्होंने इतर साधनों का सहारा लिया है, तो अपनी राजनीतिक कविताओं में।

यह खेद की बात है कि डॉ. रामविलास शर्मा ने उनकी राजनीतिक कविताओं को ही ज्यादा महत्व दिया है और उन कविताओं की किसी हद तक उपेक्षा की है, जिनमें केदार ने सिर्फ अपने शब्दों का बल्लम चलाया है और जिनमें वे ज्यादा बड़े कवि के रूप में सामने आते हैं। ऐसी बात नहीं है कि उनमें राजनीतिक अथवा आंदोलनात्मक कविता लिखने की क्षमता नहीं है। वह क्षमता भी उनमें है और अपनी अनेक कविताओं में उन्होंने उसका उपयोग भी किया है, लेकिन आलोचक का ज्यादा ध्यान शब्द की जगह अर्थ पर होने के कारण उसने राजनीतिक दल-विशेष की सही नीतियों के मेल में चलने वाली कविताओं को अत्यधिक महत्व दिया है और यहां तक कि उन्हीं के आधार पर कवि का समग्र रूप में मूल्यांकन और स्थान-निरूपण तक कर डाला है। राजनीतिक अथवा आंदोलनात्मक कविता के सम्राट हैं नागार्जुन। उसमें उनके शब्द ही अस्त्र बन जाते हैं, जिससे उसके महत्व-स्थापन के लिए किसी इतर साधन का सहारा नहीं लेना पड़ता। शब्द-कवि होने के कारण वे अनेक बार इसकी परवाह भी नहीं करते कि उनकी कविता का अर्थ राजनीतिक दल-विशेष की नीतियों के मेल में जा रहा है या विरोध में। उनकी ऐसी कविता में शब्द ही अथ और वही इति हैं। केदार की राजनीतिक कविताएं सामान्यतया उनकी कविता की तरह मात्र शब्दाश्रयी नहीं, दोनों श्रेष्ठ कवियों में इस प्रसंग में यह ध्यान देने लायक फर्क है। केदार ने मुख्यतः अपनी गैरराजनीतिक अथवा गैरआंदोलनात्मक कविताओं में कवि-कर्म अधिक पूर्ण रूप में किया है, मुझे कहना यह है।

जिन कविताओं में शब्द ही बल्लम बन गए हैं,वे उनकी कौन सी कविताएं हैं ? मैं निवेदन करूं कि इसे लेकर विषयगत फर्क नहीं है, यदि है तो मात्रा का। स्वभावतः प्रेम हो या प्रकृति,मजदूर हो या किसान, राजनीति हो या मन की आस्था-अनास्था, केदार ने इन्हें लेकर लाजवाब कविताएं लिखी हैं, यानी ऐसी शब्द-सृष्टि की है, जिसका आकर्षण विलक्षण है।

सर्वप्रथम मैं उनकी एक प्रेम-कविता उद्धृत करता हूं :

मांझी न बजाओ बंसी मेरा मन डोलता।
मेरा मन डोलता है जैसे जल डोलता
जल का जहाज जैसे पल-पल डोलता।

मांझी न बजाओ बंसी मेरा प्रन टूटता।
मेरा प्रन टूटता है जैसे तृन टूटता।
तृन का निवास जैसे बन-बन टूटता।

मांझी न बजाओ बंसी मेरा तन झूमता।
मेरा तन झूमता है तेरा तन झूमता।
मेरा तन तेरा तन एक बन झूमता।

केदार मूलतः रोमानी कवि हैं, लेकिन इस गीतात्मक कविता में उन्होंने सहज भाव से अपने को कविता से अलग रखा है। रोमानी कवि की एक प्रवृत्ति लोकभाषा के साथ-साथ लोकगीतों की तरफ जाने की भी होती है। वह भी इसमें प्रत्यक्ष है। ऐसा लगता है कि वैयक्तिक आवेग के साथ सामाजिक या लौकिक होना अथवा शिष्ट भाषा एवं शिष्ट कविता के साथ लोकभाषा एवं लोकगीतों से संपृक्त होना प्रगतिशील कवियों के लिए कोई परस्पर विरोधी बात नहीं थी। केदार का यह गीत क्या है, जैसे एक उत्कृष्ट लोकगीत है, जिसमें एक केवट के प्रति उसकी प्रिया का आत्मनिवेदन है। ऐसा लगता है कि रात का वक्त है और मल्लाह नदी में नाव पर वंशी फूंक रहा है। वंशी का स्वर साफ-साफ उसकी प्रिया तक पहुंचता है और उसे व्याकुल कर देता है। वह उससे अनुरोध करती है कि तुम वंशी बजाना बंद करो, क्योंकि उससे मेरा मन प्रकंपित हो रहा है, जैसे जल, जैसे जल में खड़ा जहाज। स्पष्टतः यह केवट की प्रिया के हृदय से उठती हुई पुकार है, केवट के लिए। शायद उसने प्रण किया था कि प्रेमवश रात में वह कभी उसे रोककर न रखेगी, जिससे कि उसका मछली मारने वाला या नाव खेने वाला व्यवसाय बाधित न हो। यह वंशीस्वर उसके प्रण को डिगा रहा है, नष्ट कर रहा है, जैसे जंगलों में आंधी में पक्षियों के घोंसले नष्ट हो जाते हैं। अंत में उसका कामवेग इतना प्रबल हो जाता है कि वह कहती है कि बंसी की धुन सुनकर मेरा शरीर झूम रहा है, जैसे उधर तुम्हारा शरीर। वह कल्पना करती है कि वह अपने मांझी से संपृक्त हो गई है और दोनों के शरीर एक साथ झूम रहे हैं।

इस गीत का मन पर जो प्रभाव पड़ता है, वह छायावादी गीतों से भिन्न है। क्यों? इसलिए कि यह गीत अपने ढांचे में बिलकुल अलग है। टेक की पंक्ति इसमें भी है, लेकिन वह परिवर्तित रूपों में दुहराई जाती है। दूसरे, टेक के बाद इसमें अंतरे नहीं आते हैं, बल्कि उसे लेकर तीन-तीन पंक्तियों की तीन इकाइयां या तीन बंद बनते हैं। बिलकुल लोकगीतों की तरह कवि ने शब्दों की आवृत्ति की है, यथा पहली पंक्ति का 'मेरा मन डोलता' दूसरी पंक्ति के भी शुरू में है। इसी तरह बाकी दोनों इकाइयों में भी। तुकों के प्रयोग में भी कवि ने कृत्रिमता नहीं बरती है। यदि 'मन' से 'जल' और 'पल' की तुक मिलाई गई है, 'प्रन' से 'तृन' की और 'तन' से 'तन' की ही, तो कवि को इसकी चिंता नहीं है, क्योंकि लोकगीत लय के सहारे चलते हैं, उत्तम कोटि की तुकों के सहारे नहीं। यही बात मात्रा के प्रयोग के संबंध में भी है। कवि ने यहां भी मात्रा पर लय को महत्व दिया है। इसी कारण गीत के पहले बंद में मात्राओं की संख्या प्रत्येक पंक्ति में अलग-अलग है, क्रमशः पच्चीस, चौबीस और इक्कीस। दूसरे बंद में भी ऐसा ही है, पर वह लय की सघनता और पूर्णता के कारण है, शिल्पसंबंधी अतिरिक्त सजगता के कारण नहीं। तीसरे बंद में जरूर तीसरी पंक्ति इक्कीस की जगह बाईस मात्राओं की है। इसके अलावा जो एक अन्य महत्वपूर्ण बात है, वह यह कि इस गीत में बहुत थोड़े

शब्दों का प्रयोग किया गया है और उनमें कोई शब्द लाक्षणिक नहीं है। सारे के सारे शब्द सरल और प्रचलित हैं। छायावादी काल में ऐसे गीतों की कल्पना असंभव थी, जिनमें लाक्षणिकता और रचना-शिल्प पर अतिरिक्त रूप से ध्यान न दिया गया हो और लोकगीतों की तरह केवल लय पर निर्भर रहा गया हो, शब्दों का काम भी लय से ही लिया गया हो। इस तरह यह गीत एक लोकगीत बन गया है, अपनी सहजता और अकृत्रिमता के कारण। लोकभाषा और लोकगीतों की तरफ झुकाव की बात छायावाद के बारे में भी कही गई थी, क्योंकि वह स्वच्छंद काव्य था, लेकिन सच्चाई यह है कि एक-दो उदाहरणों को छोड़ दें, तो छायावाद की गति लोक-विरुद्ध थी। सिर्फ निराला यहां भी अपवाद हैं। उनमें छंद पर लय की और शिष्ट भाषा पर लोकभाषा तथा शिष्ट काव्य पर लोककाव्य की प्रधानता अनेक स्थानों पर देखी जाती है। कहने की आवश्यकता नहीं कि छायावादियों में केदार निराला के ही सर्वाधिक निकट थे। एक समय था कि उन्होंने 'बालेंदु' उपनाम से निराला का अनुसरण कर गीतों की रचना की थी, बहुत कुछ वैसी ही समस्त पदावली में, लेकिन यह उस समय की बात है, जब वे युवावस्था के आरंभिक वर्षों में थे। प्रस्तुत गीत उनकी एक प्रौढ़ रचना है, जिसमें उनका रंग-ढंग और उनका तेवर निराला से बिलकुल भिन्न है।

केदार की प्रेम-कविताओं की एक अन्यतम विशेषता है, उनकी ऐंद्रियता। छायावाद में अतींद्रियता का जोर था, इतना कि प्रसाद और निराला में पाई जाने वाली ऐंद्रियता की आलोचना की गई। अस्वाभाविक नहीं कि नागार्जुन ने छायावादियों को लक्ष्य कर लिखी गई अपनी प्रसिद्ध कविता में उनके 'तन-संपर्कहीन प्रेम' का मजाक उड़ाया है। केदार में प्रेम-प्रसंग में शरीर को लेकर कोई कुंठा या अपराध-भाव नहीं है। इस दृष्टि से उनमें प्रेम और काम एकात्म हैं, जैसे वे कालिदास में हैं। वहां प्रेम की ऐसी धारणा नहीं है कि वह शरीर के संपर्क से अपवित्र हो जाता है। केदार में पूरी गंभीरता के साथ शरीर की स्वीकृति है। उनके असंख्य गीत और कविताएं इसका प्रमाण हैं। इसे भी स्वाभाविक ही कहेंगे कि उनकी एक कविता है 'खजुराहो के मंदिर', जिनके बारे में वे कहते हैं—

> याद दिलाते हैं हमको उस गए समय की
> जब पुरुषों ने उमड़-उमड़कर—
> रोमांचित होकर समुद्र-सा,
> कुच-कटाक्ष वैभव-विलास की
> कला-केलि की कामिनियों को
> बाहुपाश में बांध लिया था,
> और भोग-संभोग-सुरा का सरस पान कर
> देश-काल को, जरा-मरण को भुला दिया था।

छायावादी पंत का वह प्रगीत प्रसिद्ध है, जिसमें उन्होंने प्रकृति पर एक मानवी के सौंदर्य

को वार दिया था। केदार ठीक उसके विपरीत जाकर अपनी एक छोटी कविता में कहते हैं : 'न छुए आकाश मुझे / न छुए वातास, / छुए तो बस छुए मुझे / रूप का प्रश्वास, / पौ फटे का हास'। कहना जरूरी नहीं कि 'पौ फटे का हास' भी प्रकृति का नहीं, एक रूपसी का है। 'मांझी न बजाओ बंसी' गीत का जोड़ीदार गीत है 'धीरे उठाओ मेरी पालकी'। उसमें तो कवि ने साफ शब्दों में कहा है : 'बेला है मनसिज के ज्वाल की'। यह मनसिज-ज्वाला और उससे मिलने वाली ऊष्मा हर तरह से मानवीय है, जिससे केदार की प्रेम-कविताएं ओत-प्रोत हैं। यह है 'मांझी न बजाओ बंसी' गीत की पंक्ति 'मेरा तन तेरा तन एक बन झूमता' की प्रभावोत्पादकता का रहस्य, जिसे समझने में जितनी चीजें मददगार हों, लेकिन जो अपने को व्यक्त करने की दृष्टि से स्वयं समर्थ हैं। बाकी पंक्तियों के साथ भी ऐसा ही है। यही है केदार का कविता के अपने शब्दों पर भरोसा करना।

प्रेम और प्रकृति में से केदार में कौन प्राथमिक है और कौन द्वितीय स्थान पर, कहना मुश्किल है। प्रेम से भी अधिक उन्होंने प्रकृति की कविताएं लिखी हैं, जो चित्रात्मक तो हैं ही, अन्य अनेक विशेषताओं से भी युक्त हैं। उदाहरण के लिए यह उनकी एक छोटी सी प्रकृति-कविता :

जल रहा है
जवान होकर गुलाब;
खोलकर होंठ:
जैसे आग
गा रही है फाग।

गुलाब अपने पूरे शबाब पर है, जिसे देखकर लगता है कि वह खिला क्या है, जैसे जल रहा है। जलना उसके गहरे अग्नि की लपटों के समान रंग को सूचित करता है। उसकी खुली हुई पंखुड़ियां उसके होंठ हैं। होंठ जब खुलते हैं, तो आदमी कुछ बोलता है। यह गुलाब अपने होंठों से कुछ गा रहा है। क्या गा सकता है वह ? कवि का कहना है 'फाग', क्योंकि जवानी का राग तो वही है। चूंकि वह साक्षात दहकता हुआ बड़ा सा अंगारा है, इसलिए लगता है कि स्वयं आग फाग गा रही है।

जैसा कि संकेत किया गया है, केदार अपनी प्रकृति-कविताओं में चित्रों के लिए प्रसिद्ध हैं। यदि उनकी ऐसी कविताओं से सारे चित्र इकट्ठे किए जाएं, तो एक अत्यंत भव्य चित्रशाला सज उठेगी। कविता में अच्छे चित्रों का निर्माण कवि-कर्म की चरम सफलता का प्रतिमान है, क्योंकि ये चित्र ऐसी सृष्टि होते हैं, जिसे केवल शब्दों से रचा जाता है। उचित ही इनका नाम 'शब्द-चित्र' दिया गया है। इन चित्रों की विशेषता यह है कि वस्तु दृश्य हो, या श्रव्य, या स्पृश्य, या घ्रातव्य, या आस्वाद्य, उसका रूप शब्दों के माध्यम से ही खड़ा किया जाता है, किसी और माध्यम से नहीं। कभी-कभी शब्द

रेखाचित्र-मात्र होते हैं, जिनमें पाठक अपनी कल्पना से रंग भरते हैं। इसे भी कवि की सफलता ही मानना चाहिए कि पाठक की कल्पना को उत्तेजित कर कम से कम शब्दों में उसने उसमें अपेक्षित वस्तु को साकार कर दिया है, या उसे उसकी संवेदना करा दी है। केदार के प्रकृति-चित्रों की विशेषता यह है कि वे प्रेम या शृंगार के चित्रों की तरह ही ऐंद्रिय हैं। एक कविता में उन्होंने कहा है : 'झाड़ी के एक खिले फूल ने / नीली पंखुड़ियों के / एक खिले फूल ने / आज मुझे काट लिया / ओठ से / और मैं अचेत रहा / धूप में।' इसी तरह उनकी एक अन्य कविता है : 'दिन अच्छा है / नटी नदी के तटनितंब की तरह / खुला है / पानी जिसको मधुर चाव से / परस रहा है।'

ऊपर उद्धृत कविता में भी ऐंद्रियता है और प्रचंड, यद्यपि स्थूल नहीं। गुलाब जल रहा है, क्योंकि वह जवान है। उसके भीतर काम की लपटें उठ रही हैं, जिससे वह आरक्तवदन हो रहा है। कामप्रज्वलित वह साक्षात अग्नि बन गया है, जो अपने होंठ खोलकर फाग का राग अलाप रहा है। फाग होली के अवसर पर गाया जाने वाला गीत है, जो उद्दाम शृंगार-भाव से भरपूर होता है।

प्रकृति और प्रेम का यह पारस्परिक संबंध ही केदार को दोनों की एकता तक ले गया है। प्रकृति और प्रेम में कहीं कोई मिलन-बिंदु है ? प्रकृति को जड़ कहा गया है और प्रेम चेतन मनुष्य के मन का भाव है, फिर इनमें एकता कैसी ? पुरानी कविता में इसीलिए प्रकृति को सजीव रूप देते हुए भी उद्दीपन तक सीमित रखा जाता था, लेकिन केदार दोनों को मिला देते हैं, यानी उनमें प्रकृति में प्रेम है और प्रेम में प्रकृति। केदार की 'प्यार और प्रकृति' शीर्षक कविता में यह बात बहुत स्पष्ट है, जिसमें वे कहते हैं : 'धूप / पीता है फूल, / प्यार की पलक-पंखुड़ियां खोले' अर्थात फूल अपनी प्रेमपूर्ण आंखों से धूप के रूप का पान कर रहा है ! इसी तरह 'नाच होता है / हिरन की आंखों में, / मोरपंखी, / नाच में / हिलती है / मदन-महीप की कलंगी।' प्रसिद्ध है कि मयूर कामातुर होकर ही मयूरी को आकर्षित करने के लिए अपने पंख फैलाकर नृत्य करता है। हिरन की आंखों में वही नृत्य हो रहा है। वह काम-नृत्य है, क्योंकि उसमें कामदेव की पगड़ी में लगा तुर्रा हिल रहा है। केदार के कवि-कर्म की सफलता इस बात में है कि वे जानते हैं कि कविता शब्द-विधान है। वे शब्द तो ऐसे चुनकर लाते ही हैं, जो अर्थ को व्यक्त करने में सर्वाधिक समर्थ हों, उन्हें खास क्रम और लय भी प्रदान करते हैं। स्वभावतः यदि उनके शब्दों को बदल दिया जाए और उनके क्रम को भंग कर लय को बाधित कर दिया जाए,तो कविता नष्ट हो जाएगी, हमारे पास सिर्फ़ फुलझड़ी का जला हुआ तार रह जाएगा।

ऐसी बात नहीं है कि केदार प्रेम और प्रकृति के ही कवि हैं। उनकी मूल प्रकृति सौंदर्यवादी है, लेकिन कविरूप में उनका असली सरोकार तो इस इहलौकिक जगत से है। यदि प्रकृति ही कहना हो, तो उस प्रकृति से, जो पुरुष की विपरीतार्थक है, उस माया से,जो ब्रह्म की विरोधी है,भले वह प्रकृति पुरुष की और माया ब्रह्म की शक्ति भी

हो! यह प्रकृति और यह माया ही केदार के लिए सत्य है। ताज्जुब नहीं कि एक कविता में उन्होंने कहा है कि 'हम यहीं रहते हैं / न पूछो—कहां? / मनस्वी आकाश / के नीचे, / वादियों / पहाड़ों के बीच, / दुधार नदियों के साथ / खेलते / घूमते / हंसते-गाते / जीते।' उन्हें इस पर गर्व भी है,क्योंकि कविता के अंत में कहते हैं, 'कोई है / जो हमारी / बराबरी कर सके।' यह जो इहलौकिक जगत है, उसमें सिर्फ आकाश, नदियां, पहाड़ और वादियां ही नहीं हैं, श्रमिक और कृषक भी हैं, जो शोषण का शिकार भी हैं और उसके विरुद्ध संघर्षरत भी। यह संघर्ष केदार के लिए सौंदर्य-विरोधी चीज नहीं है, बल्कि वे तो संघर्ष में भी सौंदर्य देखते हैं। यही कारण है कि उनमें प्रकृति के भी ऐसे चित्र बहुत मिलते हैं, जिनमें वह संघर्षरत है, यथा यह चित्र :

तेज धार का कर्मठ पानी,
चट्टानों के ऊपर चढ़कर,
मार रहा है घूंसे कसकर,
तोड़ रहा है तट चट्टानी।

इसके साथ एक और कविता भी उद्धृत की जा सकती है, जिससे यह पता चलता है कि सौंदर्य और संघर्ष को लेकर उनके भीतर कशमकश भी है, लेकिन दोनों में से कोई उन्हें छोड़ने को तैयार नहीं :

ओस के संवेद्य मौनाकाश में हो
या सुगंधों की सुखावह सांस में हो,
हो न हो यह जिंदगी मेरी
कहीं अटकी हुई है।
छोड़ता हूं—छोड़ती मुझको नहीं
तलवार मेरी।
बह रही है धार मेरी
उठ रही ललकार मेरी।

इस कशमकश की परिणति अंततः इस रूप में दिखलाई पड़ती है कि केदार सौंदर्य को त्यागने की बात कौन कहे, उसी को संघर्षरत मजदूर का भी चरम लक्ष्य बतलाते हैं। अपनी प्रसिद्ध कविता 'हथौड़े का गीत' के अंत में उन्होंने मजदूर वर्ग से कहा है : 'मार हथौड़ा / कर-कर चोट / दुनिया की जाती ताकत हो, जल्दी छवि से नाता जोड़!' इस तरह इस कवि को सरल-सपाट प्रगतिशील कवि के रूप में लेना ठीक न होगा। केदार के काव्य-लोक में भी अपने ढंग की चक्करदार गलियां और गहनता है। बिना उसके वे हिंदी के श्रेष्ठ कवियों की पांत में उस जनता द्वारा न बैठाए जा सकते थे, जो कबीर-सूर-तुलसी से लेकर निराला तक की कविता का आस्वाद लेती रहती है।

जहां तक मजदूर की बात है, उसका हमें उनकी कविता में यह चित्र मिलता है :

जो जीवन की धूल चाटकर बड़ा हुआ है,
तूफानों से लड़ा और फिर खड़ा हुआ है,
जिसने सोने को खोदा—
लोहा मोड़ा है,
जो रवि के रथ का घोड़ा है,
वह जन मारे नहीं मरेगा—
नहीं मरेगा।

जो जीवन की आग जलाकर आग बना है,
फौलादी पंजे फैलाए नाग बना है,
जिसने शोषण को तोड़ा,
शासन मोड़ा है,
जो युग के रथ का घोड़ा है,
वह जन मारे नहीं मरेगा—
नहीं मरेगा।

कहने की आवश्यकता नहीं कि आधुनिक युग में श्रमिक जन की अनश्वरता का यह आख्यान जितना ओजस्वी है, उतना ही प्रभावशाली। स्मरणीय है कि ओजस्विता शब्द का गुण है। केदार ने अपनी इस कविता में ऐसे ओजस्वी शब्दों की योजना की है, जो श्रमिक वर्ग की शक्ति के प्रकटीकरण में पूरी तरह से समर्थ हैं। ये शब्द तूफान, लोहा, रवि, रथ, घोड़ा, आग, फौलादी पंजा, नाग और युग हैं। इसके अलावा इसमें बड़ा होने, लड़ने, खड़ा होने, खोदने,मोड़ने और तोड़ने जैसे क्रियापद भी हैं। ये सारे शब्द आपस में मिलकर अत्यंत भव्य चित्र का निर्माण करते हैं। पहले बंद में श्रमिक जन के लघु और फिर बृहत होने तथा लड़ने में धराशायी होने और फिर उठ खड़े होने का चित्रात्मक वर्णन है, फिर उसी तरह खान में खुदाई कर सोना प्राप्त करने और लोहे को भी मोड़ देने का। आगे उसे जो 'रवि के रथ का घोड़ा' कहा गया है,वह उसके 'प्रचंड शक्तिमान' होने का सूचक है। इस प्रगीतात्मक कविता का शिल्प भी बहुत कुछ लोकगीतों वाला ही है, जिनमें थोड़े परिवर्तन के साथ आवृत्ति का बहुत महत्व होता है। दूसरे बंद में पुनः पहले बंद की आरंभिक पंक्तियों की तरह ही श्रमिक जन की विशेषता वर्णित है, चित्रात्मक ढंग से ही, जो जीवन की अग्नि को प्रज्वलित कर स्वयं अग्नि बन गया है। मजदूर वर्ग सर्वाधिक कष्ट और अभाव में अपना जीवन बिताता है, लेकिन जीवन से वह भागता नहीं, जूझता है और जूझते-जूझते जिजीविषा का मूर्तिमान रूप बन जाता है। दूसरी पंक्ति का चित्र अत्यधिक ओजस्वी है। श्रमिक जन वर्ग-शत्रु के लिए नाग की तरह भयंकर है। उसके फौलादी पंजे जैसे उसका फण हैं। पहले बंद में बाद की जो

दो पंक्तियां हैं, उन्हें इस बंद की बाद की दोनों पंक्तियां संतुलित करती हैं। शोषण को खत्म करना नहीं, तोड़ना और शासन को बदल देना नहीं, मोड़ना अभिव्यक्ति में कवित्व संभव करने वाले महत्वपूर्ण शाब्दिक विचलन हैं। इन्हीं पंक्तियों की तरह 'रवि के रथ का घोड़ा' को 'युग के रथ का घोड़ा' संतुलित करता है। कविता की प्रभावोत्पादकता का उत्स केदार का यही काव्य-शिल्प है। विद्वानों का ध्यान इस बात पर तो है कि वे प्रकृति से लेकर मानव-सौंदर्य तक के उपासक कवि हैं, लेकिन इस बात पर नहीं कि नागार्जुन की तरह ही वे उत्कृष्ट काव्य-शिल्पी हैं। शब्द कैसे होने चाहिए, उनका संयोजन कैसा हो, चित्र कैसे बनाए जाएं, शब्दों की आवृत्ति कहां की जाए, लय को कहां उठाया और कहां गिराया जाए, साथ ही कहां उसे तोड़ दिया जाए, कविता को कहां पहुंचाकर छोड़ दिया जाए अथवा टिप्पणी लगानी हो, तो उसके अंत में कैसी टिप्पणी लगाई जाए,यह वे खूब जानते हैं। जो लोग उनमें माधुर्य या ओज का अनियंत्रित विस्फोट देखते हैं, वे गलती पर हैं। उनमें भाव-विस्फोट उच्च कोटि के कलात्मक संयम के साथ हुआ है। यदि वह कहीं अनियंत्रित या असंयमित मालूम पड़ता है, तो इसलिए कि वह नियंत्रण या संयम कुछ नए ढंग का होता है, जिससे पहले से पाठक और विद्वान परिचित नहीं होते। कुल मिलाकर केदार की काव्य-कला लोककविता के बहुत करीब है।

केदार में मजदूर बहुत हैं, लेकिन उनकी असली पृष्ठभूमि तो गंवई है, जिससे किसान भी उनमें स्वाभाविक रूप से आए हैं। उदाहरणार्थ यह कविता :

हल चलते हैं फिर खेतों में,
फटती है फिर काली मिट्टी,
बोते हैं फिर बिया किसान,
कल के जीवन के वरदान,
फिर उपजेगा उन्नत-मस्तक सिंह-अयाली नाज,
फिर गरजेगी कष्ट-विदारक धरती की आवाज।

कहने की आवश्यकता नहीं कि यह कविता प्रथम पाठ से ही मन पर एक विलक्षण प्रभाव डालती है, जिसका कारण इसकी आरंभिक चार पंक्तियों में बालकविता जैसी सरल भाषा का प्रयोग है, यद्यपि ध्यान देने पर उनमें अंकित चित्र उतने सरल नहीं लगते। हल चलने से काली मिट्टी का फटना एक सजीव चित्र है, 'काली' शब्द पर ध्यान दें, तो अतिरिक्त रूप से सार्थक, किसान के पुरुषार्थ का प्रतीक। 'बिया' शब्द शिष्ट भाषा नहीं, लोकभाषा से ही उठाया गया है। उन्हें कल के जीवन का वरदान बतलाना बीज से पैदा होने वाले अन्न या फसल की तरफ ध्यान दिलाना है। 'उन्नत-मस्तक सिंह-अयाली नाज' का उदात्त चित्र तो कालिदास जैसे कवियों की याद दिलाता है। यह तने हुए भूरे बालों वाली बालियों से भरे गेहूं के खेत का चित्र है। यह चित्र

किसान के अपराजेय शौर्य की तरफ भी संकेत करता है। अंतिम पंक्ति में तो केदार ने कमाल कर दिया है। गेहूं की खड़ी फसल को 'सिंह-अयाली' कहने के बाद वे धरती की सिंह-गर्जना का भी जिक्र करते हैं,जो सभी कष्टों को विदीर्ण कर देने वाली होगी। धरती का कष्ट अन्न की पूर्ति से ही दूर होगा और वह किसान ही कर सकेंगे, इस अर्थ को विशिष्ट काव्यात्मक शब्दों के माध्यम से कितना सशक्त बनाकर प्रस्तुत किया गया है। इसीलिए आरंभ में ही निवेदन किया गया है कि केदार अपनी कविताओं में प्रायः शब्द का ही भरोसा करते हैं, किसी शब्देतर साधन का नहीं। यह है चौपाई,चौपई और सरसी छंदों के योग से बना उनका नया छप्पय।

जैसा कि आरंभ में ही कहा गया है, केदार ने भी कुछ ऐसी राजनीतिक अथवा आंदोलनात्मक कविताएं लिखी हैं, जो सिर्फ अपने अर्थ के कारण ही नहीं, अपनी शाब्दिक संरचना के कारण भी महत्वपूर्ण हैं। इसमें कोई शक नहीं कि कविता अर्थ ही नहीं, शब्द के असंख्य सूत्रों से भी बाहरी दुनिया से जुड़ी होती है, तथापि उसकी अपनी दुनिया भी होती है। बिना अपनी इस पहचान के वह कला-कृति नहीं हो सकती। उसमें अर्थ, भाव, आशय, उद्देश्य, संदेश, यथार्थ, विद्रोह आदि तमाम चीजें हो सकती हैं, लेकिन कविता की अपनी पहचान अथवा अस्मिता न हुई, तो उसमें वह जादुई असर न होगा, जो कला की विशेषता है। केदार की एक कविता है 'कौंसिलघर की मैना', जिसमें राजनीति तो है ही, अपने कलात्मक विधान के कारण सौंदर्यात्मक प्रभाव उत्पन्न करने की क्षमता भी है। कविता कांग्रेसी राज में एक क्रांतिकारी नेता के लेजिस्लेटिव कौंसिल का सदस्य बनाए जाने पर लिखी गई है। केदार उसे 'मैना' तो कहते ही हैं, मैना के पूरे व्यवहार को सधे हुए व्यंग्यात्मक शब्दों में चित्रित करते हैं। यही है गद्य को कविता में बदलने की विधि, जो एक रहस्यमयी सर्जनात्मक प्रक्रिया से संपन्न होती है। कविता है :

> गुंबज के ऊपर बैठी है, कौंसिलघर की मैना।
> सुंदर सुख की मधुर धूप है, सेंक रही है डैना॥
> तापस वेश नहीं है उसका, वह है अब महरानी।
> त्याग तपस्या का फल पाकर जी में बहुत अघानी॥
> कहता है केदार सुनो जी! मैना है निर्द्वंद्व।
> सत्य अहिंसा आदर्शों के, गाती है प्रिय छंद॥

एक तो नेता को मैना बना देना ही काफी उपहासास्पद है,दूसरे, उसके कौंसिलघर के गुंबज पर डैना फैलाए सुंदर सुख की मधुर धूप सेंकने का वर्णन उसे व्यंग्य-बाण से बेध देना है। अब उसके शरीर पर खद्दर के नहीं, राजसी वस्त्र हैं। कौंसिल की मेंबरी के रूप में उसे जैसे आजादी के लिए किए जाने वाले उत्सर्ग और संघर्ष का पुरस्कार मिल गया है। इससे वह अतिशय तृप्त है। 'अघानी' शब्द व्यंग्य के कारण ही उस विकृत रूप में

प्रयुक्त हुआ है, जो बहुत ही मारक है। अब वह मैना यानी नेता संघर्ष का नहीं, सत्य-अहिंसा का राग अलाप रहा है, निर्द्वंद्व भाव से। 'छंद' शब्द का प्रयोग भी यहां कम मारक नहीं। यह है केदार की नई कुंडलिया, दोहा और रोला नहीं, सार और सरसी छंदों के मिश्रण से बनी। इस कविता का सीधा प्रभाव जैसे यह सोचने का अवसर ही नहीं देता कि यह अपने भीतर शब्दों का कैसा रचाव छिपाए हुए है और वह प्रभाव उसी रचाव की देन है।

मेरे एक मित्र, जिनका जीवन पार्टी का कार्य करते, प्रेस में प्रूफरीडरी करते, बच्चों को पढ़ाते या फिर उनके लिए पुस्तकें लिखते बीता है, केदार को आस्था और सौंदर्य का कवि कहते हैं। इस शीर्षक से उन्होंने उन पर एक लेख भी लिखा है। ये दोनों शब्द—आस्था और सौंदर्य—इतने महत्वपूर्ण हैं कि डा. रामविलास शर्मा के निबंधों के सर्वश्रेष्ठ संग्रह का यही नाम है। यह वस्तुतः एक श्रेणी है, जिसमें आस्था का संबंध अंतर्वस्तु से और सौंदर्य का संबंध कला से है। केदार को आस्था और सौंदर्य का कवि कहने का मतलब यह है कि उनमें आस्था भी है और सौंदर्य भी। यह मान्यता विवादास्पद नहीं हो सकती, लेकिन मैं उन्हें 'आस्था के सौंदर्य' का कवि कहना पसंद करूंगा, क्योंकि उनकी अनेक कविताओं में आस्था का सौंदर्य देखते ही बनता है, जो उनकी विशिष्ट पदरचना से संभव हुआ है। मुझे यहां केदार की दो लाजवाब कविताएं याद आ रही हैं, जिनमें से पहली में उन्होंने जीवन को अधिक से अधिक सार्थक बनाने पर जोर दिया है और दूसरी में इस संसार और इस संसार की सुंदरता की अनश्वरता में अपना दृढ़ विश्वास व्यक्त किया है। केदार की काफी कविताएं ऊपर उद्धृत की जा चुकी हैं, पर इन दो कविताओं के बिना उनके काव्य-लोक की झांकी अधूरी रहेगी। लिहाजा पाठकों से क्षमा मांगते हुए मैं क्रमशः उनकी ये दोनों कविताएं उद्धृत कर रहा हूं :

1. टूटें न तार तने जीवन-सितार के,
ऐसा बजाओ इन्हें प्रतिभा की ताल से,
किरणों से, कुंकुम से, सेंदुर-गुलाल से,
लज्जित हो युग का अंधेरा निहार के।

टूटें न तार तने जीवन-सितार के,
ऐसा बजाओ इन्हें ममता की ज्वाल से,
फूलों की उंगली के कोमल प्रवाल से,
पूरे हों सपने अधूरे सिंगार के।

टूटें न तार तने जीवन-सितार के,
ऐसा बजाओ इन्हें सौरभ के श्वास से,
आशा की भाषा से, यौवन के हास से,
छाया बसंत रहे उपवन में प्यार के।

2. हम न रहेंगे
   तब भी तो यह खेत रहेंगे,
   इन खेतों पर घन घहराते
   शेष रहेंगे,
   जीवन देते,
   प्यास बुझाते,
   माटी को मदमस्त बनाते,
   श्याम बदरिया के लहराते केश रहेंगे।

   हम न रहेंगे—
   तब भी तो रति-रंग रहेंगे,
   लाल कमल के साथ
   पुलकते भृंग रहेंगे,
   मधु के दानी,
   मोद मनाते
   भूतल को रससिक्त बनाते,
   लाल चुनरिया में
   लहराते अंग रहेंगे।

ये दोनों ही कविताएं प्रगीतात्मक हैं और दोनों के छंद तथा लय भिन्न हैं। मैं पुनः यह बात दुहराना चाहता हूं कि केदार बहुत ही शिल्पसजग कवि हैं, इसलिए उनकी प्रत्येक ऐसी कविता की एक स्वतंत्र प्रगीतात्मक संरचना होती है, जिसमें लोकगीतों की तरह थोड़े परिवर्तन के साथ आवृत्ति का बहुत महत्व होता है। कोई चाहे तो इस संरचना को वर्तुलाकार कह सकता है,लेकिन जाहिर है कि केदार अपने गीतों में सिर्फ एक ही धुरी पर नहीं घूमते, घूमते हुए कुछ दूरी भी तय करते हैं, जैसे पृथ्वी की दो गतियां हैं, दैनिक और वार्षिक। पहले गीत में वे जीवन-सितार के तारों को बजाने के लिए कसने को कहते हैं, पर इस कौशल के साथ कि वे टूट न जाएं। फिर उनका परामर्श है कि उन्हें प्रतिभा की ताल से बजाया जाए, साथ-साथ किरण, कुंकुम, सिंदूर और गुलाल से भी। केदार के शब्द रसगुल्ले की तरह हैं, रस से भरे हुए। जब वे सिंदूर-गुलाल की बात करते हैं, तो काले अंधकार के लज्जित होने की बात संगत सिद्ध होती है। लेकिन ध्यान देने की बात 'युग' शब्द का प्रयोग है, जो गीत को वैयक्तिक धरातल से उठाकर एक सामाजिक धरातल पर प्रतिष्ठित कर देता है। तात्पर्य यह कि कवि चाहता है कि व्यक्ति अपनी प्रतिभा का उपयोग समाज और देश के लिए करे। किरण, कुंकुम, सेंदुर और गुलाल जीवन में जो कुछ सौंदर्य और प्रकाश से युक्त है, उसके लिए है। दूसरे बंद में 'ममता की ज्वाल' प्रचंड शब्दावली है, जो समाज और देश से असाधारण आत्मीयता

स्थापित करने की व्यंजना करती है। आगे की दो पंक्तियों में 'फूलों की उंगली का कोमल प्रवाल' तो ध्यातव्य है ही, 'सिंगार के अधूरे सपनों के पूरे होने' की बात उससे भी अधिक ध्यातव्य है, क्योंकि केदार समाज और देश के साथ व्यक्ति को भी महत्व देते हैं, उसकी सौंदर्य और प्रेम-भावना को। फूलों के समान उंगलियों की नोक को 'कोमल प्रवाल' कहना उन जैसे रागी, कल्पनाशील और सौंदर्यप्रिय कवि से ही संभव था। अंतिम बंद का सौंदर्य तब प्रकट होता है, जब सितार के तारों को सौरभ के श्वास, आशा की भाषा और यौवन के हास से बजाने की बात कही जाती है। यहां भी 'प्यार' है, जिसके उपवन में हमेशा वसंत के छाए रहने की कवि कल्पना करता है। सामाजिक प्रगति का प्रमाण व्यक्ति का सुख है, यह वह हमें अनजाने ही जना देता है। दूसरी कविता में केदार की शिल्पसजगता का पता इस बात से चलता है कि पहले बंद में उन्होंने प्रकृति-सौंदर्य का वर्णन किया है और दूसरे बंद में 'रति-रंग' और मानव-सौंदर्य का। इसमें 'लाल कमल के साथ / पुलकते भृंग रहेंगे' को भी मनुष्य से जोड़कर ही समझना चाहिए। ये प्रेमी-प्रेमिका हैं। 'लाल चुनरिया में लहराते अंग' उरोज हैं,यह स्पष्ट करना जरूरी है।

डा. शर्मा ने एक बार बातचीत के सिलसिले में मुझसे कहा था कि जो कवि 'मानव-यातना' का गहराई से वर्णन नहीं करता, वह बड़ा नहीं हो सकता। इस दृष्टि से केदार के काव्य में इस चीज की खोज एक सार्थक खोज होगी। अभी मैं उनकी एक अनास्थापूर्ण कविता के सौंदर्य-निरूपण के साथ इस लेख को समाप्त करता हूं, जिससे इस बात का संकेत मिलता है कि उनमें सिर्फ हर्ष, उल्लास, जिजीविषा और युयुत्सा ही नहीं है, निराशा, दुःख और अनास्था भी है। कविता है :

मेरे मन का सुआ घुमक्कड़ बागीचों का,
हरी डाल पर नहीं, ठूंठ पर आ बैठा है
जैसे पत्ता एक बचा हो गिर जाने से
पतझर में जो बोध कराता है सावन का,
हरियाली जब फूट निकलती है पेड़ों से
बूढ़े मन में भी तरुणाई की उमंग से।
क्यों बैठा है ? क्या बिसूरता सुधि में खोया ?
नहीं जानता है दुनिया का पंडित कोई।
उसके पंख हरे पत्ते हैं नहीं पेड़ के;
वह सावन है बाहर से, भीतर से पतझर।

स्वाभाविक रूप से यह कविता निराला की कविता 'ठूंठ' की याद दिलाती है, जिसमें एक वृद्ध विहग ठूंठ पर 'बैठता कुछ कर याद'। निराला ने तो ठूंठ या वृद्ध विहग के बारे में अलग से कुछ नहीं बतालाया, लेकिन केदार साफ शब्दों में कहते हैं—*'मेरे मन*

का सुआ'। प्रेम, सौंदर्य, संघर्ष और जिजीविषा के इस कवि के मन में किस बात का गहरा दुःख है ? सच्चाई यह है कि बिना इस दुःख के जीवन पूरा नहीं होता है, फिर यदि हर्षोल्लास के कवि को कोई बहुत गहरा दुःख भी है, निराश और अकेला कर देने वाला, तो इसमें आश्चर्य की कोई बात नहीं। यह स्वर केदार की कविता को प्रामाणिक ही बनाता है, उसे कहीं से कमजोर नहीं करता। देखना यह है कि अपनी निराशा और अकेलेपन को कैसे उन्होंने कलात्मक ढंग से प्रभावशाली बनाया है। सर्वप्रथम 'शुक' की जगह 'सुआ' शब्द ही एक गहन आत्मीयता से युक्त है। तत्पश्चात उसके हरे रंग के कारण उसे पतझड़ के वृक्ष में लगा रह गया एक हरा पत्ता समझना कैसी मोहक कल्पना है, समझा जा सकता है। लेकिन अंत में कवि कहता है : 'उसके पंख हरे पत्ते हैं नहीं पेड़ के / वह सावन है बाहर से, भीतर से पतझर'। उसके बहुत गहन दुःख से ये पंक्तियां फूटी हैं : 'क्यों बैठा है ? क्या बिसूरता सुधि में खोया ? / नहीं जानता है दुनिया का पंडित कोई।' निराला के 'ठूंठ' से इस कविता को मिलाकर देखने पर यह स्पष्ट होता है कि यह उसकी तुलना में एक अधिक जटिल रचना है। 'ठूंठ' में भी ठूंठ के साथ एक विहग है, जो उसके व्यतीत वैभव पर विषण्ण है और इस कविता में भी सुए के साथ एक ठूंठ है, जो उसके जीवन को प्रतिच्छायित करता है। लेकिन सुआ तो हरा है, जिसके बारे में कवि को कहना पड़ता है कि 'वह सावन है बाहर से, भीतर से पतझर'। यहां एक फर्क के साथ सुआ और ठूंठ दोनों एकात्म हो जाते हैं। वह फर्क यह है कि ठूंठ जहां बाहर-भीतर दोनों से पतझड़ है, वहां सुआ बाहर से सावन, पर भीतर से पतझड़। इसी बात को दुनिया का कोई पंडित भी नहीं जानता। दस पंक्तियों की यह कविता अतुकांत है और अपने वाक्य-विन्यास में गद्यात्मक भी, पर मन पर ऐसा गहरा विषाद छोड़ जाती है कि हर्षोल्लास के कवि के रूप में प्रसिद्ध केदार के बारे में पाठक सोचता ही रह जाता है।

7. नागार्जुन की प्रगीतधर्मिता

नागार्जुन और मुक्तिबोध दोनों ही छायावाद के बाद के श्रेष्ठ कवि हैं। ये दोनों ही मूलतः राजनीतिक थे, यद्यपि दोनों की राजनीति में फर्क है। नागार्जुन का सरोकार जहां रोजमर्रा की राष्ट्रीय-अंतर्राष्ट्रीय राजनीतिक घटनाओं से था, वहां मुक्तिबोध ने राजनीति को बहुत गहरे रूप में लिया था, यानी उनकी राजनीति का एक मूल्यगत संदर्भ था और वह आधुनिक मनुष्य की नियति से जुड़ी हुई थी। लेकिन इससे यह भ्रम नहीं होना चाहिए कि नागार्जुन की राजनीतिक कविताएं पानी पर खिंची लकीरें हैं, जो जल्दी ही मिट जाएंगी। हंगरी के महान मार्क्सवादी आलोचक जार्ज लुकाच की यह बात प्रसिद्ध है कि वास्तविकता अपने को खास-खास घटनाओं के माध्यम से ही व्यक्त करती है और जब उसका चित्रण गहराई से किया जाता है, तो उसमें स्थायित्व ही नहीं आ जाता है, सामान्यता का गुण भी पैदा हो जाता है। इस प्रकार नागार्जुन की राजनीतिक कविताएं भी युगों तक याद रखी जाएंगी, यद्यपि उनमें जिन घटनाओं का वर्णन या जिन व्यक्तियों का चित्रण है, वे काफी पीछे छूट चुके होंगे। विचार परिवर्तनशील हैं, इसलिए वैचारिक कविताएं क्षणभंगुर होती हैं और भावना शाश्वत होती है, इसलिए भावनात्मक कविता टिकाऊ, यह धारणा सतही है। सच्चाई यह है कि कविता को स्थायित्व प्रदान करने वाली वस्तु विचार या भावना नहीं, बल्कि वह सौंदर्यानुभूति है, जो विचार तो विचार, मिट्टी को भी स्पर्श कर दे, तो वह सोने में बदल जाती है। कवि दिनकर ने यों ही नहीं कहा था : 'छू दे यदि लेखनी, धूल भी / चमक उठे बनकर सोना'। लेकिन इस लेख में मैं पाठकों का ध्यान नागार्जुन की राजनीतिक कविताओं की तरफ नहीं, बल्कि गैरराजनीतिक प्रगीतों की तरफ दिलाना चाहता हूं, जिनके बिना उनका काव्य-संसार अधूरा तो होगा ही, उतना आकर्षक भी नहीं रह जाएगा।

गीतिकाव्य के प्रति नागार्जुन के मन में कैसी तीव्र ललक थी, इसका पता एक तथ्य से चलता है। यह सुपरिचित बात है कि वे मैथिली के कवि होने के साथ-साथ संस्कृत के भी जानकार थे, बल्कि इस भाषा में भी उन्होंने कुछ कविताएं लिखी हैं। इस नाते उन्होंने कोशिश की कि इन दोनों भाषाओं का जो सर्वोत्तम ललित काव्य है, वह उनकी लेखनी के माध्यम से हिंदी में भी आ जाए। उनकी लेखनी के माध्यम से, यानी उनकी नवीन काव्य-संवेदना के साथ। इसके लिए उन्होंने संस्कृत से जिन दो काव्यों का चुनाव किया, वे हैं, कालिदास का 'मेघदूत' और जयदेव का 'गीतगोविंद'। ये दोनों गीतिकाव्य तो हैं ही, घोर शृंगारिक काव्य भी हैं। उन्होंने इन दोनों ही सरस काव्यों का क्रमशः

मुक्तछंद और ललित गद्य में अनुवाद किया और इस तरह अपने प्रगतिशील पाठकों को प्रकारांतर से बतलाया कि क्रांति और प्रेम अथवा शृंगार में कोई विरोध नहीं है, बल्कि दोनों एक-दूसरे के पूरक हैं। ताज्जुब नहीं कि आधुनिक काल में प्रेम की सर्वश्रेष्ठ कविता क्रांतिकारी कवियों ने ही लिखी है। 'मेघदूत' और 'गीतगोविंद' के बाद नागार्जुन ने मिथिला जनपद के ही नहीं, पूर्वी भारत के सर्वश्रेष्ठ कवि विद्यापति के सवा सौ से भी अधिक चुने हुए शृंगारिक पदों का अत्यंत ही रमणीय हिंदी गद्य में रूपांतर प्रस्तुत किया। यह तथ्य कविरूप में उनकी मनोभूमि की रचना का अच्छी तरह से पता देता है। उल्लेखनीय यह भी है कि उन्होंने विद्यापति के पदों को सीधे-सीधे गीत कहा है।

आधुनिक हिंदी कविता में एक ऐसा दौर गुजरा है, जबकि गीतों के खिलाफ़ घृणा का प्रचार किया गया था। कहा गया था कि गीत पुरानी संवेदना का वहन करते हैं, साथ ही समकालीन यथार्थ का साक्षात्कार करने की क्षमता को कुंठित करते हैं, इसलिए नए कवियों को कविता की तरफ ही प्रवृत्त होना चाहिए। यह कवियों की जगह कविता की विधा को दोषी ठहराना था। स्वभावत: मुक्तिबोध ने इसका प्रतिवाद किया और कहा कि साहित्य की एक विधा को किसी दूसरी विधा के विरोध में खड़ा करना गलत है। संतोष की बात यह थी कि नई कविता के जो कवि गीत-विरोधी वातावरण की रचना में लगे हुए थे, उन्होंने स्वयं उस दौर में अनेक सुंदर गीतों की रचना की, जो अपने रूप और संवेदना में तो पिछले छायावादी गीतों से भिन्न थे ही, किसी हद तक आधुनिक जीवन के यथार्थ का भी संप्रेषण करते थे,जो कि एक बड़ी बात थी। कारण यह कि सामाजिक यथार्थ की अभिव्यक्ति कविता में करना जितना आसान है, उतना गीतों में नहीं। उस कोशिश में यह खतरा हमेशा बना रहता है, कि रचना न गीत रह जाए, न कविता बन सके। जहां तक मुक्तिबोध की बात है, उन्होंने अलग से तो गीत बहुत कम लिखे, लेकिन अपनी कविताओं में प्रगीतात्मक स्थलों का समावेश प्रचुरता से किया, जिससे 'ज्ञानात्मक संवेदन के कोमल पारिजात' उनमें बिखरे हुए हैं और उन्हें अतिशय मार्मिकता प्रदान करते हैं। मुझे विश्वशांति पर लिखे गए उनके एक लंबे प्रगीत की यह पंक्ति कभी नहीं भूलती : 'उन्हें युद्ध की ही करने दो बात, चांद की बात हम करें'। नागार्जुन की कविताओं में भी प्रगीतात्मक स्थल हैं, लेकिन अलग से भी उन्होंने अनेक प्रगीतात्मक कविताएं लिखी हैं, जो सिद्ध करती हैं कि उनकी कविता में राजनीतिक व्यंग्यवाणों की सनसनाहट ही नहीं, पायल की मधुर झनकार भी है। ये दोनों ही ध्वनियां एक-दूसरे के प्रभाव में वृद्धि करती हैं।

नागार्जुन की प्रगीतात्मक कविताओं के संबंध में एक खास बात यह है क़ि वे स्वयं अपना रूप लिए हुए प्रकट हुई हैं। उन्हें कवि ने किसी पूर्वनिर्मित सांचे में नहीं ढाला, इसलिए वे परंपरागत गीतों से तो भिन्न हैं ही, उनके रूप और अंतर्वस्तु में गजब की नवीनता है। ये कभी बातचीत में प्रयुक्त होने वाले गद्य में लिखे गए हैं, कभी वृत्तगंधी

गद्य में और कभी विधिवत छंद में, जिन्हें बेहिचक प्रगीत या गीत कहा जा सकता है। अपने हर रूप में वे अनूठे हैं और निराला के परवर्ती गीतों से भी भिन्न धरातल पर संचरण करते हैं। इस लेख में मैं नागार्जुन की पांच चुनी हुई प्रगीतात्मक कविताओं का निकट से अध्ययन कर पाठकों पर इनके सौंदर्य को प्रकट करने का प्रयास करूंगा। ये प्रगीत-कविताएं लगभग दो दशकों की अवधि में रची गई हैं, यानी 1957 से लेकर 1976 तक के बीच। इनमें एक कविता तो बिलकुल प्रगीत या गीत है, क्योंकि उसे नागार्जुन ने संरचना तो भिन्न किस्म की प्रदान की है, लेकिन उसमें छंद का स्पष्ट रूप से प्रयोग किया है।

पहली प्रगीत-कविता है '*तन गई रीढ़*' और वह इस प्रकार है :

झुकी पीठ को मिला
किसी हथेली का स्पर्श
तन गई रीढ़

महसूस हुईं कंधों को
पीछे से,
किसी नाक की सहज उष्ण निराकुल सांसें
तन गई रीढ़

कौंधी कहीं चितवन
रंग गए कहीं किसी के होंठ
निगाहों के जरिए जादू घुसा अंदर
तन गई रीढ़

गूंजी कहीं खिलखिलाहट
टूक-टूक होकर छितराया सन्नाटा
भर गए कर्णकुहर
तन गई रीढ़

आगे से आया
अलकों के तैलाक्त परिमल का झोंका
रग-रग में दौड़ गई बिजली
तन गई रीढ़

इस कविता में स्पष्टतः कई युवतियां हैं, जिनके स्पर्श, श्वास, दृष्टि, खिलखिलाहट और बालों से उड़ने वाली खुशबू का कवि ने वर्णन किया है। यह वर्णन निरपेक्ष नहीं, बल्कि सापेक्ष है, यानी यह उन सबका उसके मन पर जो प्रभाव पड़ता है, उसका वर्णन है। दिलचस्प है कि कवि युवा नहीं। वह अधेड़ावस्था में पहुंच चुका है, जिससे उसकी

रीढ़ झुक गई है, उसमें पहले वाला तनाव नहीं रहा। लेकिन जब वह युवतियों के संपर्क में आता है, तो उनके सौंदर्य से उसकी सारी इंद्रियां अनुप्राणित हो जाती हैं, यथा त्वचा, आंख, कान और नासिका। फिर तो वह जैसे पूर्णतः संजीव हो जाता है, उसके भीतर युवावस्था का रक्त तरंगित हो उठता है। एक तो इस किंचित अस्वाभाविक अनुभूति का वर्णन करना कठिन था, दूसरे, उसमें शील-संकोच बाधक था। लेकिन मस्त और फक्कड़ कवि नागार्जुन निरर्थक शील-संकोच की परवाह नहीं करते और अपने वयःप्राप्त मन पर पड़ने वाले प्रभाव को अकुंठ भाव से अभिव्यक्त कर एक विलक्षण कविता की सृष्टि करते हैं। ताज्जुब नहीं कि कवि की निजी प्रतिक्रिया भी सामान्य संदर्भ प्राप्त कर लेती है, वह कवि से संबंधित होकर भी उससे बंधी नहीं रहती। एक लक्ष्य करने योग्य बात यह है कि किसी भी युवती का पूरा रूप-वर्णन नहीं किया गया, सिर्फ उसकी एक हरक़त के वर्णन से पूरा चित्र उपस्थित कर दिया गया है। वह हरकत है—हथेली से स्पर्श करना, सांस छोड़ना, दृष्टि-निक्षेप करना, खिलखिलाना और अपने बालों से तैलाक्त सुगंध उड़ाना। दृष्टि के साथ कवि ने होंठों के रंगने का भी वर्णन किया है। ये होंठ लिपस्टिक से रंगे हुए हैं, जिससे यह भी सूचित होता है कि ये युवतियां ग्राम्या नहीं, बल्कि नागरी हैं। नागार्जुन का सौंदर्य-बोध 'ग्रामवधू की दबी हुई कजरारी चितवन' या 'धान कूटती किशोरियों की कोकिल-कंठी तान' तक ही सीमित नहीं है, बल्कि वे आधुनिकाओं के सौंदर्य से संवेदित होने में भी समर्थ थे, यह बात भी ध्यान देने लायक है।

हमारा ध्यान इस प्रगीत-कविता के शिल्प पर भी जाना चाहिए। 'तन गई रीढ़' जैसे टेक की पंक्ति है, जो कविता के पांचों बंदों के अंत में आती है और कवि के मन पर पड़ने वाले प्रभाव को क्रमशः तीव्रतर बनाकर व्यक्त करती है। खास बात यह कि टेक की यह पंक्ति रूढ़ि के रूप में दुहराई नहीं जाती, बल्कि हर बार उसका कविता के बंद से घनिष्ठ संबंध होता है। युवतियों का सौंदर्य कवि पर कभी पीछे से आघात करता है, कभी कहीं अपने आसपास से और कभी आगे से। झुकी हुई पीठ को जैसे हथेली का स्पर्श पीछे से प्राप्त होता है, वैसे ही उसे अपने कंधों पर नासिका की उष्ण सांसें भी पीछे से ही महसूस होती हैं। इन सांसों में जो उष्णता है, वह स्वाभाविक है और उनमें किसी प्रकार की आकुलता नहीं। यह यह बतलाने को काफी है कि जिस युवती की ये सांसें हैं, कवि में 'मदन-हिलोर' पैदा कर देने वाली, वह स्वयं बिलकुल सहज अवस्था में है, जैसे हवा से झुककर पृथ्वी का स्पर्श कर लेने वाले वृक्ष या स्वयं अपनी गति से बहने वाली हवा। सौंदर्य प्रकृति में भी है और मनुष्य में भी। कवि इस चतुर्दिक बरसने वाली छवि के मेह से भीगता है और अपनी अनुभूति को शब्दों में प्रकट करता है! तीसरे बंद में 'कौंधी *कहीं* चितवन / रंग गए *कहीं* किसी के होंठ', यानी घटनाएं कवि के परिवेश में कहीं भी घटती हैं, जिन्हें वह देखता है और उनके जादुई असर में कैद हो जाता है। खिलखिलाहट भी कहीं आसपास ही गूंजती है, जिससे सन्नाटा टुकड़े-टुकड़े होकर

छितरा जाता है। नागार्जुन की अभिव्यक्ति का नयापन देखने लायक है। देखने लायक है कि कैसे उन्होंने जो अमूर्त सन्नाटा है, उसके टूटने को एक बिंब के द्वारा मूर्त कर दिया है। खिलखिलाहट कवि के कर्ण-पुटों में भर जाती है, जिससे वह आंदोलित हो उठता है। अंतिम बंद में अलकों के तैलाक्त परिमल का झोंका आगे से आता है, जो उसकी नस-नस में बिजली दौड़ा देता है। यहां नागार्जुन की भाषा के दोनों स्तर साधारण और अभिजात आमने-सामने हैं, एक-दूसरे पर क्रिया-प्रतिक्रिया करते हुए।

जैसा कि पहले संकेत किया जा चुका है, क्रांति और सौंदर्य-भावना में न केवल कोई विरोध नहीं है, बल्कि दोनों एक-दूसरे की पूरक हैं। क्रांति वे परिस्थितियां तैयार करती है, जिनमें पूर्ण मनुष्य का विकास संभव होता है। इस पूर्ण मनुष्य की कल्पना सौंदर्य-बोध के बिना नहीं की जा सकती और इस सौंदर्य-बोध का संबंध उन इंद्रियों से है, जिनकी तुष्टि को धर्मशास्त्र और नीतिशास्त्र में बहुत हेय दृष्टि से देखा गया, है और बल दिया गया है उन्हें जीतने पर या उनकी संवेदना को नष्ट करने पर। यहां यह कह देना आवश्यक है कि पूर्ण मनुष्य के विकास के लिए अनुकूल परिस्थितियों का निर्माण और सौंदर्य-भावना का विकास ये दोनों कार्य बारी-बारी से नहीं होते, बल्कि एक साथ होते चलते हैं और एक-दूसरे को प्रभावित करते हुए। परिस्थितियां सौंदर्य-भावना का विकास करती हैं, तो सौंदर्य-भावना भी परिस्थितियों के निर्माण में योग देती है। इसलिए नागार्जुन की प्रेम-श्रृंगार वाली प्रगीतात्मक कविताओं को उनके क्रांति-विरोधी किसी पुराने संस्कार की देन न मानकर उनके नए और पूर्णतर व्यक्तित्व के निर्माण की प्रक्रिया की कविताएं मानना चाहिए। ये कविताएं कवि-व्यक्तित्व के निर्माण के माध्यम से पाठकों के व्यक्तित्व का भी निर्माण करती हैं।

'तन गई रीढ़' की जुड़वां प्रगीत-कविता है : *'यह तुम थीं'*, जिसका पाठ निम्नलिखित है :

> कर गई चाक
> तिमिर का सीना
> जोत की फांक
> यह तुम थीं
>
> सिकुड़ गई रग-रग
> झुलस गया अंग-अंग
> बनाकर ठूंठ छोड़ गया पतझार
> उलंग असगुन-सा खड़ा रहा कचनार
> अचानक उमगी डालों की संधि में
> छरहरी टहनी
> पोर-पोर में गसे थे टूसे

यह तुम थीं

झुका रहा डालें फैलाकर
कगार पर खड़ा कोढ़ी गूलर
ऊपर उठ आई भादों की तलैया
जुड़ा गया बौने की छाल का रेशा-रेशा
यह तुम थीं!

यह कविता पिछली कविता की जुड़वां मुख्यत: अपनी संरचना के कारण है, वरना इसकी अंतर्वस्तु उससे काफी कुछ भिन्न है। नागार्जुन जितने बड़े प्रेमी मानव-सौंदर्य के थे, उतने ही बड़े प्रेमी प्रकृति-सौंदर्य के भी। वैज्ञानिकों का कहना है कि मनुष्य प्रकृति से ही उत्पन्न हुआ है, इसलिए दोनों का संबंध नैसर्गिक है। आचार्य शुक्ल ने तो यहां तक कहा है कि मानव-लोक से लेकर प्रकृति-लोक तक में एक ही वस्तु का प्रसार है, इसलिए प्राकृतिक अवयवों से यदि मानव-अंगों की उपमा दी जाती है, तो उसमें एक स्वास्थ्य है। प्रस्तुत प्रगीत-कविता नागार्जुन की एक अद्‌भुत रचना है, क्योंकि यह सीधे-सीधे अपनी प्रेमिका को संबोधित न होकर प्रकृति को संबोधित है, लेकिन इस तरह कि प्रकृति ही प्रेमिका मालूम पड़ती है। कहा जा सकता है कि यह प्रेमिका का प्रकृति तक या प्रकृति का प्रेमिका तक विस्तार है। यह अपने आप में एक ऐसी बात है, जो रहस्यवादी कवियों के लिए तो साधारण, लेकिन भौतिकवादी कवियों के लिए असाधारण है। वस्तुत: यह नागार्जुन जैसे रहस्य-विरोधी कवि के लिए उनके विलक्षण प्रकृति-प्रेम का सूचक है, जो प्रकृति से वैसी आत्मीयता स्थापित कर लेते थे, जैसी मनुष्य से ही संभव है।

इस कविता में तीन बंद हैं। पहले बंद को छोड़ दें, तो बाकी दो बंदों में दो ऋतुओं के चित्र हैं, क्रमश: वसंत और वर्षा के। सौंदर्य इन चित्रों में ही है। पहले चित्र में एक कचनार का वृक्ष है और दूसरे चित्र में एक गूलर का। कचनार का वृक्ष ठूंठ है, तो गूलर का वृक्ष जैसे कुष्ठ रोग से ग्रस्त और ठिगना। कचनार की सारी नसें सिकुड़ी हुई हैं और उसका अंग-प्रत्यंग झुलसा हुआ है। पतझड़ ने उसे एकदम निष्पत्र कर दिया है। परिणामस्वरूप जो सुंदर पुष्प-वृक्ष था, वह अब नग्न अपशकुन बनकर खड़ा है। जिसे देखकर पहले मन में आनंद का संचार होता था, उसे देखकर अब मन अनिष्ट की आशंका से भर उठता है। दूसरी तरफ गूलर का बदसूरत पेड़ है, ग्रीष्म का मारा हुआ, गलित अंगों वाला। वह एक छोटे से ताल के किनारे पर खड़ा है, जल का स्पर्श प्राप्त करने के लिए झुककर उस पर अपनी डालें फैलाए। उन डालों में स्पष्टत: कोई पत्ता नहीं है। जब वसंत आता है, तो कचनार के वृक्ष में डालों के जोड़ों से पतली-पतली टहनियां निकल पड़ती हैं और उसकी पोर-पोर से किसलय फूट पड़ते हैं। इसी तरह भादों के महीने में जब वर्षा के संचित जल से तलैया भर जाती है और ऊपर तक उठ आती है,

गूलर के पेड़ को जल का स्पर्श प्राप्त होता है. जिससे उसकी छाल का रेशा-रेशा तृप्त हो जाता है। नागार्जुन कविता के पहले बंद में ज्योति की फांक जो अंधेरे का कलेजा चीर जाती है, उसे तो अपनी प्रेमिका के रूप में देखते ही हैं, वसंत ऋतु और वर्षा को भी अपनी प्रेमिका के रूप में देखते हैं। उसी ने अंधकार में ज्योति फैलाई है, कचनार के पत्रहीन नग्न गाछ को हरा-भरा बना दिया है और गूलर में रस का संचार कर दिया है। नागार्जुन हर बार कहते हैं, 'यह तुम थीं', जैसे पिछली कविता में उन्होंने कहा था, 'तन गई रीढ़'।

यहां एक बात कह देना जरूरी है और वह यह कि अंधकार, कचनार और गूलर को कवि का अप्रस्तुत समझना इस कविता को नष्ट करना होगा। इस स्थिति में प्रकृति के साथ कवि और उसकी प्रेमिका दोनों की एकता समाप्त हो जाएगी और प्रकृति और मनुष्य दोनों एक-दूसरे से विच्छिन्न हो जाएंगे। माना जाएगा कि मनुष्य प्रकृति से अभिन्न नहीं है, बल्कि कवि ने प्रकृति का मनुष्य के लिए इस्तेमाल किया है। इस कविता का असली सौंदर्य वस्तुतः मनुष्य और प्रकृति के बिंब-प्रतिबिंब भाव में है, प्रस्तुत-अप्रस्तुत संबंध में नहीं।

इस कविता में नागार्जुन का बिंब-विधान अत्यंत आकर्षक है, साथ-साथ उनकी भाषा भी। ज्योति की फांक द्वारा अंधकार का कलेजा चीरा जाना बहुत ही सजीव बिंब है। शब्दों की लीला ऐसी है कि 'फांक' चाकू का काम कर रहा है, लेकिन उसकी जगह 'चाकू' शब्द का प्रयोग किया जाता, तो बिंब में जादू का जो असर है, वह समाप्त हो जाता। उससे अलग 'चाक' और 'सीना' जैसे शब्द भाषा को बहुत चुस्त बना देते हैं। पूरी अभिव्यक्ति को चुस्त बनाने में 'चाक' के साथ 'फांक' शब्द की तुकबंदी का भी योगदान है। सबसे बड़ी बात यह कि अंधकार के सीने को चाक करने वाली ज्योति की फांक के बारे में जब कवि कहता है कि 'यह तुम थीं', तो आंखों के सामने सहसा कुछ अनावृत हो उठता है। वही कवि की प्रेमिका है, प्रकृति-प्रेमिका और प्रेमिका-प्रकृति। ज्योति के लिए 'जोत' शब्द का प्रयोग उसे बहुत अधिक आत्मीय बना देता है। अगले बंद में 'उलंग असगुन सा खड़ा रहा कचनार' का बिंब तो बहुत सजीव है ही, 'उलंग' और 'असगुन' शब्द 'जोत' के ही मेल में होने से पुनः अभिव्यक्ति को आत्मीयता प्रदान करते हैं। आगे का जो चित्र है, डालों की संधि में से छरहरी टहनी के उमगने वाला और पोर-पोर में टूसों के गसने वाला,वह अपनी ताजगी में बेमिसाल है। टहनी का 'उमगना' और टूसों का 'गसना' से दोनों ही क्रियापद तद्भव की शक्ति की सूचना देते हैं। कहना चाहिए, जैसा यह चित्र है, वैसी ही नई टहनियों और पल्लवों से लदी नागर्जुन की काव्य-भाषा है, छायावादी काव्य-भाषा के बाद एक नए सौंदर्य से युक्त, जो कवि-कल्पना का नहीं, बल्कि यथार्थ का सौंदर्य है। यही सौंदर्य कविता के तीसरे बंद के चित्र में भी है, जिसमें 'कगार पर खड़ा कोढ़ी गूलर' जैसा असुंदर अंकन

है, तो 'जुड़ा गया बौने की छाल का रेशा-रेशा' जैसा सरस अंकन भी। इन दोनों पंक्तियों के बीच 'ऊपर उठ आई भादों की तलैया' का अंकन है, जिसमें विलक्षण गति-चित्र है। त्रिलोचन ने एक सॉनेट में कहा था, 'नए चित्र के साथ नई देता हूं भाषा'। नागार्जुन में भी ये दोनों ही चीजें हैं। शायद इन दोनों में अभिन्न संबंध है।

तीसरी प्रगीत-कविता है, '*खुरदरे पैर*' :

खुब गए
दूधिया निगाहों में
फटी बिवाइयों वाले खुरदरे पैर

धंस गए
कुसुम-कोमल मन में
गुट्ठल घट्ठोंवाले कुलिश-कठोर पैर

दे रहे थे गति
रबड़-विहीन ठूंठ पैडलों को
चला रहे थे
एक नहीं, दो नहीं, तीन-तीन चक्र
कर रहे थे मात त्रिविक्रम वामन के पुराने पैरों को
नाप रहे थे धरती का अनहद फासला
घंटों के हिसाब से ढोए जा रहे थे!

देर तक टकराए
उस दिन इन आंखों से वे पैर
भूल नहीं पाऊंगा फटी बिवाइयां
खुब गईं दूधिया निगाहों में
धंस गईं कुसुम-कोमल मन में

स्पष्टतः यह प्रगीतात्मक कविता एक रिक्शे वाले पर लिखी गई है, लेकिन समूचे रिक्शे वाले पर नहीं, सिर्फ उसके पैरों पर, जो कि खुरदरे ही नहीं, फटी बिवाइयों वाले और गुट्ठल घट्ठों वाले भी हैं। किसी किंचित लंबी यात्रा में कवि को रिक्शे की सवारी करने का मौका मिलता है, तो उसकी आंखें उसके चालक के पांवों पर चली जाती हैं। उसकी दृष्टि देर तक उनसे टकराती रहती है, जिससे वे उसकी दृष्टि में ही नहीं, उसके मन में भी चुभ या धंस जाते हैं। यहां नागार्जुन ने अपनी निगाहों के लिए 'दूधिया' और अपने मन के लिए 'कुसुम-कोमल' विशेषण का प्रयोग किया है, जो आत्मोपहास से आगे आत्माघात के सूचक हैं। एक तरफ रिक्शाचालक के गंदे पैर और दूसरी तरफ कवि की 'दूधिया' निगाहें! इसी तरह एक तरफ उसके कठोर पैर और दूसरी तरफ कवि का

'कुसुम-कोमल' मन! ये विशेषण कवि का उपहास या भर्त्सना ही नहीं करते हैं, अपनी धार से उसे काटते हैं। अपने को अपने ही शब्दों की धार पर रखकर चलने वाले कितने कवि हैं हिंदी में? निश्चय ही ये धारदार शब्द इस कविता को नई तीक्ष्णता और चमक प्रदान करते हैं, जो रिक्शाचालक पर दया उपजाने वाली कविता से बहुत आगे की चीज है। यह कविता जैसे रिक्शाचालक का करुण चित्र अंकित करने के लिए नहीं, बल्कि कवि ने अपने पर प्रहार करने के लिए लिखी है।

कविता चार बंदों की है और प्रत्येक बंद में उपर्युक्त पैर उपस्थित हैं। उनकी बार-बार आवृत्ति होती है, टेक की पंक्ति की तरह ही, लेकिन एक ही रूप में नहीं, किंचित परिवर्तित रूपों में। यह चीज कविता को एक गीतात्मक अन्विति प्रदान करती है। तीसरे बंद में सहसा कवि को जैसे श्रमजीवी वर्ग में छिपी हुई विराट शक्ति की झलक मिल जाती है, जब वह कहता है कि विष्णु तो एक ही चक्र चलाते हैं, लेकिन यह रिक्शाचालक अपने पैरों से तीन-तीन चक्र चला रहा है! इतना ही नहीं, उसे विष्णु के अवतार वामन की याद आती है, जिन्होंने तीन डगों में तीनों लोकों को नाप लिया था। आज का वामन कौन है? वह श्रमजीवी, जो अपने नए पैरों से धरती का बेमाप फासला नाप रहा है! घंटे के हिसाब से लोग तभी रिक्शा तय करते हैं, जबकि दूरी ज्यादा होती है। 'अनहद' शब्द का प्रयोग यहां नागार्जुन ने कबीर के 'अनाहत' वाले अर्थ में न करके 'असीमित' के अर्थ में किया है।

ध्यातव्य है कि निराला ने अपनी कविता 'भिक्षुक' या 'तोड़ती पत्थर' में जैसे भिखारी या मजदूरिनी का पूरा चित्र खींचा है, नागार्जुन ने इस कविता में वह नहीं किया। इसमें सिर्फ रिक्शाचालक के पैर हैं, जो बार-बार सामने आते हैं। थोड़ी देर के लिए उन पर उसकी विराट शक्ति भी प्रकट होती है, लेकिन फिर वह बादलों में बिजली की तरह गुम हो जाती है। कवि रिक्शाचालक के शोषण पर भाषण नहीं देता, बल्कि सिर्फ यह कहता है कि 'भूल नहीं पाऊंगा फटी बिवाइयां', जो उसकी दूधिया निगाहों और कुसुम-कोमल मन में धंस गई हैं। कवि मध्य वर्ग से आने वाला है, लेकिन उसकी निगाहें भी दूध सी स्वच्छ और उसका मन भी फूल-सा कोमल है। अपनी एक अन्य कविता 'वे और तुम' में भी नागार्जुन ने किसानों और मजदूरों से मध्यवर्गीय कवि की तुलना की है और उसके क्रम में उसका उपहास किया है। इस कविता की शक्ति और सौंदर्य इस बात में है कि कवि के मानस में सिर्फ 'फटी बिवाइयां' रह जाती हैं, और कुछ नहीं। जाहिर है कि यह कविता नहीं, एक प्रगीत है, और प्रगीत भी कैसा, जिसका विषय सिर्फ रिक्शाचालक के पैर हैं और उनमें भी कवि की स्मृति में अटक जाने वाली 'फटी बिवाइयां'! अनुमान लगाया जा सकता है कि नागार्जुन ने हिंदी में कविता से लेकर प्रगीत-रचना तक के क्षेत्र में कैसी क्रांति उपस्थित की। निराला की 'प्रेम-संगीत' और 'गर्म पकौड़ी' जैसी कविताएं भी प्रगीत की संरचना को अपनाकर ही लिखी गई

हैं, लेकिन उनमें प्रगीत जैसी तन्मयता न होने के कारण अंततः वे कविताएं हैं, प्रगीत नहीं। उनके विपरीत नागार्जुन की यह रचना अपनी तन्मयता के कारण अंततः प्रगीत है, कविता नहीं।

इस रचना को प्रगीत बनाने वाली एक और चीज है, जो उनकी उपर्युक्त रचनाओं में भी मौजूद है। वह है इसकी लयात्मकता। यह रचना छंद से मुक्त तो है ही, निराला के मुक्तछंद से भी मुक्त है, फिर भी इसमें एक लय है, जो कविता की बनावट के मुताबिक इसके पाठ से उसमें उत्पन्न होती है। नपी-तुली पंक्तियां और इसका बंदों में विभाजन इस लय को पुष्ट करता है। इससे ठीक पहले वाली रचना में तो यथास्थान तुकों का भी प्रयोग हुआ है, जिससे लय को बल मिला है। मेरा खयाल है कि छंद और मुक्तछंद से अलग प्रत्येक कवि की कविता की एक अपनी लय होती है, जो उसके लिखने और पाठ करने की शैली से निर्मित होती है। किसी नाम के अभाव में हम इन प्रगीत-कविताओं की लय को नागार्जुन की खास लय के नाम से याद रख सकते हैं।

चौथी प्रगीत-कविता '*सुबह-सुबह*' है, जो अपने रूप और गुण दोनों में ही बेजोड़ है, प्रगीत या प्रगीत-कविता की सभी सीमाओं को ध्वस्त कर अपनी ध्वजा उड़ाने वाली। वह यों है :

सुबह-सुबह
तालाब के दो फेरे लगाए

सुबह-सुबह
रात्रिशेष की भीगी दूबों पर
नंगे पांव चहलकदमी की

सुबह-सुबह
हाथ-पैर ठिठुरे, सुन्न हुए
माघ की कड़ी सर्दी के मारे

सुबह-सुबह
अधसूखी पतइयों का कौड़ा तापा
आम के कच्चे पत्तों का
जलता, कड़ुआ कसैला सौरभ लिया

सुबह-सुबह
गंवई अलाव के निकट
घेरे में बैठने-बतियाने का सुख लूटा

सुबह-सुबह
आंचलिक बोलियों का मिक्स्चर

कानों की इन कटोरियों में भरकर लौटा
सुबह-सुबह

सर्वप्रथम इस प्रगीत-कविता की सादगी हमारा मन मोहती है, फिर इसकी किसी अन्य विशेषता पर ध्यान जाता है। कविता क्या है, जैसे माघ की एक सुबह की कवि की दिनचर्या का ब्योरा है। इसमें वह सिर्फ यह बतलाया है कि सवेरे क्या-क्या किया। उसमें कोई जरूरी काम शामिल नहीं है, लेकिन जो है, वह लोक और लोकजीवन से उसकी निकटता को पूरे रस और सौंदर्य के साथ उपस्थित करता है। जितना सरल कविता का विषय है, उतनी ही सरल भाषा। कविता के छह बंदों में से पांच में तो वह यह भी नहीं बतलाता कि तालाब के दो चक्कर लगाने, गीली दूब पर चलने, सर्दी में ठिठुरने, अलाव के निकट बैठने और उसके गिर्द बैठे गंवई जनों की बोलियों से उसे कोई आनंद भी मिला या नहीं। उसे अपनी प्रगीतात्मक कविताओं में इतने कम शब्दों के प्रयोग का अभ्यास है कि वह घटनाओं के वर्णन के लिए प्रयोग में लाए गए शब्दों से ही अपने मन पर पड़ने वाले प्रभाव या अपनी भावानुभूति को भी व्यक्त कर देता है। 'सुबह-सुबह/ तलाब के दो फेरे लगाए' यह घटना का वर्णन ही नहीं है, उससे कवि को जो संतोष-लाभ हुआ है, उसका आख्यान भी है। दूसरे बंद में उसकी शब्दावली— 'रात्रिशेष की भीगी दूबों पर'—उसके उल्लास को भी प्रकट करती है। खासकर 'रात्रिशेष' शब्द। इससे दो बातों का पता चलता है। एक तो यह कि कविता में शब्द, अभिधेय, लाक्षणिक और व्यंजक ही नहीं, कुछ और भी होते हैं और दूसरी यह कि नागार्जुन को इस बात की पक्की पहचान थी कि कहां किस शब्द का प्रयोग करने से शब्दों की बचत होगी तथा एक शब्द कई अप्रयुक्त शब्दों का अर्थ भी व्यक्त कर सकेगा। और तो और, तीसरे बंद में माघ की कड़ी सर्दी के मारे हाथ-पैर सुन्न होने का जो वर्णन है,वह भी कुछ इस तरह से किया गया है कि वैसी ठंड भी कवि को सुखद प्रतीत हुई है। उसका स्वर शिकायती नहीं, इससे यह साफ है। चौथे बंद में 'पत्तियों' को 'पतइयों' कहकर और आम के कच्चे पत्तों को कड़वी गंध के लिए 'सौरभ' शब्द का प्रयोग करके उसने अपनी आनंदानुभूति की सूचना दी है। वैसे 'आम के कच्चे पत्तों का/जलता, कड़ुआ कसैला सौरभ लिया' इन पंक्तियों में अंकित बिंब अपनी सटीकता और ताजगी से किसी भी पाठक को आनंदित करने में समर्थ है। अंतिम बंद में भी केवल घटना का उल्लेख है, लेकिन साधारण जनों की गंवई बोली-बानी के मिश्रित रूपों और कर्ण-कुहरों में उन्हें भरने का वर्णन इस तरह किया गया है कि इस अनुभूति के प्रति कवि की प्रसन्नता अलग से जिक्र किए बगैर भी छिपती नहीं है। इस बंद में प्रयुक्त रूपक, जो 'मिक्स्चर' और उसे कानों की कटोरियों में भरने से बना है, लाजवाब है। 'मिक्स्चर' अंग्रेजी का शब्द है, लेकिन यहां ऐसा सटीक बैठा है कि उसकी जगह लेने वाला संस्कृत, हिंदी, उर्दू या किसी लोकभाषा में कोई शब्द नहीं। यह शब्द हमें नागार्जुन की संवेदना की आधुनिकता का भी पता देता है।

सिर्फ पांचवें बंद में कवि ने अलाव के चारों ओर बैठे लोगों के साथ बैठने और उनसे बातें करने से मिले अपने सुख का स्पष्ट शब्दों में वर्णन किया है। वह भी ऐसे, जैसे कोई नई बात नहीं, वह बात तो वह ऊपर से कहता आ रहा है! स्वभावतः उसकी यह उक्ति और सादी है, लेकिन इस सादगी में लोकप्रेम का गहन रस है।

लेकिन जाहिर है कि लोकप्रेम हो या कोई दूसरा प्रेम, कविता में उसका तभी महत्व है, जबकि वह कविता के शब्दों से अभिव्यक्त हो। इस प्रगीत-कविता के जो स्थल कवि के उल्लास और आनंद को कहे-अनकहे प्रकट करने वाले हैं, वही इसे कविता बनाने वाले भी हैं, उदाहरण के लिए, 'रात्रिशेष', 'पतइयों', 'सौरभ' और 'मिक्स्चर'। पूरी कविता में 'सुबह-सुबह' की बार-बार आवृत्ति की गई है, हर बंद के शुरू में, जैसे कि यह गीत की नई टेक हो। यह आवृत्ति सुबह पर जोर देने के लिए है, जिससे वह हमेशा आंखों के सामने रहे, कविता के विषय के रूप में, लेकिन यह इतनी सार्थक है कि वह कविता की संरचना की निर्धारक बन गई है। अंतिम बंद में अंत में भी 'सुबह-सुबह' को दुहराया गया है, जिससे एक तरफ विषय की आखिरी बार याद दिलाई जाती है और दूसरी तरफ कविता की संरचना को पूर्णता प्राप्त होती है।

जैसा कि कहा जा चुका है, पांचवीं रचना प्रगीत-कविता नहीं, बल्कि पूर्णतः प्रगीत या गीत है। यदि नागार्जुन ने इसे किंचित भिन्न संरचना प्रदान की है, तो इस दृष्टि से कि छायावादी गीतों की तरह इसमें टेक और उसके बाद दो या तीन अंतरों के साथ फिर टेक की तुक से तुक मिलाने वाली कोई पंक्ति नहीं है। यह शुद्ध प्रकृति-गीत है, जिसमें उन्होंने बादलों का वर्णन किया है, बादलों के छोटे-छोटे टुकड़ों का, जिन्हें वे शिशु घन-कुरंग यानी बादलों के मृगछौने कहते हैं। बतलाने की जरूरत नहीं कि इसमें उत्कृष्ट चित्रात्मकता है। गीत का शीर्षक '*घन-कुरंग*' है और वह इस प्रकार है :

नभ में चौकड़ियां भरें भले
                शिशु घन-कुरंग
खिलवाड़ देर तक करें भले
                शिशु घन-कुरंग
लो आपस में गुथ गए खूब
                शिशु घन-कुरंग
लो, घटा-जाल में गए डूब
                शिशु घन-कुरंग
लो, बूंदें पड़ने लगीं, वाह
                शिशु घन-कुरंग
लो, कब की सुधियां जगीं, आह
                शिशु घन-कुरंग

पुरवा सिहकी, फिर दीख गए
शिशु घन-कुरंग
शशि से शरमाना सीख गए
शिशु घन-कुरंग

विद्यापति से लेकर रवींद्रनाथ तक ने नाना रूपों में गीतों की रचना की है। वह तो भक्तिकाल के कवियों ने ज्यादातार एक रूप में अपने पद रचे। फिर छायावाद और उत्तर-छायावादकाल में भी एक ही रूप वाले गीतों का, यद्यपि यह रूप भक्तिकाल के पदों से भिन्न था, जोर रहा। नागार्जुन के पास यह पूरी विरासत थी, इसलिए इच्छानुसार उन्होंने जब जिस रूप को चाहा, उसे अपनाकर गीत लिखे, लेकिन गतानुगतिकता का परिचय उन्होंने कभी नहीं दिया। गीत को उन्होंने जो रूप दिया हो, अपने स्पर्श से उसे कमोबेश नवीनता जरूर प्रदान की। प्रस्तुत गीत का रूप भी काफी कुछ नया है। 'शिशु घन-कुरंग' की आवृत्ति बार-बार होती है, लेकिन यह पुराने गीतों वाली टेक नहीं है। इस गीत में चार बंद हैं। चारों बंदों का अंतिम चरण है—'शिशु घन-कुरंग', लेकिन प्रत्येक बंद में पहला और तीसरा चरण तुकांत हैं। इस तरह यह गीत मात्रा ही नहीं, तुकों के बंधन में भी बंधा हुआ है, कहना चाहिए, कसा हुआ, लेकिन अपने पूरे रूप में बिलकुल स्वच्छंद है, जैसा विषय है—आकाश में बादल के स्वच्छंद विचरते टुकड़े, मृगछौनों की तरह।

निराला की तरह नागार्जुन भी बादलों के कवि थे। 'बादल को घिरते देखा है' कविता से लेकर उनके अंतिम कविता-संग्रह के गीत 'बादल जहरीखाल के' तक की यात्रा से यह अच्छी तरह प्रमाणित है। 'घन-कुरंग' गीत में उन्होंने बादलों के एक खास रूप का वर्णन किया है और बाल्योचित हर्षाकुलता के साथ। बादलों के मृगछौने आकाश में चौकड़ियां भरते हैं, आपस में खिलवाड़ करते हैं, कभी परस्पर गुंथ जाते हैं और कभी घटा उमड़ पड़ती है, तो उसमें गुम हो जाते हैं। इसी बीच बूंदें पड़ने लगती हैं, तो कवि उन मृगछौनों को शाबासी देता है, फिर उससे अपने भीतर सोई हुई स्मृतियों के जगने का दर्द भी महसूस करता है। उसके बाद पुरवा के डोलने पर वे मृगछौने पुनः प्रकट हो उठे हैं, तो वह अपने उल्लास को रोक नहीं पाता है। गीत की अंतिम पंक्तियों से ऐसा लगता है कि मेघ-खंडों की यह सारी क्रीड़ा चांदनी रात में चल रही थी। आकाश में चांद है और अब बादलों के मृगछौने उससे भाग-भागकर छिप रहे हैं। कवि कहता है, 'शशि से शरमाना सीख गए/शिशु घन-कुरंग'। यह निश्चय ही जितना मोहक दृश्य है, उतने ही मोहक रूप में वर्णित है।

नागार्जुन की ये प्रगीत-कविताएं उनके धू-धू जलते राजनीतिक काव्य-प्रदेश में हरियाली के टुकड़ों की तरह हैं, जो उसकी भीषणता में सुंदरता का संचार करते हैं। 'खुरदरे पैर' जैसी कविता में किसी सुंदर दृश्य का वर्णन नहीं, लेकिन कवि की कोमल भावना का वर्णन अवश्य है। ऐसी संवेदनशीलता ही प्रगीत-कविता का प्राण-तत्व

होती है, जिससे नागार्जुन की प्रगीत-कविताएं भरपूर हैं। अतिरिक्त बात यह है कि अपनी छोटी-बड़ी कविताओं में उन्होंने शब्दों का भले अधिक प्रयोग किया हो, लेकिन अपने प्रगीतों या प्रगीतात्मक कविताओं में उन्होंने सर्वत्र शब्द-लाघव से काम लिया है। उनमें न उन्होंने किसी घटना का पूरा ब्योरा दिया है, न किसी व्यक्ति का पूरा चित्र अंकित किया है और न किसी भाव अथवा संवेदना का पूरा संदर्भ ही खड़ा किया है। सिफत यह कि इनके अभाव में भी रचना मुकम्मल सिद्ध होती है और अपनी संप्रेषणीयता में अद्वितीय। 'अरथु अमित अति आखर थोरे' तुलसीदास की यह उक्ति उनकी प्रगीतात्मक रचनाओं पर पूर्णतः लागू होती है।

8. अकाल और उसके बाद

कई दिनों तक चूल्हा रोया, चक्की रही उदास
कई दिनों तक कानी कुतिया सोई उनके पास
कई दिनों तक लगी भीत पर छिपकलियों की गश्त
कई दिनों तक चूहों की भी हालत रही शिकस्त

दाने आए घर के अंदर कई दिनों के बाद
धुआं उठा आंगन से ऊपर कई दिनों के बाद
चमक उठीं घर भर की आंखें कई दिनों के बाद
कौए ने खुजलाई पांखें कई दिनों के बाद

नागार्जुन का यह कविता 1957 की रचना है। मैंने उनके मुंह से यह कविता पहली बार उसी वर्ष सुनी थी। वे पटने के एक मुहल्ले मछुआटोली-स्थित पंडुई कोठी में एक कमरा लेकर कुछ दिनों के लिए ठहरे हुए थे। जाड़े का समय था। उन्होंने युवा-लेखकों से संपर्क कर एक गोष्ठी बुलाई थी। उनके आवास पर ही यह गोष्ठी संपन्न हुई थी, लेकिन उनके कमरे में नहीं, उससे बाहर, जहां थोड़ी खुली जगह थी, लेकिन जिसके ऊपर छत थी। अवसर नई कहानी के लोकप्रिय कथाकार मार्कंडेय का पटना-आगमन था। उसका प्रसंग इस प्रकार उपस्थित हुआ था। डा. नामवर सिंह की प्रेरणा से इलाहाबाद के नई पीढ़ी के प्रगतिशील लेखकों ने एक साहित्यकार सम्मेलन आयोजित किया था। वहां के कथित गैर-प्रगतिशील लेखकों ने उसकी सफलता की संभावना से घबड़ाकर यह प्रचारित करना शुरू किया कि वह सम्मेलन कम्युनिस्टों यानी संकीर्णतावादियों का है, जो साहित्य के कंधे पर रखकर राजनीति की बंदूक चलाते हैं, इसलिए उसमें शामिल होने की जरूरत नहीं है। सुनते हैं, उन लोगों ने पत्र और दूसरे साधनों के द्वारा इलाहाबाद से बाहर के लेखकों को वहां आने से मना भी किया था। सम्मेलन के आयोजकों ने,जिनमें मार्कंडेय के साथ कमलेश्वर, अमरकांत और शेखर जोशी जैसे लेखक प्रमुख थे, इसकी काट का यह उपाय निकाला कि उनमें से एक लेखक हिंदीभाषी एक शहर में जाए और वहां के नए लेखकों को असलियत की जानकारी दे। वे उन्हें बताना चाहते थे कि वह सम्मेलन लेखकों का है, लेखन की नई समस्याओं पर विचार करने के लिए, राजनीतिज्ञों का नहीं। दूसरे, उसके आयोजन के पीछे कोई संकीर्णतावादी दृष्टि सक्रिय नहीं है, जिसका प्रमाण यह है कि उसमें पं. सुमित्रानंदन पंत-जैसे सर्वामान्य कवि और आचार्य हजारीप्रसाद द्विवेदी जैसे सर्वमान्य आलोचक भी भाग ले रहे हैं। मार्कंडेय के हिस्से में

पटना आना था, इसलिए वे यहां आए थे और लेखकों को जुटाकर नागार्जुन ने उनकी सहायता की थी। मैं उन दिनों पटना कालेज में द्वितीय वर्ष का छात्र था और मिंटो होस्टल के 38 नं. के कमरे में रहता था। नागार्जुन ने मुझे भी पंडुई कोठी आने के लिए कहलवाया था, सो नए साहित्य से परिचय के प्रारंभिक दौर में होते हुए भी मैं वहां चला गया था। मुझे खूब याद है कि मार्कंडेय ने सम्मेलन के संबंध में तमाम जानकारियां दी थीं और उस दौरान नागार्जुन एक तरफ चुपचाप बैठे रहे थे। मार्कंडेय की बातें समाप्त हो जाने के बाद बैठक को अतिरिक्त सार्थकता प्रदान करने के लिए काव्य-पाठ का कार्यक्रम चला। अब नागार्जुन के मुंह खोलने का अवसर था।

उनसे जब कविता सुनाने के लिए कहा गया तो बिना किसी मान-मनौवल के उन्होंने जो कविता सुनाई, वह वही थी,जो ऊपर लिखी गई है। उन्होंने कविता सुनाने के पहले इतना कहा कि इसमें सिर्फ अकाल के दो चित्र हैं। उस कविता में जो चित्रात्मकता थी और उसमें जो ताजगी थी, उससे मार्कंडेय इतने प्रभावित हुए थे कि बहुत गौर से उन्होंने उसकी पंक्तियां दुबारे-तिबारे सुनी थीं और बिना उच्छवसित हुए हृदय की गहराई से उसकी भूरि-भूरि प्रशंसा की थी। उनका ऐसा करना स्वाभाविक था, क्योंकि अपनी कहानियों में वे जैसा यथार्थवादी चित्रण चाहते थे, उसे नागार्जुन ने थोड़े से शब्दों में उत्कृष्टतर रूप में कविता में संभव कर दिखाया था। जहां तक मैं समझता हूं, नागार्जुन द्वारा किया गया उस कविता का वह प्रथम पाठ था। बाद में वह कविता शायद किसी पत्रिका में भी निकली, 'अकाल : दो चित्र' शीर्षक से। 1959 में वह नागार्जुन के द्वितीय कविता-संग्रह 'सतरंगे पंखों वाली' में संगृहीत हुई। मुझे यह देखकर आश्चर्य हुआ कि नागार्जुन ने उसका शीर्षक बदलकर यों कर दिया था : 'अकाल और उसके बाद'। मुझे आज भी पहला शीर्षक ही ज्यादा ठीक लगता है, क्योंकि उसमें कविता के विषय की सूचना तो है, उसकी व्याख्या का प्रयास नहीं है। वह प्रयास दूसरे शीर्षक में है, जो कविता को बहुत कुछ सपाट बना देना चाहता है। मैं यह भी सोचता हूं कि शीर्षक में 'अकाल' शब्द न होता, तो क्या नुकसान होता ? फिर मैं इस नतीजे पर पहुंचता हूं कि चूंकि कविता में 'अकाल' शब्द कहीं नहीं आया है, यद्यपि वह उसी से संबंधित है, इसलिए 'अकाल' शब्द का प्रयोग मुनासिब है। इससे पाठक अकाल के 'हॉरर' का सामना करने के लिए तैयार हो जाता है।

यह कविता आकार में छोटी है, सिर्फ आठ पंक्तियों की, लेकिन प्रभाव में बहुत ही चोखी है। थोड़े से शब्दों में नागार्जुन ने ऐसा चित्र खींचा है कि हैरान रह जाना पड़ता है। कुतिया तो जीव है, इसलिए उसका सोना अस्वभाविक नहीं। अस्वाभाविक है चूल्हे का रोना और चक्की का उदास होना। कई दिनों तक चूल्हा नहीं जला, इसलिए वह रोता रहा और चक्की नहीं चली, इसलिए वह उदास रही। इनका रोना और उदास रहना प्रकारांतर से घर वालों के अभावजनित दुःख में शामिल होना है। कुतिया तो

उनके पास इसलिए सोई थी कि वहां सन्नाटा था, लेकिन ऐसा लगता है कि वह उनके साथ सहानुभूति में उनके पास जाकर सोई। कुतिया भी कैसी है, कानी, जिससे कि वह बिलकुल पहचान में आती हैं। उसका वर्णन यह सिद्ध कर देने के लिए काफी है कि यह कोई किस्सा नहीं है, सच्ची घटना है। छिपकलियां पतंगों की खोज में दीवारों पर गश्त लगाती रहीं, लेकिन चूंकि घर में बत्ती भी नहीं जली थी, इसलिए उनके वहां होने का प्रश्न ही नहीं था। सहज अनुमेय है कि जिस घर में अन्न नहीं, उसमें ढिबरी जलाने के लिए तेल भी नहीं होगा। अन्न के अभाव में ही कई दिनों तक चूहों की भी हालत खराब रही। यहां नागार्जुन ने 'शिकस्त' शब्द का प्रयोग किया है, जिसे साधारण भाषाविद गलत कहेंगे। ज्ञातव्य है कि यह उत्तर बिहार का प्रचलित मुहावरा है। बोलचाल में लोग अक्सरहा कहते सुने जाते हैं कि 'उनकी हालत शिकस्त है!' नागार्जुन ने यह शब्द वहीं से उठाया है। यही तो उनकी खूबी है कि संस्कृत के साथ अनेक भाषाओं के जानकार होते हुए भी वे आवश्यक होने पर न केवल बोलचाल के शब्दों और मुहावरों को महत्व देते थे, बल्कि उन्हें कभी-कभी कविता के केंद्र में प्रतिष्ठित कर देते थे। यहां 'हालत रही शिकस्त' इस टुकड़े ने उनकी अभिव्यक्ति को अत्यंत सजीव बना दिया है। कहने की आवश्यकता नहीं कि चूल्हा, चक्की, कानी कुतिया, छिपकलियों और चूहों ने मिलकर यहां जिस वातावरण की सृष्टि की है, वह अकाल का सच्चा चित्र ही प्रस्तुत नहीं करता है, उसकी भयावहता को भी मूर्त कर देता है। इस वर्णन से यह भी स्पष्ट है कि कविता में जिस परिवार को लिया गया है, वह निम्न-मध्यवर्गीय परिवार है, क्योंकि उसमें चूल्हा-चक्की भी है और रोज दीया भी जलता है। नागार्जुन ने यह नहीं सोचा कि अकाल को लेकर करुणा उत्पन्न करने के लिए उसमें भूख से मरते हुए भिखमंगों का चित्र अंकित किया जाए। यह उनका यथार्थ-बोध है, जो उन्हें किसी फार्मूले से हटाकर एक निम्न-मध्यवर्गीय परिवार में ले गया है। लक्ष्य करने योग्य यह भी है कि पहली चार पंक्तियों में तो उन्होंने परिवार के किसी जन को भी आने नहीं दिया है। पूरे परिवार के हालात का बयान जैसे चूल्हा-चक्की वगैरह ही कर रहे हैं। ये जनशून्य पंक्तियां जनों की पीड़ा को जैसे अधिक गहराई से व्यक्त करती हैं। दूसरे बंद में भी परिवार के सदस्यों का जिक्र सिर्फ एक जगह है और वह भी सिर्फ उनकी आंखों की मार्फत—'चमक उठीं घर भर की आंखें'। कवि अपनी दृष्टि सिर्फ घर के लोगों की आंखों पर केंद्रित करता है। क्यों? इसलिए कि आंखें ही बदली हुई स्थिति को बतलाने के लिए पर्याप्त हैं। आप भी उन आंखों को अपनी आखों के सामने लाइए और नागार्जुन के काव्य-कौशल की दाद दीजिए।

दूसरे बंद का चित्रण और भी ताजगी से भरा हुआ है। कहा जा सकता है कि कई दिनों के बाद घर के अंदर दाने आने के कथन में कोई चित्रात्मकता नहीं है, लेकिन क्या आपको उससे घर की शिराओं में जो नया रक्त दौड़ने लगा है, उसकी आवाज नहीं

सुनाई पड़ती? यह विलक्षण कथन है, जिसमें कवि ने कोई चित्र न खींचकर भी संकेत से घर में खुशी फैल जाने का बहुत सुंदर चित्रण किया है। निश्चय ही यहां चित्र संदर्भ से आकार ग्रहण करता है, लेकिन इसके लिए अंततः श्रेय का अधिकारी कवि ही है, कुछ और नहीं। दूसरी पंक्ति का चित्र बहुत स्पष्ट है, जो गांवों में अक्सरहा देखने को मिलता है, यानी चूल्हा जलने पर आंगन से ऊपर धुएं का उठना। प्रस्तुत कविता में यह चित्र बहुत मोहक है, क्योंकि उस धुएं से कई प्राणियों की प्राणरक्षा का सवाल जुड़ा हुआ है। 'चमक उठीं घर भर की आंखें' के बारे में ऊपर कहा जा चुका है। मैं पाठकों का ध्यान अंतिम पंक्ति की ओर दिलाना चाहता हूं, जिसमें कौए के अपनी चोंच से पांखें खुजलाने का चित्रात्मक वर्णन है। कौआ कभी-कभी कुछ खाने के बाद पंख से रगड़कर अपनी चोंच साफ करता है। यहां वह चोंच साफ नहीं करता, उससे अपनी पांखों को खुजलाता है। इसका संकेत बहुत ही मार्मिक है। आंगन से धुआं उठते देखकर वह समझ गया है कि चूल्हे पर खाना पक रहा है, जिसके कुछ दाने निश्चय ही उसे भी प्राप्त होंगे। इसी आशाजनित उल्लास में वह अपनी चोंच से अपनी पांखें खुजलाने की हरकत करता है, जैसे कभी-कभी नौउम्र लड़कियां अपने मनोभाव भिन्न प्रकार की हरकतों से प्रकट करती हैं। नायिकाभेद के आचार्यों ने यथास्थान ऐसी हरकतों को सूचीबद्ध किया है।

ध्यातव्य है कि नागार्जुन ने अनाड़ी यथार्थवादी कवि की तरह केवल अकाल की भयावहता का चित्रण नहीं किया, उसकी छाया के हटने का भी चित्रण किया है। पहले बंद का चित्रण जितना पस्ती से भरा हुआ है, दूसरे बंद का उतना ही उत्साह से। निस्संदेह इस उल्लास में नागार्जुन भी शामिल हैं, वरना चित्रण इतना प्रभावशाली कभी नहीं होता। आम तौर पर यथार्थवादी लेखक यथार्थ के सुखद पक्ष का चित्रण इसलिए नहीं करते कि उससे उनका भयावह यथार्थ का चित्रण कमजोर होगा, लेकिन नागार्जुन जानते हैं कि दुःख ही नहीं, सुख भी यथार्थ है। इससे अलग यह भी विचारणीय है कि अन्न की राशि नहीं, उसके सिर्फ कुछ दानों के घर में आने से पैदा होने वाली खुशी क्या कम त्रासद है? सच्चाई यह है कि अकाल के दोनों चित्र कहने के लिए ही दो हैं। ये दोनों अकाल को ही सामने लाते हैं। अकाल में ही रिलीफ में पाए अनाज के कुछ दाने घर में आने पर घर वालों की आंखें चमक सकती हैं, सामान्य अवस्था में नहीं। अकाल की हालत में ही कुछ दाने प्राणरक्षक हो सकते हैं। अभी भोजन से बल नहीं चाहिए, बस प्राणरक्षा होनी चाहिए। इस दृष्टि से वस्तुतः इस कविता का पहले वाला शीर्षक ही अधिक उपयुक्त है : 'अकाल : दो चित्र'।

इस कविता का सौंदर्य या प्रभावोत्पादकता इसमें जो आवृत्ति की गई है, उसमें निहित है। दोनों बंदों में 'कई दिनों तक' और 'कई दिनों के बाद' की क्रमशः चार-चार बार आवृत्ति हुई है, स्पष्टतः कवि को जो कहना है, उस पर जोर देने के लिए।

दोनों बंदों में विषय अलग-अलग है। पहले बंद में जहां वह अकाल की विभीषिका है, वहां दूसरे बंद में भोजन पाने की आशा। चतुर काव्यशिल्पी नागार्जुन ने विषय बदल जाने के कारण आवृत्ति करने का ढंग भी बदल दिया है। पहले बंद में जहां 'कई दिनों तक' पंक्तियों के शुरू में आता है, वहां दूसरे बंद में 'कई दिनों के बाद' पंक्तियों के अंत में। दूसरे बंद में जो आवृत्ति है, वह उल्लास की अभिव्यक्ति के लिए, जैसे कवि का जोर यथार्थ की दारुणता पर नहीं, उसके पराजित होने पर है। सच्चा यथार्थवादी कवि ही यहां तक पहुंच सकता है। ताज्जुब नहीं कि नागार्जुन की यह कविता उनके जीवनकाल में ही क्लासिक बन गई थी।

9. चांद का मुंह टेढ़ा है

'चांद का मुंह टेढ़ा है' मुक्तिबोध की एक प्रसिद्ध कविता है। इस कविता को सर्वप्रथम प्रकाशित करने का श्रेय पटना के कुछ तरुण कवियों को है। उन्होंने 1957 में 'विविधा' नाम से एक पुस्तक-पत्रिका निकाली थी। उसी में मुक्तिबोध की यह कविता पहली बार छपी थी। उस समय इस कविता की अहमियत न हिंदी के विद्वानों ने समझी थी, न साधारण पाठकों ने। कारण यह कि उस समय हिंदी कविता के क्षेत्र में अज्ञेय और नई कविता वालों का बोलबाला था। उन्होंने सौंदर्य और सुरुचि की जो कसौटी बनाई थी, उस पर मुक्तिबोध की यह कविता खोटी साबित होती थी। न इसमें गोल-गोल शब्द थे और न अर्थ की लय। पूरी कविता साधारण,लेकिन ओजपूर्ण शब्दों में एक शाब्दिक लय का सहारा लेकर लिखी गई थी। जड़ीभूत सौंदर्याभिरुचि के शिकार लोगों ने स्वभावतः इसका महत्व नहीं समझा और इसकी कहीं कोई चर्चा नहीं हुई। मुक्तिबोध चूंकि 'तार सप्तक' के कवि थे, इसलिए उनकी कविताएं छप जाती थीं और उन्हें लोग पढ़ भी लेते थे, पर नई कविता के माहौल में कहना चाहिए कि वे पूरी तरह से अदृष्ट थे। इसी समय डा. नामवर सिंह ने बनारस से प्रकाशित होने वाली हिंदी की 'कवि' नामक पहली छोटी पत्रिका में उन पर एक टिप्पणी लिखकर उन्हें 'सफल' की जगह 'सार्थक' कवि कहा था, लेकिन हिंदी संसार ने उनकी बात पर कोई ध्यान नहीं दिया। 'चांद का मुंह टेढ़ा है' शीर्षक कविता मुक्तिबोध की दृष्टि में भी महत्वपूर्ण कविता थी, जिसका सबूत यह है कि वे करीब एक दशक तक इस कविता को संवारते रहे। 'विविधा' में प्रकाशित इसका प्रारूप अंतिम नहीं है। 'मुक्तिबोध रचनावली' में आज इसका जो प्रारूप सुलभ है, वह उसके संपादक श्री नेमिचंद्र जैन के अनुसार 1962 का है। इस कविता के महत्वपूर्ण होने का एक प्रमाण यह भी है कि इसी के नाम पर उनके प्रथम कविता-संग्रह का नाम रखा गया है।

इस कविता में मुक्तिबोध ने टेढ़े मुंह वाले चांद का वर्णन किया है, वह 1953 का चांद है, 'भयानक स्याह सन् तिरपन का चांद वह।' स्पष्ट है कि इस कविता में जिस घटना का वर्णन किया गया है, वह 1953 की यानी आजादी मिलने के बाद की घटना है। मुक्तिबोध आजाद भारत की बिगड़ती हुई हालत के ही कवि हैं। उनकी विशेषता यह है कि वे भारत को एक बड़े परिदृश्य में रखकर देखते हैं, यानी तीसरी दुनिया के एक ऐसे पिछड़े हुए देश के रूप में, जो अपने निर्माण के लिए यानी नवउपनिवेशवाद के चंगुल से निकलकर स्वतंत्र विकास के मार्ग पर चलने के लिए संघर्ष कर रहा है।

इस कविता में जिस घटना का वर्णन है, वह नई कविता के माहौल में बहुत ही अटपटी मालूम पड़ने वाली घटना है। वह है मजदूरों की हड़ताल। यह कविता मुक्तिबोध ने संभवतः 1953 में ही नागपुर में लिखी थी। उस समय नागपुर में मजदूरों की कोई हड़ताल हुई थी, जिसमें मिलमालिकों और सरकार की तरफ से मजदूरों का दमन किया गया था। शहर में आतंक का वातावरण था, लेकिन मजदूर हड़ताल पर डटे हुए थे। वे पीछे हटने को तैयार न थे। मुक्तिबोध इस कविता में इस हड़ताल का वर्णन ही नहीं करते हैं, बल्कि उसका समर्थन भी करते हैं। वे हिंदी के मजदूर-चेतना वाले एकमात्र कवि हैं। उन्होंने मध्य वर्ग को विषय बनाकर बहुत कुछ लिखा है, पर इससे यह न समझना चाहिए कि वे मध्यवर्गीय मनोवृत्ति के कवि थे। भारत में वे जिस जनवादी क्रांति का स्वप्न देखते थे, उसमें वे मध्य वर्ग की अहम भूमिका मानते थे, इसलिए उन्होंने मध्य वर्ग पर अपना ध्यान केंद्रित किया है, लेकिन वे मध्य वर्ग को हमेशा मजदूर वर्ग से एकता स्थापित कर उसके नेतृत्व में आगे बढ़ने की सलाह देते हैं। मध्य वर्ग के आत्मसंघर्ष को बहुत ही प्रामाणिक और जीवंत रूप में उन्होंने अपनी कविताओं में चित्रित किया है। 'चांद का मुंह टेढ़ा है' शीर्षक उनकी यह कविता उनकी वैचारिक पृष्ठभूमि और भावात्मक अग्रभूमि दोनों को समझने की दृष्टि से बहुत ही महत्वपूर्ण है। इस दृष्टि से यह उनकी प्रसिद्ध ही नहीं, प्रतिनिधि कविता भी है।

रात का वक्त है। बारह बजे हैं। आकाश में कारखाने की चिमनियों के बीचोबीच टेढ़े मुंह वाला चांद टंगा है। चारों ओर सन्नाटा है। सड़क के मोड़ पर बरगद का एक छतनार पेड़ है, जिसके नीचे भैरों की एक मूर्ति है। मूर्ति की पीठ से एक पोस्टर लटक रहा है। यह पोस्टर हड़ताल से संबंधित है, जिसे किसी मजदूर ने भैरों की पीठ से लटकाया है। यह दृश्य देखने के बाद कवि देखता है कि दो हाथ बरगद की शाखाओं पर भी पोस्टर चिपका रहे हैं। वे भी किसी मजदूर के ही हाथ हैं। मुक्तिबोध ने इस पोस्टर का बहुत ही सशक्त वर्णन किया है। कहते हैं, '......एकाएक/अंधेरे के पेट में से/ ज्वालाओं की आंत बाहर निकल आई/वैसे, अरे, शब्दों की धार एक/ बिजली के टॉर्च की रोशनी की मार एक/बरगद के खुरदुरे अजगरी तने पर/फैल गई अकस्मात।' मानना पड़ेगा कि किसी क्रांतिकारी कार्यवाही से संबंधित पोस्टर का ऐसा सशक्त वर्णन इससे पहले हिंदी कविता में नहीं हुआ। दहकते हुए बांके-तिरछे लाल-लाल अक्षरों में लिखा गया यह पोस्टर जब बरगद की शाखाओं पर चिपकाया जाता है, तो ऐसा लगता है कि अंधेरे के पेट में से ज्वालाओं की आंत बाहर आ गई और किसी ने अजगर के समान बरगद के खुरदुरे तने पर अचानक बिजली के टॉर्च की रोशनी फैली दी! इस वर्णन के आगे प्रगतिशील कविता में पहले किए गए पोस्टरों और पर्चों के वर्णन फीके लगते हैं। 'अंधेरे में' शीर्षक अपनी प्रसिद्ध कविता में मुक्तिबोध ने क्रांति के दौर में बांटे जाने वाले पर्चों का भी ऐसा ही सशक्त वर्णन किया है। उसमें वे कहते हैं : 'आसमान

झांकता है उन स्याह लकीरों के बीच-बीच/वाक्यों की पांतों में आकाश गंगा-सी फैली/ शब्दों के व्यूहों में झिलमिल नक्षत्र....।' इन वर्णनों से मजदूर वर्ग और क्रांति से मुक्तिबोध के वैचारिक और भावात्मक लगाव का अंदाजा लगाया जा सकता है।

बरगद की शाखाओं पर किसी मजदूर द्वारा हड़ताल से संबंधित पोस्टर चिपकाने की क्रिया को इस कविता में कवि के साथ एक और प्राणी देखता है। वह है एक बिल्ली, जिसका सारा शरीर काला है, सिर्फ पंजे सफेद हैं और जिसके नाखूनों से खून टपक रहा है। यह बिल्ली रात में जासूसी करने वाले जासूसों की विशेष प्रतिनिधि है। वह एक खपड़ैल से देखती है कि पोस्टर कौन चिपका रहा है : 'पूंछ उठाए वह /जंगली तेज / आंख / फैलाए/ यमदूत-पुत्री-सी।' इस दृश्यांकन से मुक्तिबोध ने वातावरण की भयावहता को एकदम मूर्त कर दिया है। नई कविता के जमाने में 'संत्रास' का बहुत जिक्र था। वह 'संत्रास' अस्तित्ववादियों का 'भय' था। मुक्तिबोध की कविताओं में चित्रित संत्रास अस्तित्ववादी संत्रास न होकर वह संत्रास है,जिसका स्वातंत्र्योत्तर भारत की बिगड़ती हुई सामाजिक-आर्थिक स्थितियों से घनिष्ठ संबंध है। इन स्थितियों का जैसा तीव्र बोध मुक्तिबोध में है, वैसा गैर-प्रगतिशील कवियों में तो क्या, किसी अन्य प्रगतिशील कवि में भी नहीं दिखलाई पड़ता। इसी तीव्र बोध ने उनकी कविता की दुनिया को बहुत ही भयावह बना दिया है। लेकिन यहां यह भी उल्लेखनीय है कि आतंक और संत्रास के वातावरण में मुक्तिबोध का संघर्षशील जन रुकता नहीं है, वह उसे तोड़ता हुआ मशाल की तरह आगे बढ़ता जाता है।

यह कविता चूंकि एक लंबी कविता है, इसलिए इसमें मुक्तिबोध की लंबी कविताओं की सारी विशेषताएं मिलती हैं। उनकी रचना-प्रक्रिया ऐसी है कि उनकी भावधारा फूटती है तो वह अनजाने रास्तों से होती हुई और कई उपधाराओं को समेटती हुई आगे बढ़ती है। इस कविता में भी उन्होंने मजदूरों की हड़ताल से हटकर अनेक बातें कही हैं, जो परोक्ष रूप से विषय से संबद्ध हैं। उन बातों में जो बात खास तौर से उल्लेखनीय है, वह यह है कि इस कविता में उन्होंने गांधीवाद की बहुत ही तीखी आलोचना की है। वह आचार्य रामचंद्र शुक्ल हों, या प्रेमचंद, या निराला, या मुक्तिबोध, सभी गांधीवाद के प्रति आलोचनात्मक रहे हैं। ऐसा क्यों है, यह अलग से सोचने की बात है। इस कविता में सड़क पर आसपास गांधी और तिलक की दो मूर्तियां हैं। दोनों पर दो बड़े उल्लू बैठे हैं। गांधी के माथे पर बैठा उल्लू तिलक के माथे पर बैठे उल्लू से कहता है कि मैंने तांत्रिक की तरह श्मशान में सिद्धि प्राप्त कर लोगों को धोखे में डाल दिया है। तिलक के माथे पर बैठा उल्लू जवाब में कहता है कि तुम वाकई रात के जहांपनाह हो, तुम्हारी ही वजह से दिन में भी अंधेरे की साख बनी हुई है! 'दिन में भी अंधेरे की साख' की व्याप्ति बहुत ज्यादा है। गांधीवाद के कुछ सकारात्मक पक्ष भी हैं, लेकिन यह सही है कि उसमें धर्म को जो स्थान प्राप्त है, उससे व्यक्ति तर्क विज्ञान और इतिहास

की वैज्ञानिक व्याख्या की ओर न जाकर अंधवश्विास और रूढ़ियों की ओर जाता है। यह आकस्मिक नहीं है कि कविता में आगे मुक्तिबोध धर्मों की आलोचना करते हैं और कहते हैं कि हिंदू, बौद्ध और ईसाई इन सभी धर्मों ने सत्य का शीलहरण ही किया है। किसी धर्म ने मनुष्यता के सपने को साकार नहीं किया। धर्म भी इसी समाज से पैदा होता है, लेकिन जैसा कि मार्क्स ने कहा है, वह यथार्थ का वास्तविक प्रतिबिंब न होकर विकृत प्रतिबिंब होता है। स्वभावत: इस धर्म के सहारे मनुष्यता के सपने को साकार नहीं किया जा सकता। मुक्तिबोध ने अपनी अनेक कविताओं में धर्म और ईश्वर पर बहुत ही कड़ी चोट की है। 'ओ काव्यात्मन् फणिधर' शीर्षक अपनी एक दूसरी प्रसिद्ध कविता में उन्होंने अपनी कविता का उद्देश्य बतलाया है, वह रोशनी फैलाना, जिसमें लोग ब्रह्म के असली चेहरे को पहचान सकें। इस ब्रह्म की विशेषता यह है कि इसकी कृपा से धनी और धनी तथा गरीब और गरीब होते जाते हैं। दूसरे, यह व्यक्ति को आत्मकेंद्रित बनाकर उसे शेष विश्व से अलग कर देता है। 'एक अरूप शून्य के प्रति' शीर्षक मुक्तिबोध की बहुत ही जोरदार ईश्वर-विरोधी कविता है, जिसमें उन्होंने अध्यात्मवाद को ध्वस्त कर मानववाद की स्थापना की है।

'चांद का मुंह टेढ़ा है' कविता के उत्तरार्ध में मुक्तिबोध ने पेंटर और कारीगर के रूप में जमाने और शहर का वर्णन किया है। ये 'काल' और 'देश' हैं और मजदूरों के पक्ष में हैं। ये भी हड़ताल से संबंधित पोस्टर चिपकाने निकले हैं। पोस्टरों का पुलिंदा, गोंद का डिब्बा और लंबी सी कूंची लेकर। कवि ने इन दोनों की बातचीत कविता में दर्ज की है। पेंटर कहता है कि मैं पोस्टर पढ़ते हुए मजदूरों का चित्र बनाना चाहता हूं। इस पर कारीगर उससे कहता है कि अब तसवीरें बनाने का वक्त नहीं। पेंटर उत्तर देता है कि 'पैरों के नखों से या डंडे की नोक से / धरती की धूल में भी रेखाएं खींचकर / तसवीरें बनती हैं / बशर्ते कि जिंदगी के चित्र सौ / बनाने का चाव हो / श्रद्धा हो, भाव हो।' वह कारीगर की इस बात से सहमत होता है कि हमें अपने निजी लाभ की आशा छोड़कर काम करना चाहिए। 'हमारा अधिकार सम्मिलित श्रम और / छीनने का दम है।' वह कहता है कि फिलहाल हम तसवीरें न बना सकेंगे, पर पोस्टर जरूर चिपकाएंगे। आज पोस्टर ही सब कुछ है, सूरज और चांद है! 'पोस्टर ही कविता है!!' मुक्तिबोध की एक चिंता समकालीन कविता भी थी, इसलिए वे अपनी कविताओं में प्राय: उस पर भी टिप्पणी करते हैं और नई कविता के समानांतर प्रगतिशील कविता का एक नया सौंदर्यशास्त्र गढ़ते चलते हैं। उनकी ऊपर उद्धृत पंक्तियों से यह बात स्पष्ट है। लेकिन यहां यह कह देना भी जरूरी है कि उनकी 'पोस्टर ही कविता है' जैसी उक्तियों को बहुत सरल रूप में नहीं लेना चाहिए। यहां उनके ऐसे कथनों का आशय यह है कि समाज का क्रांतिकारी वर्ग जब कार्यवाही में उतरता है, तब क्रांतिकारी कविताओं में हड़ताली पोस्टरों जैसा सीधा वार करने की क्षमता अपेक्षित होती है।

इस कविता का अंत इस तरह से होता है कि 'वेदना के रक्त से लिखे गए / लाल-लाल घनघोर / धधकते पोस्टर / गलियों के कानों में बोलते हैं' कि आदमी वही है, जो आदमी की दर्दभरी गहरी पुकार सुनकर दौड़ पड़े। फिर कवि भविष्य की कल्पना करता है, जब क्रांति संपन्न होगी, जब 'करुणा की रिमझिम' और 'विचारों की विक्षोभी तड़ित' से युक्त आदमी आदमी की मदद के लिए उठ खड़ा होगा, दौड़ पड़ेगा। मजदूरों की हड़ताल के प्रसंग में यह कल्पना स्वाभाविक है। मुक्तिबोध की अनेक कविताओं का अंत क्रांति में हुआ है। इसे कवि का भावोच्छ्वास मात्र न समझना चाहिए। इसे वह भावी यथार्थ के रूप में प्रस्तुत करता है। इस कविता में भी क्रांति की कल्पना ही प्रस्तुत की गई है, उसे कवि ने यथार्थ के रूप में प्रस्तुत नहीं किया। इसका सबूत यह है कि मुहल्ले के मुहाने के पार पोस्टर धारण किए हुए भैरों और बरगद में बहस छिड़ी रहती है कि 'कितना समय लगेगा / सुबह होगी कब और / मुश्किल होगी दूर कब!!' मुक्तिबोध कहते हैं कि देश क्षण-प्रतिक्षण क्रांति की तरफ जा रहा है, 'समय का कण-कण / गगन की कालिमा से / बूंद-बूंद चू रहा / तड़ित-उजाला बन!!' अभी देश की राजनीति जिस दौर में पहुंची हुई है, उससे मुक्तिबोध का कथन पूर्णतः सही साबित होता है। सत्ता पर दल-विशेष की इजारेदारी खत्म हो चुकी है। विभिन्न राजनीतिक दलों के सिद्धांतहीन गठबंधन का दौर भी खत्म होने को है। इसके साथ देश में उस संयुक्त मोर्चे का दौर शुरू हो गया है, जिसका झुकाव वामपंथ की तरफ होगा। ऐसा ही मोर्चा देश को अपेक्षाकृत टिकाऊ शासन दे सकता है। यही देश का क्षण-प्रतिक्षण क्रांति की तरफ जाना है। कवि भविष्यद्रष्टा नहीं होता, वह वर्तमान का द्रष्टा होता है, लेकिन वर्तमान में उसकी दृष्टि गहराई तक प्रवेश कर जाती है, तब उसे भविष्य की झलक भी मिलने लगती है। मुक्तिबोध यथार्थ-द्रष्टा होने के कारण सच्चे अर्थों में युगद्रष्टा कवि थे।

10. ब्रह्मराक्षस

'ब्रह्मराक्षस' मुक्तिबोध की एक प्रसिद्ध कविता है। सर्वप्रथम यह बनारस से निकलने वाली छोटी पत्रिका 'कवि' के अप्रैल 1957 के अंक में प्रकाशित हुई थी। उस समय हिंदी में किसी का ध्यान उसकी तरफ नहीं गया। बाद में 1964 में जब वह मुक्तिबोध के प्रथम कविता-संग्रह 'चांद का मुंह टेढ़ा है' में संकलित की गई, किंचित संशोधित रूप में, तो उसे लेकर चर्चा शुरू हुई और वह 'अंधेरे में' के बाद उनकी दूसरी महत्वपूर्ण कविता मानी गई। आकार में यह कविता अपेक्षाकृत छोटी है, लेकिन अपने स्वरूप से यह भी एक लंबी कविता ही है।

शास्त्रों के अनुसार पापकर्म करने वाले ब्राह्मण को मरने के बाद प्रेत-योनि प्राप्त होती है और वही ब्रह्मराक्षस होता है। मुक्तिबोध ने कविता में इसी मान्यता का इस्तेमाल किया है और उससे एक फैंटेसी निर्मित की है। ब्रह्मराक्षस एक प्रगतिशील मध्यवर्गीय बुद्धिजीवी का प्रेत है। यह इससे भी सिद्ध है कि वह काफी पढ़ा-लिखा है, न केवल संस्कृतज्ञ है,बल्कि अनेक विधाओं का जानकार है। ऐसे बुद्धिजीवी या ब्राह्मण को प्रेत-योनि क्यों मिली? उसने कौन-सा पाप किया था? इस कविता में मुक्तिबोध ने यही बतलाया है।

ब्रह्मराक्षस जब मनुष्य योनि में था, तो एक शोधक था, सत्य का खोजी। अपनी खोज को लेकर वह बहुत परेशान था, जैसे गणित की विकट समस्याओं में उलझा हुआ हो। वह उन समस्याओं का निदान नहीं ढूंढ़ सका और अंततः उन्हीं में घुटकर मर गया। उसकी समस्त चिंताओं के साथ मुक्तिबोध ने उसकी मृत्यु का वर्णन इस प्रकार किया है :

> सितारे आसमानी छोर पर फैले हुए
> अनगिन दशमलव से,
> दशमलव-बिंदुओं के सर्वत:
> फैले हुए उलझे गणित मैदान में
> मारा गया, वह काम आया,
> और वह पसरा पड़ा है····
> वक्ष-बांहें खुली फैलीं
> एक शोधक की।

शोधक का मस्तिष्क आसमान की तरह था, जिसमें चारों ओर तारे बिखरे हुए थे। वे

वस्तुत: दशमलव-बिंदु थे। वह उनमें इस कदर उलझा कि उनसे निकल नहीं सका। अब वह उन्हीं के बीच मृत पड़ा हुआ है। 'अंधेरे में' कविता में भी मुक्तिबोध ने काव्य-नायक की मानसिक परेशानी का वर्णन बहुत कुछ इसी रूप में किया है : 'चिंता के गणित अंक / आसमानी सलेट-पट्टी पर चमकते / खिड़की से दीखते।' यह जो भीतर अमूर्त है, उसे बाहर लाकर मूर्त बनाना है।

शोधक की समस्या यह थी कि वह पूंजीवाद और समाजवाद में से समाजवाद को अंगीकार कर उसके अनुरूप अपने 'आदर्श' व्यक्तित्व का निर्माण करना चाहता था। सामंती मूल्यों के विरुद्ध पूंजीवादी मूल्यों को स्वीकार करना अपेक्षाकृत सरल है! कठिन है पूंजीवादी व्यक्तित्व को छोड़कर समाजवादी व्यक्तित्व की उपलब्धि,क्योंकि समाजवाद के आदर्श पूंजीवाद की तुलना में बहुत ऊंचे हैं। इसके अलावा वह कार्य जटिल भी है, क्योंकि 'व्यक्तित्व' को, जो सामंत-विरोधी पूंजीवाद की देन है, पूरा नहीं छोड़ा जा सकता। वह न संभव है, न अपेक्षित। स्वभावत: इस प्रयास में सफलता कम मिलती है, यद्यपि महान उद्देश्य से प्रेरित प्रयास का फल होने के कारण वह आंशिक सफलता भी महत्वपूर्ण होती है, और असफलता अधिक। यही बात मुक्तिबोध ने निम्नलिखित पंक्तियों में कही है :

बुरे-अच्छे-बीच के संघर्ष
से भी उग्रतर
अच्छे व उससे अधिक अच्छे बीच का संगर
गहन किंचित सफलता,
अति भव्य असफलता!!

यह वस्तुत: किंचित भिन्न रूप में व्यक्तित्व-निर्माण अथवा व्यक्तित्वांतरण की समस्या है, जो 'अंधेरे में' कविता की भी महत्वपूर्ण समस्या है।

मुक्तिबोध ने यहां स्पष्ट शब्दों में सामंतवाद, पूंजीवाद और समाजवाद का उल्लेख नहीं किया, लेकिन उनका आशय स्पष्ट है। उसे समझने में उनके निबंधों में व्यक्त किए गए विचारों से मदद मिलती है। एक निबंध में वे निम्न-मध्य वर्ग के बारे में कहते हैं, 'इस श्रेणी के व्यक्ति की दो प्रतिक्रियाएं परिलक्षित होती हैं। एक, सामंती प्रभावों और प्रतिच्छायाओं के विरुद्ध व्यक्ति-स्वातंत्र्य भावना से संचालित प्रतिक्रियाएं, दूसरी, आर्थिक-सामाजिक व्यक्तिवाद के विरुद्ध, यानी तदनुषंगी समस्त विकृतियों के विरुद्ध, (चाहे वे समाज-रचना से संबंधित हों या व्यक्ति से) मानव-मुक्ति और मानव-गरिमा की भावना से संचालित प्रतिक्रियाएं!' (*मुक्तिबोध रचनावली,* 5/ 307) शोधक की प्रतिक्रिया 'आर्थिक-सामाजिक व्यक्तिवाद' यानी पूंजीवाद के विरुद्ध 'मानव-मुक्ति और मानव-गरिमा की भावना' यानी समाजवाद से संचालित थी। उसी के अनुरूप वह अपने व्यक्तित्व को बदलना चाहता था और उसी के लिए अपने भीतर संघर्ष कर रहा था।

उस संघर्ष में शोधक को सफलता नहीं मिली। उसने बहुत प्रयास किया कि उसके भाव और व्यवहार तथा विचार और कार्य के बीच सामंजस्य स्थापित हो जाए, उसका स्वप्न साकार हो,उसकी आकांक्षा फलीभूत हो,लेकिन वह न हुआ। मुक्तिबोध ने उसके व्यक्तित्व की कल्पना कोमल स्फटिकों से निर्मित एक प्रासाद के रूप में की है, जिसमें ऊंची, सुनसान और खतरनाक सीढ़ियां थीं। उसका आत्मसंघर्ष उन सीढ़ियों पर चढ़ने-उतरने की तरह था, जो कि एक मुश्किल काम था, लेकिन जिसे करने के लिए वह अभिशप्त था। वह चाहता था कि अपने चिंतन और कर्म के बीच गणित जैसा समीकरण स्थापित करे, लेकिन वह अपने उद्देश्य को न प्राप्त कर सका। मार्ग-निर्देश के लिए उसने गुरु की भी तलाश की, अनेक पंडितों और चिंतकों के पास भी मारा-मारा फिरा, लेकिन उसे अभीष्ट की प्राप्ति न हुई :

> उस भाव-तर्क व कार्य-सामंजस्य-योजन-
> शोध में
> सब पंडितों, सब चिंतकों के पास
> वह गुरु प्राप्त करने के लिए
> भटका!!

शोधक को कोई गुरु अथवा मार्ग-निर्देशक इसलिए नहीं मिला कि अब पहले वाला युग नहीं रह गया था। मुक्तिबोध ने पूंजीवाद के विकास के साथ ज्ञान को पण्यवस्तु बनते हुए स्वयं देखा था। अब गुरु लोग ज्ञान दान नहीं करते थे, अपनी कीर्ति का व्यवसाय करते थे। अब समाज में लाभ-लोभ की सत्ता स्थापित हो गई थी, जिससे धन की वृद्धि हुई थी और उस धन ने हृदय, मन और अंत:करण सबको अभिभूत कर लिया था। धन से अभिभूत अंत:करण पैसे की ही महिमा बखानता था, कहता था, वही सत्य है, लेकिन वह सत्य की 'झाईं' यानी धोखा था। धन की चमक सत्य नहीं, उसकी मरीचिका है। ये पंक्तियां बहुत ही गूढ़ हैं और मुक्तिबोध की ग्रंथिल अभिव्यक्ति का उदाहरण उपस्थित करती हैं :

> किंतु युग बदला व आया कीर्ति-व्यवसायी
> ...लाभकारी कार्य में से धन,
> व धन में से हृदय-मन,
> और, धन-अभिभूत-अंत:करण में से
> सत्य की झाईं
> निरंतर चिलचिलाती थी।

'जिंदगी का रास्ता' शीर्षक अपनी कविता में भी उन्होंने पूंजीपतियों की आंखों के बारे में कहा है कि 'कौड़ी की आंखें हैं कि जिनमें रेगिस्तान की / सफेदी चिलचिलाती

है···जिसके कि बीचोबीच / घनीभूत रात की सियाही का घेरा है।' यहां भी 'सफेदी' धोखा है, वह वस्तुतः रात का अंधेरा है!

नए व्यक्तित्व के निर्माण में शोधक की असफलता का कारण उसकी गलत समझ थी। उसके भीतर अपने व्यक्तित्व का जो बोध था, उसे पूर्णतः छोड़कर वह हर तरह से सार्वजनीन व्यक्तित्व प्राप्त करना चाहता था। व्यक्तित्वांतरण का मतलब व्यक्तित्व का विकास है, उसका परित्याग नहीं, लेकिन उसकी कोशिश आत्मचेतना को बिलकुल झाड़कर विश्वचेतना से युक्त होने की थी। वह अपनी 'लघुता' को 'महता' के चरणों में एकदम से न्योछावर कर देना चाहता था! स्वभावतः वह एक गलत किस्म के द्वंद्व में पड़ा रहा :

> आत्मचेतस् किंतु इस
> व्यक्तित्व में थी प्राणमय अनबन···
> विश्वचेतस् बे-बनाव!!
> महत्ता के चरण में था
> विषादाकुल मन!

'प्राणमय अनबन' यानी तीखा द्वंद्व! इसी तरह 'बे-बनाव' का मतलब है बिगाड़ यानी युद्ध! शोधक का अपनी आत्मचेतना से जो युद्ध चल रहा था, वह विश्वचेतस होने की आकांक्षा के कारण। मुक्तिबोध सही मार्क्सवादी होने के कारण यह जानते थे कि कम्युनिज्म व्यक्तित्व का निषेध नहीं करता, बल्कि उसे और उत्कर्ष प्रदान करने के पक्ष में है। स्वभावतः हिंदी में प्रगतिशील आंदोलन के दौर में जहां व्यक्तित्व को व्यक्तिवाद का पर्याय मानकर उस पर आक्रमण किया जा रहा था, वे साहित्य में व्यक्तित्व की स्थापना के लिए प्रयत्नशील थे। मार्क्स और एंगेल्स ने कहा था कि कम्युनिज्म में समाज की स्वतंत्र प्रगति का प्रतिमान होगा व्यक्ति की स्वतंत्र प्रगति। मुक्तिबोध इस सत्य से अच्छी तरह परिचित थे कि व्यक्तित्वविहीन व्यक्ति सत्वहीन होगा। वह नेता क्या, एक अच्छा कार्यकर्ता भी न हो सकेगा। इसीलिए शोधक के द्वंद्व को गलत ठहराते हुए वे कहते हैं :

> मेरा उसी से उन दिनों होता मिलन यदि
> तो व्यथा उसकी स्वयं जीकर
> बताता मैं उसे उसका *स्वयं* का मूल्य
> उसकी महत्ता!
> व उस महत्ता का
> हम सरीखों के लिए उपयोग,
> उस *आंतरिकता* का बताता मैं महत्व!!

उक्त पंक्तियां प्रगतिशील हिंदी कविता के इतिहास में स्वर्णाक्षरों में अंकित करने योग्य

हैं। इनमें 'महत्ता' शब्द का प्रयोग भी ध्यातव्य है। शोधक विश्व की ही 'महत्ता' मानता है, जबकि मुक्तिबोध व्यक्ति की 'महत्ता' का प्रतिपादन करते हैं। व्यक्तित्व का प्रत्येक व्यक्ति के लिए महत्व है, एक अच्छे समाजवादी के लिए शायद और अधिक, क्योंकि उसके अभाव में वह दुनिया को बदलने का काम नहीं कर सकता। जैसा कि संकेत किया जा चुका है, व्यक्तित्व का, निजस्वता का और आंतरिकता का आग्रह व्यक्तिवाद का आग्रह नहीं है। मुक्तिबोध के व्यक्तित्ववाद को समाजवाद-विरोधी कवियों का व्यक्तिवाद समझना गलत है। संकीर्णतावादी प्रगतिशील दौर में व्यक्तित्व को समाज के विरोध में खड़ा कर दिया गया था। मुक्तिबोध दोनों में न केवल अनिवार्य विरोध नहीं मानते, बल्कि दोनों को एक-दूसरे का सहायक मानते हैं। शोधक की 'ट्रैजेडी' यही थी कि वह भीतर और बाहर के, आत्म और विश्व के, संबंध को न समझकर उनके बीच के गलत संघर्ष में पिसता रहा :

> पिस गया वह भीतरी
> औ' बाहरी दो कठिन पाटों बीच,
> ऐसी ट्रैजेडी है नीच!!

एक बात की तरफ और मुक्तिबोध ने संकेत किया है। व्यक्तित्व के नवनिर्माण के लिए, सोचे हुए को कार्यरूप में परिणत करने के लिए, व्यवहार-क्षेत्र में उतरना, जन-संघर्षों में हिस्सा लेना, जरूरी है। तब शायद गलत किस्म के द्वंद्वों से भी छुटकारा मिल जाए। व्यवहार-क्षेत्र में ही चिंतन की सीमाएं प्रकट होती हैं और उसमें कर्मजनित अनुभव के नए आयाम जुड़ते हैं, साथ ही चिंतन से कर्म को गति और दिशा मिलती है। चिंतन और कार्य के बीच समीकरण स्थापित करने का यही मार्ग है, कोई अन्य नहीं। इसी तरह व्यवहार-क्षेत्र में उतरने पर ही पता चलता है कि एक समुदाय द्वारा जिस व्यक्तित्व को समाज का विरोधी माना जाता है, उसके बिना सामाजिक परिवर्तन की दिशा में सुचारु ढंग से एक पग भी नहीं बढ़ाया जा सकता। व्यक्तित्वविहीन व्यक्ति यंत्र की तरह होगा, जो न परिस्थितियों से प्रभावित हो सकेगा, न नई-नई परिस्थितियों में खुद रास्ता निकालकर उन्हें मनोनुकूल दिशा में निर्दिष्ट कर सकेगा। सबसे ऊपर यह कि वह मानवीय संवेदना से शून्य होगा, जिससे उसका कोई कार्य उचित न होगा। शोधक की 'ट्रैजेडी' का एक बड़ा कारण यह था कि 'वह कोठरी में.../ अपना गणित करता रहा / औ' मर गया', यानी वह नए व्यक्तित्व की आकांक्षा रखते हुए भी हमेशा जन-संघर्षों से दूर रहा। मुक्तिबोध में 'कर्मण्यता' या 'सकर्मकता' पर बहुत जोर है! 'गुंथे तुमसे, बिंधे तुमसे' शीर्षक कविता में वे श्रमिक वर्ग से कहते हैं : 'वेदना में हम विचारों की / गुंथे तुमसे, / बिंधे तुमसे, / व आवेष्टित परस्पर हो गए। *कर्मण्य*-क्षिप्रा-तीर पर!' 'अंधेरे में' का रक्तालोकस्नात पुरुष भी 'सकर्मक प्रेम की अतिशयता' है।

ओ काव्यात्मन् फणिधर' कविता में एक दार्शनिक आत्मा है, जो ब्रह्मराक्षस से पूरी समानता रखती है :

उन अंधकार-शाखाओं के पत्राच्छद में
छिपकर कोई
स्वर दबा सिसकती है
दार्शनिक एक आत्मा···
जब जीवित थी,
आचरणरहित सोचती रही
अकर्मक विवेक-*धी,*
'औ' उदरंभरि पल-क्षण-प्रसार में अटक गई
सारे अन्वय-व्यतिरेक प्रमा-उपपत्ति सहित!!

यह दार्शनिक आत्मा 'अंधेरे में' के कलाकार से भी मिलती है, जो 'कार्य-क्षमता से वंचित व्यक्तित्व / चलाता था अपना असंग अस्तित्व।'

2

'ब्रह्मराक्षस' कविता दो खंडों में बंटी हुई है। पहले खंड में कवि ने ब्रह्मराक्षस के प्रेतोचित व्यवहार का चित्रण किया है और दूसरे खंड में अपने पाठकों को उसकी 'ट्रैजेडी' से परिचित कराया है।

भूत-प्रेत के बारे में यह प्रसिद्ध है कि वे वीरान जगहों में रहते हैं, किसी पुराने वृक्ष पर, या फिर किसी परित्यक्त तालाब या मकान में। ब्रह्मराक्षस का निवास-स्थल शहर के बाहर के खंडहर की तरफ स्थित एक परित्यक्त तालाब है, जिसकी मुंडेर बंधी हुई है, यद्यपि वह एकाध जगह टूटी हुई है। उसी तालाब के वर्णन के साथ कविता शुरू होती है। तालाब बहुत गहरा है। उसकी अनेक सीढ़ियां ठहरे हुए जल में डूबी हुई हैं। जल की थाह नहीं ली गई, लेकिन उसे देखकर ऐसा लगता है कि वह अथाह है। कभी-कभी कोई बात समझ में नहीं आती, लेकिन इसका आभास मिल जाता है कि वह बहुत गहरी है। तालाब के जल के साथ भी कुछ ऐसा ही है। तालाब के चारों ओर गूलर के पेड़ हैं, चुपचाप खड़े। उनकी डालों से उल्लुओं के भूरे रंग के और गोलाकार घोंसले लटक रहे हैं। जैसे तालाब परित्यक्त है, वैसे ही ये घोंसले भी। इस तरह वहां का वातावरण बहुत भयावना है। मुक्तिबोध की कविताओं में ऐसे भयावने वातावरण का वर्णन प्रायः मिलता है। उदाहरण के लिए 'अंधेरे में' के वातावरण को ही देखा जा सकता है। रात का समय है, शहर में मार्शल लॉ लगा हुआ है और उसी में बैंडबाजे के साथ नीली रोशनी में फासिस्ट हुकूमत के समर्थकों का जुलूस बढ़ रहा है। इसके अलावा,

काव्य-नायक भाग रहा है और उसे मारने के लिए सैनिक उसका पीछा कर रहे हैं! भय का यह वातावरण आधुनिक समाज में व्याप्त भय को व्यंजित करता है, जिसके कई कारण हैं। बावड़ी या वापी का वर्णन अज्ञेय में भी है, लेकिन वहां भय नहीं, आनंद है, क्योंकि वे यथार्थवादी नहीं, रहस्यवादी कवि थे। यहां उनके संग्रह 'आंगन के पार द्वार' की एक कविता की ये पंक्तियां देखी जा सकती हैं : 'कितनी गहरी वापिका तुम्हारी, / कितनी लघु अंजली हमारी।' ताज्जुब नहीं कि हिंदी में मुक्तिबोध को अज्ञेय का 'एंटी-थीसिस' माना जाता है।

उस तालाब के इर्द-गिर्द एक बहुत अच्छी गंध आ रही है, जंगली, हरी और कच्ची, पिछले सौ पुण्यों के आभास की तरह। उससे यह संदेह होता है कि वह कोई अज्ञात श्रेष्ठता न हो, जो अतीत की वस्तु बन चुकी है, लेकिन जिसे दिल भुला नहीं पाता, उसमें वह हमेशा एक खटके की तरह लगी रहती है। मुक्तिबोध की विशेषता है कि संघर्ष और तनाव से भरी हुई उनकी कविता के बीच-बाच में सुंदर और मधुर स्थल भी मिलते हैं, जो उसका आकर्षण बहुत बढ़ा देते हैं। स्वतंत्र रूप से उन्होंने प्रकृति-वर्णन प्राय: नहीं किया, लेकिन यहां प्रकृति का एक बहुत ही सुंदर चित्र है :

बावड़ी की इन मुंडेरों पर
मनोहर हरी कुहनी टेक
बैठी है टगर
ले पुष्प-तारे श्वेत।

सफेद फूलों और हरी टहनियों वाले टगर का युवती के रूप में यह एक संश्लिष्ट चित्र है। लेकिन यह दृश्य तालाब की भयोत्पादक निर्जनता को बढ़ाता ही है, कम नहीं करता। टगर के पास ही कनेर के लाल फूलों का एक लहकता हुआ गुच्छा लटक रहा है। वह भी मन को बहुत आकर्षित करता है, लेकिन उधर खतरा है, मुंडेर टूटी हुई है। उससे तालाब का मुंह खुल गया है, वह आसमान की तरफ ताक रहा है। इस स्थिति में कनेर के लाल फूलों का गुच्छा खतरे का 'सिग्नल' बन जाता है। यहां भी अज्ञेय का एक चित्र याद आता है—'पार्क के किनारे पुष्पिताग्र कर्णिकार की आलोक-खची तन्वि रूपरेखा।' यह चित्र भी सुंदर है, लेकिन मुक्तिबोध का चित्र एक तरफ सुंदर है, तो दूसरी तरफ भयोत्पादक। यही सब देखकर एक आलोचक ने उनकी कविता को 'भयानक खबर की कविता' कहा है।

तालाब के गहरे जल में पैठकर ब्रह्मराक्षस स्नान करता रहता है। वह डुबकी लगाता है, जिससे भीतर जल गूंज उठता है। बाहर उसकी अनुगूंज सुनाई पड़ती है। उसके साथ बड़बड़ाहट के शब्द, जैसे कोई पागल बोल रहा हो। ब्रह्मराक्षस को भ्रम है कि उसका शरीर गंदा है। उसी को साफ करने के लिए वह लगातार रात-दिन, तालाब में अपनी देह रगड़ता रहता है। उसके हाथ के पंजे पानी में छपाछप करते हुए उसकी

बांहों, छाती और मुंह को साफ करने के लिए चलते रहते हैं, लेकिन उसे लगता है, मैल अभी छूटा नहीं। मुक्तिबोध ने यह भी लिखा है कि वह अपनी 'पाप-छाया' दूर करने के लिए स्नान करता है। यह देखकर डॉ. रामविलास शर्मा ने यह घोषित कर दिया है कि उन पर अस्तित्ववाद का प्रभाव था। कहते हैं, 'शहर से दूर खंडहर की तरफ परित्यक्त सूनी बावड़ी में एक ब्रह्मराक्षस रहता है। भीतर पागल की सी बड़बड़ाहट गूंजती रहती है। तन की मलिनता और 'पाप-छाया दूर करने के लिए' वह हाथ के पंजे देह पर दिन-रात घिसता है, फिर भी मैल दूर नहीं होता। अस्तित्ववाद के पितामह कीर्केगार्ड ने मनुष्य की भूलों, अपराध-भावना, *पाप-संबंधी चेतना,* आत्म-परिष्कार की तड़प, आत्मसंघर्ष द्वारा मुक्ति और ईश्वर-प्राप्ति की संभावना पर बड़ा बल दिया था।' (*नई कविता और अस्तित्ववाद,* पृ. 125) इस प्रसंग में ज्ञातव्य है कि 'पाप' नैतिक शब्द होते हुए भी मुक्तिबोध के लिए एक सामाजिक अर्थ देने वाला शब्द है, जिसका प्रयोग उन्होंने अपनी कविताओं में ही नहीं, अपनी कहानियों और लेखों में भी किया है। अपनी एक कविता में तो वे कहते भी हैं, 'नैतिक शब्दावलि? / मंदिर-अंतराल में भी श्वानों का सम्मेलन / तो आत्मा के संगम का प्रश्न नहीं उठता / यह है यथार्थ की चित्रावलि।' मतलब यह कि हालत इतनी खराब हो चुकी है, अब नैतिकता का प्रश्न ही कहां रह गया है, अब नैतिक शब्द भी यथार्थ के वाचक हो गए हैं! इसके अलावा ब्रह्मराक्षस के प्रसंग में 'पाप' शब्द के प्रयोग की संगति यह है कि ब्रह्मराक्षस एक धार्मिक मान्यता है, जिसके मूल में ब्राह्मण द्वारा किया गया पाप-कर्म है।

कहा जा चुका है कि ब्रह्मराक्षस चूंकि एक बुद्धिजीवी का प्रेत है, इसलिए जब वह स्नान कर रहा होता है, तो विचित्र प्रकार के स्तोत्र का पाठ करता है, क्रुद्ध होकर कोई मंत्र उच्चरित करता है, और मुंह से शुद्ध संस्कृत में धाराप्रवाह गालियां बकता है। उसके ललाट की रेखाओं को देखकर लगता है कि वे आलोचना की चमकती हुई रेखाएं हैं। वह अत्यंत क्षुब्ध जैसे ढेर सारी चीजों की आलोचना करता रहता है। वह चूंकि सामान्य मनुष्य नहीं, इसलिए तालाब से निकलता नहीं,उसमें लगातार नहाता ही रहता है। वह कोई उज्ज्वल भावनाओं और सुंदर संवेदनाओं वाला प्राणी नहीं। उसके 'प्राण में संवेदना है स्याह!!' मृत्यु के बाद प्रेत-योनि प्राप्त होने पर पूर्वोक्त शोधक की यह स्वाभाविक परिणति है। वह असामान्य है, विकृत है, किंबहुना वह प्रेत या पिशाच है। इसी से वह विचित्रतापूर्ण व्यवहार करता है। जब सूर्य की किरण तालाब के जल में डूबी दीवार पर तिरछे गिरती है और उसके तल तक पहुंच जाती है, तो उसे लगता है कि सूर्य ने उसकी श्रेष्ठता स्वीकार कर उसे नमस्कार किया है। इसी तरह कभी चांदनी अपना रास्ता भूलकर तालाब की दीवार से टकराती है, तो वह समझता है कि उसने भी उसे गुरु मानकर उसके आगे सिर झुकाया है। इस सबसे अत्यंत प्रसन्न वह आकाश को भी अपने चरणों पर विनत महसूस करता है। मुक्तिबोध में वस्तुतः स्वतंत्र रूप से प्रकृति के चित्र नहीं

आते, लेकिन प्रासंगिक रूप में ही आते हैं, तो अपनी पूरी शक्ति और सुंदरता के साथ। उदाहरणार्थ यहां आया हुआ यह चित्र, जो आंखों के आगे दृश्य को एकदम मूर्त कर देता है :

···गहरी बावड़ी
की भीतरी दीवार पर
तिरछी गिरी रवि-रश्मि
के उड़ते हुए परमाणु, जब
तल तक पहुंचते हैं कभी
तब ब्रह्मराक्षस समझता है, सूर्य ने
झुककर 'नमस्ते' कर दिया।

अपनी महानता के प्रति आश्वस्त हो जाने के बाद ब्रह्मराक्षस और वेग से उस काले और पुराने तालाब के गहरे और एकांत जल में डुबकियां लगाकर स्नान करने लगता है। उस क्रम में वह सुमेरी और बेविलोनी जनकथाओं से लेकर वैदिक ऋचाओं तक की, उस समय से लेकर आज तक के सूत्रों, छंदों,मंत्रों और प्रमेयों की तथा मार्क्स, एंगेल्स,रसेल और टॉएन्बी से लेकर हाइडेगर, स्पेंग्लर, सार्त्र और गांधी तक के सिद्धांतों की नई यानी मनमानी व्याख्या करता है। मानना पड़ेगा कि यह प्रेत वाकई ब्रह्मराक्षस है, यानी एक ज्ञानी बुद्धिजीवी का प्रेत, जिसने इतिहास, लोक-साहित्य, वेद-पुराण, शास्त्र, साहित्य, गणित, दर्शन और राजनीतिशास्त्र सब कुछ पढ़ रखा था।

ब्रह्मराक्षस तालाब में उसके जल को भीतर से हिलकोरता जो स्नान कर रहा है, उससे वह बहुत विक्षुब्ध हो उठा है। विक्षुब्ध तालाब का यह बहुत ही सशक्त चित्र मुक्तिबोध ने अंकित किया है, जो किसी हद तक ब्रह्मराक्षस की मानसिक स्थिति का भी सूचक हो सकता है :

···ये गरजती, गूंजती, आंदोलिता
गहराइयों से उठ रहीं ध्वनियां, अतः
उद्भ्रांत शब्दों के नए आवर्त में
हर शब्द निज प्रति-शब्द को भी काटता,
वह रूप अपने बिंब से ही जूझ
विकृताकार-कृति
है बन रहा,
ध्वनि लड़ रही अपनी प्रतिध्वनि से यहां।

'गरजती', 'गूंजती' और 'आंदोलिता'—जल की गहराइयों के ये विशेषण वर्ण्य वस्तु का बहुत ही सजीव चित्र उपस्थित करते हैं। गहराइयों से उठने वाले उद्भ्रांत शब्दों के

जो आवर्त बनते हैं, वे आपस में टकराते हैं। टकराने से वे और विकृत हो जाते हैं। इस तरह ध्वनि के अपनी ही प्रतिध्वनि से लड़ने से वहां एक विचित्र कोलाहल उत्पन्न हो रहा है।

कविता के पहले खंड के अंत में मुक्तिबोध कहते हैं कि उस कोलाहल को मुंडेर पर अपनी कुहनी टेके टगर के फूल सुन रहे हैं, करौंदी के फूल सुन रहे हैं, पुराना गूलर का पेड़ सुन रहा है। वह कोलाहल, वह ध्वनि-प्रतिध्वनि और उनका आपस में टकराव, वस्तुतः प्रतीकात्मक उपादान हैं, जिनके माध्यम से एक पागल, जिसका संबंध उस पुराने तालाब से है, अपनी 'ट्रैजेडी' बयान कर रहा है! कविता के दूसरे खंड में भी उन्होंने कहा है कि 'बावड़ी में वह स्वयं / पागल प्रतीकों में निरंतर कह रहा ....।'

कविता के दूसरे खंड में उक्त 'ट्रैजेडी' का ही वर्णन है। ब्रह्मराक्षस जब मनुष्य-योनि में था, शोधक के रूप में, तो जैसा कि कहा जा चुका है, बहुत परेशान था। सर्वप्रथम यहीं पर कवि ने उसके व्यक्तित्व की कल्पना एक प्रासाद के रूप में की है, जिसमें ऊंची और अंधेरी सीढ़ियां थीं। शोधक उन सीढ़ियों पर चढ़ता था और उतरता था, पुनः चढ़ता था और लुढ़क जाता था। जिससे उसके पैरों में मोच आ जाती थी और छाती पर अनेक घाव बन जाते थे। यह उसके भीतर चलने वाला तर्क-वितर्क था, जिसमें वह क्षत-विक्षत हो जाता था। मुक्तिबोध ने रूपकात्मक ढंग से इसका बहुत ही जीवंत वर्णन किया है :

खूब ऊंचा एक जीना सांवला
उसकी अंधेरी सीढ़ियां....
वे एक आभ्यंतर निराले लोक की।
एक चढ़ना औ' उतरना,
पुनः चढ़ना औ' लुढ़कना,
मोच पैरों में
व छाती पर अनेकों घाव।

पूंजीवादी व्यक्तित्व को पूर्णतः छोड़कर 'आदर्श' समाजवादी व्यक्तित्व प्राप्त करने के संघर्ष में थोड़ी सफलता और अधिक असफलता मिलना अनिवार्य था, क्योंकि शोधक के आदर्श अतिरेकवादी थे। वह चाहता था कि नैतिकता के भव्य और सूक्ष्म प्रतिमान उतने सुनिश्चित हों, जितनी ज्यामितिशास्त्र की संगतियां और गणित की बातें। यह संभव न था, क्योंकि वे प्रतिमान किसी हद तक आत्मचेतन अर्थात मनोगत भी होते हैं, जिससे विज्ञान जैसी वस्तुपरकता उनमें नहीं आ सकती। लेकिन मनुष्य यदि वैसे प्रतिमान प्राप्त करने के लिए अपने भीतर संघर्ष कर रहा है, तो भले उस संघर्ष में सफलता पाना आसान न हो, उसमें मिलने वाली पीड़ा का निश्चित रूप से महत्व है। इस संघर्ष-गाथा को 'मानवी अंतर्कथाएं' कहते हुए मुक्तिबोध ने कहा है :

····अतिरेकवादी पूर्णता
की वे व्यथाएं बहुत प्यारी हैं····
ज्यामितिक संगति-गणित
की दृष्टि से कृत
भव्य नैतिक मान
आत्मचेतन सूक्ष्म नैतिक्र भान····
····अतिरेकवादी पूर्णता की तुष्टि करना
कब रहा आसान
मानवी अंतर्कथाएं बहुत प्यारी हैं!!

लक्ष्य करने योग्य यह है कि शोधक के संघर्ष को गलत मानते हुए भी मुक्तिबोध उसके उद्देश्य की सराहना करते हैं और कहते हैं कि इसी तरह के संघर्ष करते हुए मानव-संस्कृति आगे बढ़ती रही है। इसीलिए मनुष्य के भीतरी संघर्ष की यह गाथा उन्हें प्रिय प्रतीत होती है : 'मानवी अंतर्कथाएं बहुत प्यारी हैं!!' शोधक का संघर्ष विकट था। उसे एक पल चैन न था। सूर्योदय उसे ऐसा लगता था, जैसे चिंता की रक्त-धारा प्रवाहित हो उठी हो; चंद्रमा उसे राहत देता था, जैसे वह उसके जख्मों पर सफेद पट्टियां बांध देता था।

जैसा कि अभी संकेत किया गया है, शोधक के संघर्ष के प्रति मुक्तिबोध प्रशंसा का भाव रखते हैं और उसके अतिरेकवादी होने, आत्म और विश्व तथा भीतर और बाहर के संबंध की गलत समझ रखने तथा व्यवहार-क्षेत्र से दूर रहने के बावजूद उसका उपहास नहीं करते, बहुत ममता और पीड़ा के साथ उसकी मृत्यु पर कहते हैं :

वह सघन झाड़ी के कंटीले
तम-विवर में
मरे पक्षी-सा
बिदा ही हो गया
वह ज्योति अनजानी सदा को सो गई

यहां 'तम-विवर' ऊपर आए 'कोठरी' का पर्याय है। शोधक इस दुनिया से चला गया, उसे किसी ने नहीं जाना, उसके संघर्ष से कोई परिचित न हुआ, क्योंकि वह अपने कमरे से कभी बाहर नहीं आया। वह एक 'ज्योति' थी, जो सदा के लिए विलीन हो गई! लेकिन इससे भी महत्वपूर्ण मुक्तिबोध द्वारा उठाया गया यह प्रश्न है, जो वे पाठकों के भीतर उत्पन्न करना चाहते हैं :

यह क्यों हुआ!
क्यों यह हुआ!!

कहने की आवश्यकता नहीं कि कविता के दूसरे खंड में इस प्रश्न का ठिकाने से उत्तर दिया गया है और वही उत्तर इस कविता का संदेश है।

कविता के अंत में मुक्तिबोध ने कुछ लोगों के लिए यह और चौंकाने वाली बात कही है :

मैं ब्रह्मराक्षस का सजल-उर शिष्य
होना चाहता
जिससे कि उसका वह अधूरा कार्य,
उसकी वेदना का स्रोत
संगत, पूर्ण निष्कर्षों तलक
पहुंचा सकूं।

इस उद्धरण का एक-एक शब्द सार्थक है। कवि ब्रह्मराक्षस का शिष्य होना चाहता है, उसी की तरह करुणा से आप्लावित, क्योंकि शोधक का लक्ष्य अपने को समाज के लिए पूर्णतः अर्पित कर देना था, और उसके अधूरे कार्य को युक्तिसंगत परिणति तक ले जाना चाहता है। कहना आवश्यक नहीं है कि उसका वह अधूरा कार्य था समाजवादी आदर्शों के अनुरूप व्यक्तित्व का निर्माण। कवि समझदारी के साथ इस कार्य को पूरा करना चाहता है, अपने व्यक्तित्व को वैसा बनाकर। वह यह भी कहता है कि शोधक को अपनी गलतियों के कारण अपने उद्देश्य में जो सफलता नहीं मिली, उसका कार्य जो अधूरा रह गया, उसी से वह मरने के बाद ब्रह्मराक्षस हुआ; उसका अधूरा कार्य ही उसकी संपूर्ण वेदना का स्रोत था, जिससे मनुष्य-योनि में वह बेचैन रहा करता था।

'ब्रह्मराक्षस का शिष्य' शीर्षक से मुक्तिबोध की एक कहानी भी है। इसमें ब्रह्मराक्षस का पाप यह है कि जब वह मनुष्य-योनि में था, उसने अपने द्वारा अर्जित ज्ञान को अपने तक ही सीमित रखा। इसी से मरने के बाद वह प्रेत हुआ। अब अपने शिष्य से वह कहता है, 'अपने मानव-जीवन में मैंने विश्व की समस्त विद्या को मथ डाला, किंतु दुर्भाग्य से कोई योग्य शिष्य नहीं मिल पाया कि जिसे मैं समस्त ज्ञान दे पाता। इसीलिए मेरी आत्मा इस संसार में अटकी रह गई और मैं ब्रह्मराक्षस के रूप में यहां विराजमान रहा।' पुनः 'तुमने मेरा ज्ञान प्राप्त कर मेरी आत्मा को मुक्ति दिला दी। ज्ञान का लाया हुआ उत्तरदायित्व मैंने पूरा किया। अब मेरा यह उत्तरदायित्व तुम पर आ गया। जब तक मेरा दिया हुआ तुम किसी और को न दोगे तब तक तुम्हारी मुक्ति नहीं।' कविता में भी अपने को समाज के लिए उत्सर्ग करने की बात है, यहां भी। वैसा न करना ही पाप है, जो मरने के बाद मनुष्य के ब्रह्मराक्षस होने का कारण है। कविता जटिल है, क्योंकि उसमें नए व्यक्तित्व की उपलब्धि से जुड़ी और भी बातें हैं, कहानी सरल, क्योंकि मुक्तिबोध ने वह किशोरों के लिए लिखी थी और वह सर्वप्रथम एक बालोपयोगी पत्रिका में छपी थी। उनके कहानी-संग्रह 'काठ का सपना' की भूमिका में श्रीकांत वर्मा

ने कहा है कि मुक्तिबोध स्वयं ही 'ब्रह्मराक्षस' थे और स्वयं ही 'ब्रह्मराक्षस' का शिष्य भी। अपनी एक अधूरी डायरी में स्वयं मुक्तिबोध ने भी लिखा है कि 'मैं ब्रह्मराक्षस हूं। अनादि काल से चला आया वह ब्रह्मराक्षस, जिसने हमेशा सही करने की कोशिश की और गलती करता चला गया।' उनका ब्रह्मराक्षस और उसका शिष्य एक साथ दोनों होना और पूर्णता से उनके तर्क-वितर्क, अंतर्द्वंद्व और आत्मसंघर्ष को सामने लाता है, प्रगतिशील मध्यवर्गीय बुद्धिजीवियों के तर्क-वितर्क, अंतर्द्वंद्व और आत्मसंघर्ष के साथ।

3

जैसा कि आरंभ में ही कहा गया है, 'ब्रह्मराक्षस' एक फैंटेसी है। फैंटेसी का इस्तेमाल पुराकथाओं, लोककथाओं और साहित्य में भी काफी मात्रा में हुआ है। एक विद्वान के अनुसार तो पूरा धर्म फैंटेसी है। ऐसी स्थिति में मुक्तिबोध ने अपनी कविताओं में धीरे-धीरे फैंटेसी के सहारे लिखना शुरू किया, तो उसमें चौंकने की कोई बात नहीं थी। लेकिन आलोचकों ने उनका विरोध तक किया। कारण यह कि वे घोषित रूप से मार्क्सवादी कवि थे। उस समय आम धारणा यह थी कि साहित्य में मार्क्सवादी होने का मतलब यथार्थवादी होना है और यथार्थवाद की एक ही शैली है—इतिवृत्तात्मक, यानी दुनिया जिस रूप में है, उसी रूप में उसका चित्रण किया जाए, उसे साहित्य में लाकर बदल न दिया जाए। मुक्तिबोध के पहले प्रगतिशील साहित्य में 'यथार्थवाद' की विजय-पताका फहरा चुकी थी। ऐसी स्थिति में उनसे अपेक्षा यह थी कि वे अपनी कविता में उसी का विकास करते, न कि कल्पना के आकाश में ऐसी ऊंची और तर्कहीन उड़ान भरते! यह बात अब जाकर अच्छी तरह से स्पष्ट हुई है कि यथार्थवाद एक पद्धति है, जैसे क्लासिसिज्म और रोमांटिसिज्म, शैली नहीं, इसलिए उसकी अनेक शैलियां हो सकती हैं—इतिवृत्तात्मक से लेकर पूर्णतः फैंटास्टिक तक।

अपनी कविताओं में मुक्तिबोध ने फैंटेसी का इस्तेमाल कई रूपों में किया है। कहीं उसका स्पर्श हलका है, कहीं बहुत गहरा। कभी कोई कविता पूरी फैंटेसी होती है, कभी सिर्फ उसके अंत में कवि उस पर फैंटेसी की एक कूंची फेर देता है। 'ब्रह्मराक्षस' और 'अंधेरे में' इन दोनों कविताओं में फैंटेसी के दो रूप देखने को मिलते हैं। फैंटेसी वह तर्कहीन कल्पना है, जो सबसे ज्यादा स्वप्न से मिलती है। 'अंधेरे में' की फैंटेसी ऐसी ही है। उसमें कविता की घटनाएं व्यावहारिक तर्क से परे जाकर घटती हैं, जिससे सब कुछ जादुई लगता है, यद्यपि गहराई में उसमें विचार और तर्क की पद्धति बहुत सजग रूप से क्रियाशील रहती है। यह सृजनात्मक फैंटेसी की विशेषता है। 'ब्रह्मराक्षस' की फैंटेसी बहुत कुछ रूपात्मक है। इसमें एक प्रगतिशील मध्यवर्गीय बुद्धिजीवी को ब्रह्मराक्षस का रूप दिया गया है और अंत तक उसका निर्वाह किया गया है। स्वभावतः

इससे इसे समझना सरल हो गया है। इसके पहले खंड में ब्रह्मराक्षस के प्रेतोचित व्यवहार का वर्णन है और दूसरे खंड में उसकी 'ट्रैजेडी' का। इससे कविता में घटनाओं के अप्रत्याशित मोड़ नहीं आते और उसका वातावरण उतना 'स्वप्निल' नहीं बन पाता, जितना स्वप्निल मुक्तिबोध की अन्य लंबी कविताओं, यथा 'भविष्यधारा', 'चंबल की घाटी में' या फिर 'अंधेरे में' का वातावरण है।

जैसा कि कहा जा चुका है, 'ब्रह्मराक्षस' शीर्षक यह कविता आकार में अपेक्षाकृत छोटी होते हुए भी प्रकार में लंबी कविता ही है। मुक्तिबोध ने लिखा है कि जो कविता आवेशमूलक होती है, वह एक बार अपने को प्रकट करके समाप्त हो जाती है, लेकिन जिसमें कवि आवेश के कारण और फिर उस कारण के कारण की तलाश करने लगता है, वह उस तरह से समाप्त नहीं होती, बल्कि उसे समाप्त करना कवि के लिए एक समस्या होती है। मुक्तिबोध की कविताएं इस कारण लंबी हो जाती थीं कि उनमें वे कार्य-कारण की पूरी शृंखला को प्रस्तुत करना चाहते थे। 'ब्रह्मराक्षस' में पहले ब्रह्मराक्षस के व्यवहार का वर्णन है, फिर उसके उस 'पाप' का, जिसके कारण उसे प्रेत-योनि प्राप्त हुई। इस क्रम में उन्होंने यह भी बतलाया है कि पाप का भागी वह किस कारण से बना। फिर उस कारण के कारण और उसके भी कारण की ओर संकेत है। अंत में कवि यह भी बतलाता है कि वह उस ब्रह्मराक्षस का शिष्य क्यों बनना चाहता है। स्पष्टत; इसी कार्य-कारण-संबध को उपस्थित करने के क्रम में यह कविता बढ़ती चली गई है। लेकिन यह संबंध तर्कशास्त्र का ठोस हेतुवाद नहीं, क्योंकि अंततः यह बहुत कुछ भावात्मक वा अमूर्त रूप में प्रस्तुत किया गया है। मुक्तिबोध के शब्दों में इस कविता के कथा-तत्व को भी 'भाव का इतिहास' कहना ही उपयुक्त होगा।

इस कविता का सौंदर्य इसके विचारप्रधान होने में है। निराला की कविता ज्ञानगर्भित है। 'राम की शक्तिपूजा' को ही लें, तो उनके पास पुराण, योग और दर्शन का अच्छा ज्ञान था, जिसका वे कविता में यथास्थान उपयोग करते थे। मुक्तिबोध के पास एक विचार या विचारधारा थी, जिसे वे कविता में रूपांतरित कर देते थे, इस कौशल के साथ कि उसमें कुछ भी आरोपित नहीं प्रतीत होता था, बल्कि घटना से ही विचार या विचारधारा फूटती हुई लगती थी। उन्होंने लिखा भी है कि बाहरी विचारधारा कवि के लिए कभी-कभी आत्मविस्तार के रूप में दिखलाई पड़ती है। ऐसी स्थिति में यदि वह विचार को कविता का रूप देता है, तो उसमें सब कुछ आंतरिक होता है, कुछ भी आरोपित नहीं। ब्रह्मराक्षस का प्रेतोचित व्यवहार और शोधक का आत्मसंघर्ष इन दोनों का चित्रण जिस सफलता से किया गया है, उससे इस कविता की घटना कतई गढ़ंत नहीं प्रतीत होती। इसका एक बड़ा कारण यह है कि उक्त आत्मसंघर्ष मुक्तिबोध का अपना आत्मसंघर्ष भी है, जिसने सृजनात्मक क्षणों में अत्यंत स्वाभाविक रूप से एक फैंटेसी का रूप धारण कर लिया। उनकी सफलता अपने आत्मसंघर्ष का उसके द्वारा असामान्यीकरण कर,

उसे अजनबी बनाकर, पुनः उसका सामान्यीकरण कर देना है, जिससे वह सामान्य प्रगतिशील मध्यवर्गीय बुद्धिजीवी की गाथा बन जाता है। यथार्थ का फैंटेसी के रूप में और ठीक उसी तरह फैंटेसी का बिलकुल यथार्थ के रूप में चित्रण कर उन्होंने यथार्थ और फैंटेसी दोनों की प्रभावोत्पादकता बहुत बढ़ा दी है।

निराला की कविता भी ग्रंथिल है और मुक्तिबोध की भी। दोनों कवि थोड़े शब्दों में बहुत ज्यादा कहना चाहते हैं, जिससे उनकी अभिव्यक्ति गूढ़ हो जाती है। दोनों की तुलना करने पर यह पता चलता है कि निराला की गूढ़ता प्रायः जहां शब्द-सापेक्ष है, वहां मुक्तिबोध की अर्थ-सापेक्ष। निराला में शब्दों का सही पारस्परिक संबंध स्थापित करने की समस्या है और मुक्तिबोध में प्रायः गहन अर्थ का सूत्र पकड़ने और जोड़ने की। 'बुरे-अच्छे-बीच', 'अच्छे व उससे अधिक अच्छे-बीच', 'अतिरेकवादी पूर्णता', 'ज्यामितिक संगति-गणित की दृष्टि से कृत', 'भाव-संगत तर्क-संगत कार्य-सामंजस्य-योजित समीकरणों का गणित', 'धन-अभिभूत अंतःकरण', 'सत्य की झाईं', 'महत्ता', 'आंतरिकता', 'भीतरी और बाहरी पाट', 'कोठरी', 'तम-विवर', 'सजल-उर', 'अधूरा कार्य' और 'संगत', 'पूर्ण निष्कर्ष' ये सब शब्द न होकर अवधारणाएं हैं, जिन्हें समझे बगैर मुक्तिबोध की कविता को नहीं समझा जा सकता। इनकी व्याख्या मुक्तिबोध के शेष साहित्य में मिलती है और फिर उसकी भी व्याख्या उस विश्व-दृष्टि में, जिसे अपने अनुभव के आलोक में उन्होंने अपने ढंग से आत्मसात किया था।

मुक्तिबोध को आत्मसंघर्ष का कवि कहा जाता है। समग्र रूप में वे आत्मसंघर्ष के कवि नहीं हैं, सामाजिक संघर्ष के कवि हैं और उनका आत्मसंघर्ष मूलतः उसी की छाया है,उनमें व्यक्ति का आत्मसंघर्ष भी उसके वर्ग के आत्मसंघर्ष को अभिव्यक्त करता है, लेकिन यह सही है कि उनकी अनेक कविताओं में आत्मसंघर्ष बहुत उत्कट रूप में दिखलाई पड़ता है। लेकिन प्रत्येक कविता में आत्मसंघर्ष का अलग-अलग पहलू प्रकट हुआ है। 'अंधेरे में' कविता में आत्मसंघर्ष मध्यवर्गीय संस्कारों और श्रमिक वर्ग से तादात्म्य की आकांक्षा को लेकर है, लेकिन 'ब्रह्मराक्षस' में अपने व्यक्तित्व को अतिरेकवादी पूर्णता देने के लिए 'अच्छे व उससे अधिक अच्छे' को लेकर, जिसमें आत्मचेतना और विश्वचेतना, भीतर और बाहर के बीच का संघर्ष भी शामिल है।

'ब्रह्मराक्षस' रोमांटिक बेचैनी और तड़प से भरी हुई एक विचारगर्भित कविता है, जो मुक्तिबोध की कविताओं में 'अंधेरे में' की तरह ही 'क्लासिक' बन चुकी है।

11. भूल-गलती

'भूल-गलती' मुक्तिबोध की आखिरी दौर की कविताओं में से है। यह उनकी एक उल्लेखनीय कविता है इसका पता कई बातों से चलता है। यह 'कल्पना' के अप्रैल 1964 के अंक में प्रकाशित हुई थी और 'चांद का मुंह टेढ़ा है' की पहली कविता है। 'पूर्वग्रह' के प्रकाशन का एक दशक पूरा होने पर उसका एक विशेषांक (63-64) निकला था, जिसमें अलग-अलग लेखकों ने अलग-अलग कवियों की एक-एक कविता की व्याख्या की थी। अशोक वाजपेयी ने व्याख्या के लिए जो कविता चुनी थी, वह मुक्तिबोध की यही कविता थी—'भूल-गलती'। इधर एक अन्य लेखक की 'कविता का दूसरा पाठ' नामक पुस्तक मेरे देखने में आई है। आलोचनात्मक लेखों के इस संग्रह का पहला लेख 'भूल-गलती' पर ही है। इसके अलावा डा. रामविलास शर्मा ने भी मुक्तिबोध के पुनर्मूल्यांकन के क्रम में यथास्थान इस कविता का हवाला दिया है। इस सबसे इस कविता का महत्व अच्छी तरह सिद्ध है।

अशोक वाजपेयी ने चीनी आक्रमण से इस कविता को जोड़ा है और उसी को आधार मानकर इसकी व्याख्या की है। कहते हैं, 'चीनी आक्रमण ने भारतीय मन:स्थिति में पराजय और बेचारगी ला दी थी। यह कविता प्रकारांतर से 'भूल-गलती' के केंद्र में होने को पहचानती है। उसका परिवेश किंकर्तव्यविमूढ़ता में बंदी और स्तब्ध होने का है। लेकिन मुक्तिबोध बेचारगी का शिकार होने से बचते हैं और उन्हें मुक्ति की नई राह की पूरी आशा है। यह निराधार आशा नहीं है—उसके साथ निर्मम वस्तुपरक आकलन भी अपनी स्थिति का है।' जिस अन्य लेखक की ओर ऊपर संकेत किया गया है, उसके अनुसार इस कविता में सुलतान, दरबार आदि का जो वर्णन है, वह एक रूपक है। उसका कहना है : 'स्वयं कवि ने ही इस रूपक के दूसरे स्तर के अर्थ को अपनी कविता की संरचना में ही खोल दिया है अर्थात हमारा लोकतंत्र आज भी सामंती दरबार से भिन्न नहीं जिसमें हमारी भूल-गलती ही हमारे दिल के तख्त पर बैठी हुई है।' इस व्याख्या में चीनी आक्रमण का संदर्भ गायब है!

यह सही है कि मुक्तिबोध प्रखर राजनीतिक चेतनासंपन्न कवि थे, लेकिन उनकी कविता का मुख्य विषय शिक्षित मध्यवर्ग था। सचेत मध्यवर्गीय व्यक्ति का आत्मसंघर्ष, जिसमें उनका अपना आत्मसंघर्ष भी शामिल था, उनकी कविताओं में अनेक रूपों में प्रकट हुआ है। उदाहरण के लिए 'अंधेरे में' में आत्मसंघर्ष मध्यवर्गीय संस्कारों और सर्वहारा-चेतना के बीच है, तो 'ब्रह्मराक्षस' में व्यक्ति और समाज, आत्म और विश्व

तथा भीतर और बाहर के बीच। 'भूल-गलती' में, जो कि अपेक्षाकृत एक छोटी कविता है, आत्मसंघर्ष ईमानदारी और खुदगर्जी के बीच है। इस दृष्टि से पहली कविता जहां राजनीतिक है और दूसरी वैचारिक, वहां यह कविता एक नैतिक कविता है।

'भूल-गलती'—यह उसी प्रकार का शब्द है, जिस प्रकार के मुक्तिबोध द्वारा प्रयुक्त 'खाक-धूल', 'लाभ-लोभ' आदि शब्द। यों 'कल्पना' में प्रकाशित पाठ में दोनों शब्दों के बीच पूरी सावधानी के साथ योजक-चिह्न की जगह निर्देशक-चिह्न का प्रयोग किया गया है। 'भूल-गलती' से कवि का आशय मध्यवर्गीय व्यक्ति की उस प्रवृत्ति से है, जिससे प्रेरित होकर वह व्यक्तिगत हित-सिद्धि के लिए सच्चाई और ईमानदारी को तिलांजलि देकर नाना प्रकार के समझौते करता है। कविता में एक जगह 'बख्तरबंद समझौते' ये शब्द आए भी हैं। मुक्तिबोध ने इसमें मध्यवर्गीय व्यक्ति के आत्मसंघर्ष को बहुत-ही नाटकीय बनाकर उपस्थित किया है। भूल-गलती को उन्होंने सुलतान का रूप प्रदान किया है और ईमान को एक विद्रोही का, जो कि बंदी बनाकर बुरे हाल में सुलतान के सामने पेश किया जाता है। विद्वानों ने यह सवाल उठाया है कि सुलतान और उसके दरबार का रूपक इस कविता में क्यों? उनके अनुसार उसके द्वारा मुक्तिबोध वर्तमान सत्ता की अमानवीयता और क्रूरता का चित्रण करना चाहते थे। वास्तविकता यह है कि इस कविता में उनका ध्यान राजनीतिक सत्ता पर कतई नहीं है। वे उक्त रूपक के द्वारा केवल यह दिखलाना चाहते हैं कि व्यक्तिगत स्वार्थ-भावना एक बहुत ही ताकतवर चीज होती है। उसके लिए न सच्चाई का कोई मतलब होता है, न किसी कोमल मानवीय भावना का। ऐसी शक्तिशाली और अमानवीय भावना को अपने जुल्मों के लिए इतिहास में प्रसिद्ध कोई सुलतान ही मूर्त कर सकता था।

मुक्तिबोध की खूबी है कि वे कविता में कोई रूपक या फैंटेसी खड़ी करते हैं, तो उसका अर्थ भी बतलाते चलते हैं। इस कविता के आरंभ में ही वे कहते हैं :

> भूल-गलती
> आज बैठी है जिरहबख्तर पहनकर
> तख्त पर दिल के;
> चमकते हैं खड़े हथियार उसके दूर तक,
> आंखें चिलकती हैं नुकीले तेज पत्थर-सी;
> खड़ी हैं सिर झुकाए
> सब कतारें
>   बेजुबां बेबस सलाम में,
> अनगिनत खंभों व मेहराबों-थमे
>   दरबारे-आम में।

सुलतान कौन है? इससे साफ बात और क्या होगी कि वह हमारी ही यानी मध्यवर्गीय

व्यक्तियों की ही स्वार्थ-भावना है, जो सुरक्षा-कवच धारण कर हमारे दिल के तख्त पर आसीन है ! यह सुलतान बाजाप्ता सुलतान है, बहुत ही ताकतवर, बहुत ही आतंककारी। उसकी आंखों में घायल कर देने वाले तेज नुकीले पत्थरों सी चमक है और उसके दरबार में शस्त्र धारण किए हुए सैनिक दूर तक खड़े हैं। आगे इन सैनिकों का अर्थ भी कवि ने स्पष्ट कर दिया है : 'कतारों में खड़े खुदगर्ज बा-हथियार / बख्तरबंद समझौते'। दरबार में जितने भी लोग हैं, सभी पंक्तिबद्ध, अपने पांवों पर, मूक, विवश और बंदगी में नतमस्तक। यह दरबारे-आम है, जो अनेक खंभों और मेहराबों पर टिका हुआ है। ईमानदारी और सच्चाई के रास्ते से हटाकर व्यक्तिगत लाभ-लोभ में समझौते के लिए प्रेरित करने वाली मध्यवर्गीय व्यक्ति के भीतर स्थित स्वार्थ-भावना का यह रोब देखते ही बनता है !

कहा जा चुका है कि यह कविता भी आत्मसंघर्ष की कविता है। इस कारण इसमें केवल खुदगर्जी का आतंक नहीं है, न ही सिर्फ समझौतापरस्ती की शर्मनाक स्थिति का वर्णन। मध्यवर्गीय व्यक्ति आत्मसंघर्ष में पड़ा है। उसके भीतर ईमानदारी की भावना भी है, जो खुदगर्ज होने और समझौता करने से इनकार करती है। स्वभावत: इसके चलते उसे दंडित होना पड़ता है। भूल-गलतीरूपी सुलतान से बगावत करने के जुर्म में उसे गिरफ्तार किया जाता है, उस पर निर्ममतापूर्ण प्रहार करके उसे जख्मी बना दिया जाता है। लेकिन उसके बाद भी वह सुलतान की अधीनता स्वीकार करने को तैयार नहीं। वह सुलतान के सामने खड़ा है, लेकिन जरा भी अदब नहीं दिखलाता। उसके चेहरे पर उसके भीतर का बेचैनी से भरा विद्रोहपूर्ण भाव कांप-कांप उठता है। और तो और, वह सुलतान की निगाहों में अपनी निगाहें डालता है, उनसे बेखौफ और खामोश नीली लपटें फेंकता हुआ। जाहिर है कि इस विद्रोह-भावना का साथ वे भावनाएं नहीं देंगी, जो व्यक्ति को सुख-सुविधा और पद-प्रतिष्ठा की ओर ले जाने वाली हैं। यह सब वर्णन मुक्तिबोध ने कविता के दूसरे बंद में किया है :

सामने
बेचैन घावों को अजब तिरछी लकीरों से कटा
चेहरा
कि जिस पर कांप
दिल की भाफ उठती है....
पहने हथकड़ी वह एक ऊंचा कद,
समूचे जिस्म पर लत्तर,
झलकते लाल लंबे दाग
बहते खून के।
वह कैद कर लाया गया ईमान....

सुलतानी निगाहों में निगाहें डालता,
बेखौफ नीली बिजलियों को फेंकता
खामोश!!
सब खामोश
मनसबदार,
शायर और सूफी,
अलगजाली, इब्ने सिन्ना, अलबरूनी,
आलिमो फाजिल, सिपहसालार, सब सरदार
हैं खामोश!!

यहां भी मुक्तिबोध ने बतला दिया है कि जिस बागी को हथकड़ियां पहनाकर दरबार में हाजिर किया गया है, वह कोई व्यक्ति नहीं, बल्कि एक भावना है—'वह कैद कर लाया गया ईमान'। जैसे पहले बंद में आतंककारी सुलतान और उसके दरबार का वर्णन बहुत सशक्त है, वैसे ही इस बंद में ईमानरूपी विद्रोही का। 'दिल की भाफ'—विवश आक्रोश से भरे भाव के लिए यह बहुत ही सटीक अभिव्यक्ति है। इसी तरह उसका चेहरे पर कांप उठना भी। निगाहों से बेखौफ और खामोश नीली बिजलियां फेंकना—यह अभिव्यक्ति तो ऐसी है कि लगता है, तनाव के कारण भाषा की झिल्ली फट जाएगी। इस वर्णन में एक भव्यता है, क्योंकि यह एक विद्रोही का वर्णन है। अधिकारी, कवि, संत, दार्शनिक, ज्योतिषी, यात्री, विद्वान, सेनापति और सरदार ये सभी मन की सुविधाभोगी और समझौतावादी वृत्तियां हैं जो विद्रोह-भावना का साथ नहीं देतीं; जब वह सिर उठाती है, संघर्ष में क्षत-विक्षत हो जाती है, वे चुप रह जाती हैं। मुक्तिबोध ने जब सुलतान और उसके दरबार का चित्र खींचा है, तो उसी के अनुरूप मध्ययुग के अलगजाली, इब्ने सिन्ना और अलबरूनी जैसे दार्शनिक, ज्योतिषी और यात्री का भी संकेत गर्भित उल्लेख किया है। इस दृष्टि से कविता का यह अंश 'अंधेरे में' के 'सब चुप, साहित्यिक चुप और कविजन निर्वाक / चिंतक, शिल्पकार, नर्तक चुप हैं' वाले अंश से तुलनीय नहीं हो सकता, क्योंकि वह वर्णन यथार्थ है, प्रतीकात्मक नहीं। यहां पुनः यह कहने की जरूरत नहीं होनी चाहिए कि यह दो भावनाओं के बीच का संघर्ष है, जो मध्यवर्गीय व्यक्ति के मन के भीतर चल रहा है और मुक्तिबोध ने उसे अधिकाधिक मूर्त बनाने के लिए इस कविता में नाटकीय रूप में प्रस्तुत किया है। चूंकि प्रश्न मध्यवर्गीय व्यक्ति का है, इसलिए यह संघर्ष परिवेशनिरपेक्ष कोई आध्यात्मिक संघर्ष नहीं। इस कारण इसका संबंध सिर्फ भीतर से नहीं, बाहर से भी है।

ईमान विद्रोह करने पर इसलिए उतारू हो गया है कि उसे सुख-सुविधाओं के लिए कोई शर्मनाक शर्त स्वीकार नहीं। वह सिर ऊंचा किए हठपूर्वक वैसी हर शर्त को अस्वीकार करता है। वह स्वतंत्र है, किसी और का उस पर नियंत्रण नहीं। ईमानदारी से

जीवन बिताने की इच्छा रखने वाला उत्साही व्यक्ति ऐसा ही हो सकता है, समझौते से दूर, अपने मूल्यों पर अडिग, अपना मालिक आप। यहां मुक्तिबोध ने जो खास बात कही है, वह यह कि केवल ईमानदारी से भूल-गलती या स्वार्थ-भावना को पराजित नहीं किया जा सकता। ईमानदारी का उत्साह या जोश देखकर यदि कोई व्यक्ति सोचता है कि भूल-गलती रूपी सुलतान की सल्तनत अब खत्म होने वाली है, उसका कवच अब उसकी रक्षा नहीं कर सकेगा, वह रेत का ढेर भर बचा है और उसके आतंक में अब जोर नहीं, तो उसका ऐसा सोचना गलत है। इसका प्रमाण पूरा वर्तमान काल है, जो कि उससे त्रस्त है। भूल-गलती की रक्षा करने वाली हमारी कमजोरियां हैं, जिन्हें खत्म करने के लिए ईमानदारी के अलावा कोई और चीज भी चाहिए। हमारी कमजोरियां—हमारी शिथिलता और ढिलाई—हमारी खुदगर्जी को बहुत खूंखार बना देती हैं। यहां 'अंधेरे में' की ये पंक्तियां भी स्मरणीय हैं—'....भयानक खड्डे के अंधेरे में आहत / और क्षत-विक्षत, मैं पड़ा हुआ हूं, / शक्ति ही नहीं है कि उठ सकूं जरा भी / (यह भी तो सही है कि / *कमजोरियों* से ही मोह है मुझको)'। खुदगर्जी न सच्चाई की आंखें निकालने से हिचकती है, न कोमल मानवीय भावनाओं का गला घोंटने से। वह हमें घेरकर हमारी सभी उच्च भावनाओं को नष्ट कर हमें बेबुनियाद बना डालती है, जैसे हमारा सिर और पैर दोनों काट डाले हों। हम सभी इस खुदगर्जी के ऐश्वर्य के बंदी हैं, उसके शाही महल के कैदी। कविता के तीसरे बंद में मुक्तिबोध ने यही कहा है:

नामंजूर,
उसको जिंदगी की शर्म की-सी शर्त
नामंजूर,
हठ इनकार का सिर तान.... खुद-मुखतार।
कोई सोचता उस वक्त—
छाए जा रहे हैं सल्तनत पर घने साए स्याह,
सुलतानी जिरहबख्तर बना है सिर्फ मिट्टी का,
वो-रेत का-सा ढेर-शाहंशाह,
शाही धाक का अब सिर्फ सन्नाटा!!
(लेकिन, ना,
जमाना सांप का काटा)
भूल (आलमगीर)
मेरी आपकी कमजोरियों के स्याह
लोहे का जिरहबख्तर पहन, खूंख्वार
हां, खूंख्वार आलीजाह;
वो आंखें सचाई की निकाले डालता,
सब बस्तियां दिल की उजाड़े डालता,

करता हमें वह घेर,
बेबुनियाद, बेसिर-पैर...
हम सब कैद हैं उसके चमकते ताम-झाम में,
शाही मुकाम में!!

इस कविता पर लिखने वाले लेखकों ने प्राय: 'भूल-गलती' को मध्यवर्गीय व्यक्ति के भीतर से हटाकर उसे सत्ताधारी का प्रतीक बना दिया है। इससे एक सरल कविता उलझ गई है। उपर्युक्त उद्धरण में 'भूल' शब्द आया है। यह उसी अर्थ में प्रयुक्त है, जिस अर्थ में 'चंबल की घाटी में' कविता की इन पंक्तियों में :

सदियों की खून-रंगी *भूलों* के
किस्सों का किस्सा,
मेरी अंतरात्मा का अंश,
मेरी जिंदगी का हिस्सा!!

स्पष्टत: यहां 'भूलों' का संबंध अपनी अंतरात्मा और अपनी जिंदगी से है। आकस्मिक नहीं कि इससे पहले इस कविता में 'अपराध' शब्द भी आया है—'अचानक जाने किस चेतना में डूब / उर में समाए हुए अपने तलातल / टटोलता हूं... / क्या कहीं मेरा *अपराध? / मेरा अपराध?*' आगे इसमें 'समझौता' भी है—'वहां किसी पाताली थाह में / *समझौते*...और / साझे हैं चुप / ठीक उन्हीं से कि / जिनसे है विरक्ति / जिनके प्रति रहा आया / भीतरी विरोधों का जोर'। 'भूल-गलती' का सुलतान इस कविता में आकर दस्यु हो गया है और उसने व्यापक अर्थ ग्रहण कर लिया है, जैसे इसके आत्मसंघर्ष ने।

मुक्तिबोध के सामने यह स्पष्ट था कि स्वार्थ-भावना को खाली ईमानदारी से परास्त नहीं किया जा सकता। उनके सामने समस्या थी कि तब वह कैसे संभव है? कविता में आगे उन्होंने कहा है कि सुलतान के दरबार में दरबारियों अथवा कैदियों में से अचानक कोई निकल भागता है, जैसे मुंह से एक अजीब कराह निकल जाए और व्यक्ति से अलग यानी आजाद हो जाए! कविता एक दरबारी अथवा कैदी की ही जुबानी है। वह कहता है कि उसके निकल भागने से जो हलचल हुई, तो वह भी सचेत हो गया। पंक्तिबद्ध खड़े स्वार्थी, सशस्त्र और सुरक्षाकवचधारी समझौतों के पुतलों को वहम हुआ कि कोई और बात हुई है, कैदी नहीं भागा। दरबार में जो दोहरे चरित्र के अनुभवों से संपन्न, घुटे और सधे हुए दढ़ियल सेनाध्यक्ष थे, उन्होंने समझ लिया कि कोई कैदी भागा है। वह सुलतान के लिए संकट का कारण बने सकता है, यह सोचकर वे सहम उठे, लेकिन कुछ कर नहीं सके। यह सुलतान के एक कैदी के भीतर, यानी स्वार्थ-भावना से वशीभूत व्यक्ति के भीतर संकल्प-शक्ति का जगना है। यदि व्यक्ति यह संकल्प कर ले कि वह ईमानदारी का आचरण करेगा, तो वह अपनी स्वार्थ-भावना

को पराजित करने में सफल होगा। तब स्वार्थ-भावना की सहयोगी वृत्तियां उसका कुछ नहीं बिगाड़ सकेंगी। संकल्प के जाग्रत होने का मतलब ही है स्वार्थ-भावना या भूल-गलती की कैद से छूटना। सुलतान के दरबार से कैदी के भागने का यही तात्पर्य है। संकल्प-शक्ति की बात मुक्तिबोध ने कविता के अगले और अंतिम बंद में कही है। इस चौथे बंद में उनका कहना है :

इतने में, हमीं में से
अजीब कराह-सा कोई निकल भागा,
भरे दरबारे-आम में मैं भी
संभल जागा!!
कतारों में खड़े खुदगर्ज बा-हथियार
बख्तरबंद समझौते
वहम कर, रह गए;
दिल में अलग जबड़ा, अलग दाढ़ी लिए,
दुमुंहेपने के सौ तजुर्बों की बुजुर्गी से भरे,
दढ़ियल सिपहसालार संजीदा
सहमकर रह गए!!

'हमीं में से' का संबंध पिछले बंद की उक्ति 'हम सब कैद हैं' से है। 'भरे दरबारे-आम में मैं भी / संभल जागा' से इस बात की पुष्टि होती है कि कविता जिसकी जुबानी है, वह भी कैदियों में से एक है। दढ़ियल सेनाध्यक्षों का मुक्तिबोध ने जो वर्णन किया है, वह इतना सशक्त और संश्लिष्ट है कि उसे उस तरह गद्य में ला सकना संभव नहीं है। ऐसे ही स्थलों पर उनकी काव्य-भाषा और साधारण हिंदी गद्य के बीच के फासले का पता चलता है।

जो कैदी भागा था, वह शाही बुर्ज के दूसरी तरफ निकल गया और गोल टीलों तथा घने पेड़ों वाली घाटियों में खो गया। मुक्तिबोध कहते हैं, ऐसा लगता है कि वह अनाम और अज्ञात दर्रों वाले इलाकों में सेना संगठित कर रहा है। यह काम चूंकि गैरकानूनी है, इसलिए वह घाटियों और वादियों में छिपकर ही किया जा सकता है; रोशनी में नहीं, अंधेरे में। स्मरणीय है कि कैदी के कैद से छूटकर भागने का मतलब है ईमानदारी बरतने के लिए मन में संकल्प-शक्ति का जगना। उसके अनुसार सेना संगठित करने का मतलब हुआ संकल्प-शक्ति को दृढ़ बनाना, उसे आवश्यक साज-सामान से लैस करना। यह करना जरूरी है, वरना संकल्प कमजोर हुआ, तो स्वार्थ-भावना उसे भी नष्ट कर देगी। 'एक प्रदीर्घ कविता का प्रास्ताविक' शीर्षक अपनी कविता में मुक्तिबोध ने कहा है :

स्वार्थों ने अब खूब खींचकर
गुलेल मारी बहुत दूर से।
मरे डाल पर नीलकंठ दल
पावन *संकल्पों* के कोकिल
मूर्च्छित होकर गिरे डाल से—
सटर-फटर ऊंचे भावों की सूखी झरबेरी में उलझे।

इस काम के लिए कोई प्रणाली पहले से तय नहीं, इसलिए सेना-संगठन का काम अनाम और अज्ञात दर्रों वाले इलाके में ही हो सकता है। चूंकि यह कार्य सही है, भूल-गलती की सत्ता को खत्म करने के लिए, इसलिए यह उस अंधेरे में नहीं हो सकता, जो हमारा परिचित है और सत का नहीं, असत का प्रतीक है। इस कारण मुक्तिबोध ने जो अंधेरा खड़ा किया है, वह सच्चाई का 'स्वर्णिम अंधकार' है! सच्चाई के प्रकाश को अंधकार में बदलने में उन्हें काफी कठिनाई हुई है, फिर भी यह काम उन्होंने सफलतापूर्वक किया है। उनकी जटिल संवेदना और अभिव्यक्ति दोनों की सूचना उनकी इस पंक्ति से मिलती है, जो रूपक का अर्थ भी खोलती है—'सचाई के सुनहले तेज अक्सों के धुंधलके में'। वह कैदी संकल्प-शक्ति के सैन्य-बल के द्वारा क्या करेगा? वह भूल-गलती रूपी सुलतान को शिकस्त देकर हमारी हार का प्रतिशोध लेगा।

अंत में मुक्तिबोध ने कहा है—'संकल्प-धर्मा चेतना का रक्तप्लावित स्वर, / हमारे ही हृदय का गुप्त स्वर्णाक्षर / प्रकट होकर विकट हो जाएगा!!' वह कैदी, जिसकी जुबानी यह कविता है, कहता है कि जो कैदी अपनी सेना के द्वारा सुलतान पर आक्रमण करेगा, वह संकल्पधर्मा चेतना का रक्तप्लावित स्वर है, जो तैयारी पूरी होते ही प्रकट होकर विकट रूप धारण कर लेगा। 'स्वर' का स्पष्ट संबंध प्रकट होने से है। अभी वह दबा हुआ है, अव्यक्त है, आक्रमण के दौरान व्यक्त होकर व्यापक हो जाएगा। स्वर का विशेषण 'रक्तप्लावित' इसलिए कि वह जुझारू है। संकल्पधर्मा चेतना संघर्ष में क्षत-विक्षत होती है, लहूलुहान होती है। इसके साथ वह कैदी छापामार दस्तों के नायक के बारे में यह भी कहता है कि वह हम सबों के ही हृदय का गुप्त स्वर्णाक्षर है! 'हम सबों के' यानी उन सभी लोगों के, जो भूल-गलती रूपी सुलतान द्वारा कैदी बनाए गए हैं। 'स्वर्णाक्षर'—यह विलक्षण उपमान संकल्प-भाव के लिए है। इससे संकल्प-भाव के प्रति मुक्तिबोध का भाव भी प्रकट है। यह संकल्प-भाव, स्वार्थ-भाव के सभी बंदियों के भीतर है, लेकिन उसके प्रभाव के कारण छिपा हुआ वा कुंठित। इसीलिए वह 'हृदय का गुप्त स्वर्णाक्षर' है। जब उस कैदी को यह लगता है कि उक्त नायक 'संकल्प-धर्मा चेतना का रक्तप्लावित स्वर' है, तो यह भी लगता है कि वह शेष सभी कैदियों के हृदय में दबे संकल्प-भाव का ही मूर्त रूप है। पहले 'स्वर' आया है, तो बाद में वह अपने साथ 'अक्षर' को ले आया है। 'स्वर', जो कि 'अक्षर' भी है,

अभी अप्रकट और गुप्त है। आक्रमण के समय प्रकट होकर वह विकट रूप धारण कर लेगा। संकल्प-भाव के लिए स्वर और अक्षर की उपमा बहुत उपयुक्त है। स्वर और अक्षर में फैलने का गुण होता है, यह भी लक्ष्य करने योग्य है। 'प्रकट' और 'विकट' का ओजपूर्ण ध्वनि-संयोजन उदात्त वातावरण का निर्माण करता है। विद्वानों का ध्यान इस तरफ भी गया है कि पूरी कविता जहां अरबी-फारसी के शब्दों में लिखी गई है, उसकी अंतिम तीन पंक्तियों में कवि ने संस्कृतनिष्ठ भाषा का प्रयोग किया है। ऐसा इसलिए है कि पूरी कविता में जहां सुलतान, उसके दरबार और उससे बगावत करने वाले का वर्णन है, वहां अंतिम तीन पंक्तियों में दृढ़ संकल्प-भाव का। जब कवि को संकल्प-भाव का वर्णन करना होता है, तो वह अपनी स्वाभाविक और विषय के उपयुक्त भाषा का सहारा लेता है। कविता का अंतिम और पूरा बंद इस प्रकार है :

लेकिन, उधर उस ओर,
कोई, बुर्ज के उस तरफ जा पहुंचा,
अंधेरी घाटियों के गोल टीलों, घने पेड़ों में
कहीं पर खो गया,
महसूस होता है कि वह बेनाम
बेमालूम दर्रों के इलाके में
(सचाई के सुनहले तेज अक्सों के धुंधलके में)
मुहैया कर रहा लश्कर;
हमारी हार का बदला चुकाने आयगा
संकल्प-धर्मा चेतना का रक्तप्लावित स्वर,
हमारे ही हृदय का गुप्त स्वर्णाक्षर
प्रकट होकर विकट हो जायगा!!

कहा जा सकता है कि मध्यवर्गीय व्यक्तियों की स्वार्थ-भावना और समझौतापरस्ती उनकी जीवनगत परिस्थितियों की देन है। ऐसी स्थिति में वे उनसे तभी मुक्त हो सकते हैं, जबकि उनकी परिस्थितियां बदलें। ऐसा मानने वाले लोग व्यक्ति की संकल्प-भावना को एक मनोगत वस्तु मानकर उसे विशेष महत्व न देंगे। लेकिन मुक्तिबोध व्यक्ति के व्यक्तित्व वा चरित्र-निर्माण में उसके निजी प्रयासों को भी महत्व देते हैं, बल्कि ऐसा मानते हैं कि उसके बिना अभीष्ट-प्राप्ति संभव नहीं। इसी कारण दूसरे प्रगतिशील कवियों की कविता जहां आत्मसंघर्ष से शून्य है,वहां मुक्तिबोध में तीखा आत्मसंघर्ष है। वे मध्य वर्ग से आने वाले कवि थे और बेहतर समाज के निर्माण में मध्य वर्ग की महंत्वपूर्ण भूमिका मानते थे, इसलिए मध्य वर्ग और मध्यवर्गीय व्यक्ति का आत्मसंघर्ष उनकी कविता का महत्वपूर्ण विषय है। दूसरी बात यह कि जैसे उनकी अन्य कविताएं आशा और आस्था के स्वर के साथ समाप्त होती हैं, यह कविता भी इस

विश्वास के साथ समाप्त हुई है कि व्यक्ति में दृढ़ संकल्प-भाव हो, तो वह स्वार्थ-भावना और समझौतापरस्ती से मुक्त होकर ईमानदारी के रास्ते पर चल सकता है।

यह स्पष्टत: एक रूपकात्मक कविता है, जिसमें दरबार से एक कैदी का निकल भागना, उसके द्वारा पहाड़ी इलाके में जाकर सेना संगठित करना और तैयारी पूरी हो जाने के बाद सुलतान पर आक्रमण की योजना बनाना सब रूपक है। लेकिन डा. रामविलास शर्मा ने अलंकार को अलंकार्य मानते हुए उसके आधार पर यह तय किया है कि मुक्तिबोध सशस्त्र क्रांति के समर्थक थे। उनका पुनर्मूल्यांकन करते हुए एक स्थान पर उन्होंने कहा है : ' 'भूल-गलती' कविता में एक व्यक्ति का चित्रण है जो शहरों से दूर घाटियों और दर्रों में फौज इकट्ठा करता है।' कविता में रूपवाद के विरोधी आलोचक का यह अंतर्वस्तु की जगह रूप को सत्य मान लेना बहुत दिलचस्प है।

12. रघुवीर सहाय की एक कविता : 'आपकी हंसी'

निर्धन जनता का शोषण है
कहकर आप हंसे
लोकतंत्र का अंतिम क्षण है
कहकर आप हंसे
सबके सब हैं भ्रष्टाचारी
कहकर आप हंसे
चारों ओर बड़ी लाचारी
कहकर आप हंसे
कितने आप सुरक्षित होंगे
मैं सोचने लगा
सहसा मुझे अकेला पाकर
फिर से आप हंसे

हंसी भाषा नहीं, पर उसके अर्थ-वैविध्य और अर्थ-व्याप्ति को शब्द नहीं प्राप्त कर सकते। मजेदार स्थिति यह है कि शब्दों के अर्थ की संप्रेषणीयता को लेकर उलझन हो सकती है, लेकिन हंसी के अर्थ की संप्रेषणीयता को लेकर ऐसी कोई बात नहीं है। कितनी भी सूक्ष्म और अर्थ-संकुल हंसी क्यों न हो, अनाड़ी से अनाड़ी व्यक्ति भी प्राय: उसका अर्थ समझ जाता है। जहां तक हंसी के प्रभाव की बात है, उसमें शब्दों से ज्यादा, अणु-विस्फोट-जैसी ताकत होती है। लूनाचार्स्की ने ठीक कहा था कि हंसी विजय का केतन है, उससे तानाशाह भी डरते हैं।

रघुवीर सहाय की कविता में इस हंसी का खास महत्व है। उनके पहले निराला और नागार्जुन कविता में हंसते और उससे नाना प्रकार के अर्थ व्यंजित करते रहे हैं। निराला के एक प्रसिद्ध गीत की इन पंक्तियों की हंसी देखिए—'जानता हूं, नदी-झरने, / जो मुझे थे पार करने, / कर चुका हूं, हंस रहा यह देख, कोई नहीं भेला।' यह हंसना अपने आप पर भी है, आत्म-विडंबना और आत्म-विश्वास दोनों के साथ, दूसरों पर भी और नियति पर भी! नागार्जुन तो हास्यव्यंग्य के कवि ही हैं। उनसे उदाहरण देने की जरूरत न होनी चाहिए, उनकी प्रत्येक हंसी में व्यंग्य और प्रत्येक व्यंग्य में हंसी मिली हुई है, प्राय: दबी हुई, अव्यक्त, पर भीतर तक मार करने वाली। रघुवीर सहाय

की कविता में हंसी कई रूपों में आती है, अपने भीतर कई तरह के अर्थ छिपाए हुए। उसमें लोग ही नहीं हंसते हैं, तानाशाह भी हंसता है, जो उसके मानव-विरोधी रूप को और उजागर कर जाता है। ताज्जुब नहीं कि उनके एक संग्रह का नाम ही है 'हंसो हंसो जल्दी हंसो' और इस हंसी को लेकर उनसे इंटरव्यू में प्रश्न भी पूछे गए हैं।

'आपकी हंसी' शीर्षक उनकी कविता उक्त संग्रह में ही संकलित है। उनकी कविताओं की भाषा सरल होती है, लेकिन उनका शिल्प कुछ ऐसा है कि उनकी कुछ ही कविताएं नागार्जुन की कविताओं की तरह पाठकों तक संप्रेषित होती हैं। उन कविताओं में यह कविता अन्यतम है, क्योंकि यह न केवल एक सहज संप्रेषणीय कविता है, बल्कि एक ऐसी कविता है, जो रघुवीर सहाय के शब्दगत और अर्थगत सारे पेचोखम को अपने भीतर समाए हुए है। इस दृष्टि से इसका शिल्प नागार्जुन से आगे का शिल्प है। यह एक साथ एक सरल और जटिल कविता है। सरलता और जटिलता के ताने-बाने एक-दूसरे से उलझे हुए हैं। इसे पढ़ते वक्त मन एक ओर अर्थ का सरल सूत्र पकड़कर आगे बढ़ता है और दूसरी ओर उसकी जटिलता में उलझकर ठहरकर इसमें निबद्ध हंसी को सुनने और गुनने लगता है। ऐसी खींचतान नागार्जुन की कविता में कम ही देखने को मिलती है। उनमें पाठक व्यंग्यार्थ को ग्रहण करता हुआ चमत्कृत और प्रभावित आगे बढ़ता जाता है, जबकि रघुवीर सहाय में वह अर्थों के आवर्त में गोते खाने लगता है, कभी नीचे जाता है, कभी ऊपर आता है।

रघुवीर सहाय की पहचान हिंदी में एक मूलतः राजनीतिक कवि के रूप में बनी है। समाज को विषय बनाकर भी उन्होंने कविताएं लिखी हैं, उदाहरण के लिए स्त्री उनकी कविता का प्रमुख विषय है, जो कि राजनीतिक इकाई नहीं, लेकिन किसी न किसी रूप में ऐसे सामाजिक विषय भी उनमें व्यवस्था से संबद्ध होते हैं। इसीलिए वे जब उन पर कविता लिखते हैं तो उसमें अप्रकट रूप में व्यवस्था की आलोचना भी निहित होती है। वे वस्तुतः स्वातंत्र्योत्तर भारत की जनतांत्रिक व्यवस्था के पाखंड और भ्रष्टाचार से विद्रोह करने वाले कवि हैं। निश्चय ही उनकी शक्ति का स्रोत उनका राजनीतिक तरानेबाजी से हटकर ऐसी कविताएं लिखना है, जो एक ओर राजनीतिक हैं और दूसरी ओर कलात्मक। कला की कोई सरलीकृत धारणा उनके पास नहीं थी, इसी से वे मुक्तिबोध के बाद हिंदी कविता को आगे ले जाने में सफल हुए। उनकी कविता के पाठक जानते हैं कि उनकी कविता में व्यवस्था-विरोधी कोई प्रतीक-पुरुष आए या नहीं,वह खलनायक बार-बार आता है, जिसकी व्यवस्था पर प्रभुता है और जो जनता का शत्रु है। इस खलनायक के असंख्य चित्र रघुवीर सहाय ने उतारे हैं और पाठकों के मन में उसके प्रति वितृष्णा, जुगुप्सा, आक्रोश और विद्रोह का भाव जगाकर उन्हें उसके विरोध में खड़ा किया है। मेरा खयाल है कि व्यवस्था का यह प्रतीक-पुरुष उनकी कविताओं में जितना बेपर्द है, उतना किसी अन्य समकालीन कवि में नहीं। उन्होंने सचमुच राजा को नंगा कहा है और उसके लिए सजा भी पाई।

उक्त प्रतीक-पुरुष है एक घुटा हुआ कांग्रेसी नेता, जिसका चरित्र लगातार जटिल होता गया है। वह कहता कुछ है और करता कुछ। उसकी कथनी और करनी में मेल नहीं, लेकिन उसकी चाहना और उसके कार्य में गजब का मेल है। जनता को धोखा देने और लूटने के लिए वह न केवल व्यवस्था के आलोचकों की भाषा में उस पर आंसू बहाता है, बल्कि आत्मशुद्धि के लिए अनाहार भी रहता है! गरीबों के लिए हफ्ते में एक शाम भोजन छोड़ देना तो उसके लिए एक मामूली बात है। वह जनसभाओं में गिड़गिड़ा सकता है, वोट के लिए गांव में जाकर किसानों के साथ पुआल पर सो सकता है और अपना अपराध क्षमा कराने के लिए उनके पांव भी पकड़ सकता है। लेकिन काम निकल जाने के बाद वह उनके लिए अदृश्य और अगम्य हो जाता है। कभी-कभी एकांत में उसकी बातों से लगता है कि वह आत्मालोचन कर रहा है, या कम से कम देश की बदतर स्थिति के लिए किसी हद तक अपने को भी जिम्मेदार मान रहा है, लेकिन उसकी हंसी बिलकुल उलटी बात कहती है, जिससे सिद्ध होता है कि वह वाकई एक बहुत ही जटिल चरित्र है। इस चरित्र की अमानवीयता और भयावहता का अंदाजा इससे लगाया जा सकता है कि उसमें जो जटिलता आई है, वह जनता को ठगने के लिए एक से एक पेचीदे तरीके ईजाद करने के क्रम में। जनता को ठगना, व्यवस्था में सेंध लगाकर उससे अपना हित-साधन करना, समाज में अपनी बिलकुल भिन्न छवि प्रक्षेपित करना, भंडाफोड़ होने पर अपने बचाव में शीर्षासन करना, राजनीति से संन्यास लेने की बात करना, इस बात को भी ध्यान में रखना कि जनअसंतोष इतना न बढ़ जाए कि उसका स्वर्ग उससे छिन जाए और इस कारण जनता के लिए भी कुछ करते रहना, जनहित की दुहाई देकर अपनी विचारधारा और दल बदल लेना—इन तमाम बातों ने राजनीतिक आधार को ही नहीं, राजनेताओं के चरित्र को भी बहुत जटिल बना दिया है।

'आपकी हंसी' के प्रतीक-पुरुष को जनता के शोषण, लोकतंत्र के संकट, भ्रष्टाचार और व्यापक निरुपायता इन तमाम चीजों की चिंता है! लगता है, वह सामने बैठे व्यक्ति के आगे अपना हृदय खोलकर रख रहा है, जिसमें जनदेवता या गण-देवता ही प्रतिष्ठित हैं, लेकिन उसकी हंसी क्या कहती है? वह शोषण के अबाध सिलसिले, लोकतंत्र की निष्क्रियता, भ्रष्टाचार के व्यापक प्रसार और जनता की विवशता से प्रसन्न और अत्यंत संतुष्ट है, क्योंकि ये स्थितियां उसके लिए अत्यंत अनुकूल हैं, ये उन्हें सुरक्षा प्रदान करती हैं। यदि समाज में शोषण का सार्थक ढंग से प्रतिरोध संगठित किया जाता, लोकतांत्रिक प्रक्रिया अपना काम करती, भ्रष्टाचार सीमित होता और जनता इस स्थिति में अपने को लाचार नहीं अनुभव करती, तो सत्ताधारी नेताओं के लिए चिंता की बात थी। तब वे अपने को सुरक्षित नहीं, बल्कि असुरक्षित महसूस करते। पर उनके सुरक्षा-बोध का ही प्रमाण है कि एक विरोधी व्यक्ति के सामने वे व्यवस्था की 'आलोचना' करते हैं, इस तरह, जैसे वे आत्मनिरीक्षण भी कर रहे हैं।

कविता की अंतिम चार पंक्तियां बहुत ही अर्थगर्भित हैं। प्रतीक-पुरुष के अपने को 'सुरक्षित' अनुभव करने का संदर्भ हमने देखा, अपने सामने बैठे विरोधी को अकेला पाकर फिर से हंसने का संदर्भ भी स्पष्ट है। अकेला विरोधी क्या कर लेगा? वह चीख-चीखकर स्वयं हास्यास्पद बन जाएगा। जब पूरा परिवेश भ्रष्ट है, चारों ओर निष्क्रियता और निरुपायता है, तो फिर चिंता की क्या बात है? अंतिम पंक्ति में आने वाली हंसी भी गूढ़ है, लेकिन ऊपर आने वाली हंसियों से यह भिन्न है, अधिक वेधक, इसलिए पाठकों के कलेजे में खंजर की तरह उतर जाती है। कविता को इतने सलीके से विद्रोह के ऐसे बिंदु पर पहुंचा देना, बिना शोर-शराबे के, रघुवीर सहाय के ही वश की बात थी। प्रतीक-पुरुष के सामने जो व्यक्ति बैठा है, वह कुछ बोलता नहीं, विरोध नहीं करता, शुरू से अंत तक चुप रहता है। उसकी बातों और हंसी को सिर्फ दर्ज करता जाता है और अंत में सिर्फ 'सोचता' है, लेकिन वह विद्रोह-भावना का एक ऐसा स्रोत है कि जो भी पाठक इस कविता को पढ़ता है, उसमें वह विद्रोह-भावना संक्रमित हो जाती है। यह है रघुवीर सहाय का अपना मोर्चा, कविता का, कला का, जिसे उन्होंने राजनीतिक कविताएं लिखते हुए भी वाकई कभी नहीं छोड़ा।

इस छोटी, लेकिन चोखी कविता की शक्ति इसके शिल्प में छिपी हुई है। इसकी भाषा बहुत सरल है, लेकिन इसका अर्थ जटिल। सरलता और जटिलता के बीच एक द्वंद्व की स्थिति है, जिससे पाठक बच नहीं पाता और कविता ग्रहण करते समय उसका मानस भी सक्रिय हो उठता है। यह पाठकीय सक्रियता केदार, नागार्जुन और त्रिलोचन की कविता के आस्वादन के क्रम में अपेक्षित नहीं होती, लेकिन शमशेर, मुक्तिबोध, रघुवीर सहाय और केदारनाथ सिंह की कविता के आस्वादन के क्रम में अत्यंत अपेक्षित होती है। कहना व्यर्थ है कि कविता में कवि और पाठक के बीच चलने वाला यह दोतरफा व्यापार दोतरफे प्रेम-व्यापार की तरह आनंददायक होता है।

रघुवीर सहाय और केदारनाथ सिंह संभवतः छंद में लिखने वाले कवियों की अंतिम पीढ़ी के सदस्य हैं। देखने की बात यह है कि रघुवीर सहाय छंद का बहुत सपाट, यानी अकलात्मक इस्तेमाल नहीं करते। वे चलते-चलते उसमें ऐसा खम ला देते हैं कि उनका छंद-प्रयोग पुराने कवियों की तुलना में नया हो उठता है। 'शोषण', 'क्षण', 'भ्रष्टाचारी' और 'लाचारी' में सावधानी से तुकबंदी की गई है, लेकिन पहली पंक्ति के बाद आने वाली दूसरी पंक्ति 'कहकर आप हंसे' में केवल आवृत्ति है। यह तो परंपरागत छंद-प्रयोग की तुलना में नया प्रभाव उत्पन्न करता ही है, अंतिम चार पंक्तियां इस कविता को बहुत नया बना देती हैं। इनमें ऊपर की तरह पहली से तीसरी पंक्ति की तुक नहीं मिलती, न दूसरी पंक्ति में 'कहकर आप हंसे' की आवृत्ति होती है, जिससे ऊपर से चलता हुआ छंद-प्रवाह टूट जाता है और उससे एक नए स्वाद की सृष्टि होती है, बहुत कुछ उसी प्रकार, जिस प्रकार नागार्जुन की प्रसिद्ध प्रगीतात्मक कविता 'इन सलाखों

से टिकाकर भाल' में सहसा 'जाने किसकी / जाने किसकी' गद्य की इस पंक्ति के आ जाने से। जो इससे बड़ी बात होती है, वह यह कि 'मैं सोचने लगा' में 'सोचने' जैसे गद्यात्मक शब्द के प्रयोग से, जिसका उच्चारण भी 'सो / चने' के रूप में करना पड़ता है, कविता की अटूट लय खंडित हो जाती है और वह हृदय से निकलकर मस्तिष्क में प्रवेश कर जाती है। प्रतीक-पुरुष के सामने बैठे व्यक्ति के साथ पाठक भी सोचने लगता है। जो कविता आज पाठक को केवल भावाविष्ट करे, उसे सोचने के लिए बाध्य न करे, वह आज की कविता कैसी?

'सहसा मुझे अकेला पाकर' यह ऐसी पंक्ति है, जिसके दोनों तरफ धार है। यह प्रतीक-पुरुष को भी काटती है और सामने बैठे विरोधी को भी, जिसने अपने को 'अकेला' बना रखा है। अंतिम पंक्ति में 'कहकर आप हंसे' की पुनः आवृत्ति होती है, लेकिन एक छोटे से परिवर्तन के साथ। वह परिवर्तन है 'कहकर' की जगह 'फिर से' का प्रयोग। यह परिवर्तन न केवल स्वाभाविक है, क्योंकि उसके ऊपर वाली पंक्ति में प्रतीक-पुरुष कुछ नहीं कहता, बल्कि इस दृष्टि से महत्वपूर्ण है कि 'फिर से' यह बेमेल मुहावरा भी अंतिम चार पंक्तियों के मेल में है, जिनमें कवि तुकबंदी छोड़कर चला है। यह कौशल पूरी कविता को नया बना देता है। बिना ऐसे कौशल के आज छंद-प्रयोग द्वारा पाठकों में नई संवेदना नहीं उत्पन्न की जा सकती।